有些事现在不做，一辈子都不会做了

——把时间浪费在美好的事物上

桑楚 / 编著

中国华侨出版社

北京

图书在版编目（CIP）数据

有些事现在不做，一辈子都不会做了. 把时间浪费在
美好的事物上 / 桑楚编著. -- 北京：中国华侨出版社,2018.3
ISBN 978-7-5113-7476-9

Ⅰ.①有… Ⅱ.①桑… Ⅲ.①人生哲学—通俗读物
Ⅳ.①B821-49

中国版本图书馆CIP数据核字（2018）第022463号

有些事现在不做，一辈子都不会做了.

把时间浪费在美好的事物上

编　　著：桑　楚
出 版 人：刘凤珍
责任编辑：紫　夜
封面设计：韩立强
文字编辑：王玉兰
美术编辑：潘　松
图片提供：www.ICpress.cn
经　　销：新华书店
开　　本：720mm×1020mm　　1/16　　印张：26.5　　字数：471千字
印　　刷：北京鑫海达印刷有限公司
版　　次：2018年4月第1版　　2018年4月第1次印刷
书　　号：ISBN 978-7-5113-7476-9
定　　价：48.00元

中国华侨出版社　　北京市朝阳区静安里26号通成达大厦3层　　邮编：100028
法律顾问：陈鹰律师事务所
发 行 部：(010）58815874　　　　传　　真：(010）58815857
网　　址：www.oveaschin.com
E-mail：oveaschin@sina.com

如果发现印装质量问题，影响阅读，请与印刷厂联系调换。

每个人都想拥有一个完美的人生，都希望能把一切做到最好。然而，结果却不一定能尽如人意：准备很长时间还是错失机会、付出了精力却没有成功、投入了感情却不能和相爱的人最终牵手……原来，生命从头到尾都是一场浪费，你需要判断的仅仅在于是否将时间浪费在美好的事物上。

人生是一场现场直播，没有彩排的机会，没有时光机器，也没有后悔药。该说的话要说，该做的事要做；体验该体验的，经历该经历的；有梦想就要义无反顾——有些事现在不做，一辈子都不会做了。人生短暂，真正的幸福不是活成别人的样子，而是顺从本心去生活，跟随自己的感觉，做自己喜欢的事，爱想爱的人，把时间浪费在美好的事物上，不被世俗的困扰束缚。

美好不是想要什么就有什么，而是有所取舍并坚持过有美感的人生的过程。美好不仅仅在于最后得到的结果，更在于自由选择的过程。所谓的浪费时间，其实是在最美好的事物上尽情享受，尽情构造最美好的生活。《有些事现在不做，一辈子都不会做了.把时间浪费在美好的事物上》让你从那些亲切而又熟悉、温暖而又动人的画面中，感受到一股向上的力量，学会享受亲情、友情、爱情的美好，享受树木、花朵、云霞、溪流、

瀑布以及大自然赋予的无穷乐趣，享受艺术、旅行、阅读等带给你的精神上的补给。

　　这是一本有关生活和生活方式的书。做一份喜欢并能养活自己的工作，然后休息，享受大自然，读书，听音乐，泡茶，和朋友们一起做手工，爱周围的人……是本书对美好生活的诠释。这是一本让活得太仓促的人重新发现美好生活的心灵修养书。慢下来，不要急，让灵魂跟上你的脚步，享受生命的从容盛开，让活得太仓促的自己，重新发现平淡生活的柔美诗意。把时间浪费在自认为美好的事物上，相信所有微小的细节才是生活的本质。愿你能向生活摆出喜悦的姿态，能把梦找到，能过得更好。

目录

c o n t e n t s

把时间浪费在美好的事物上

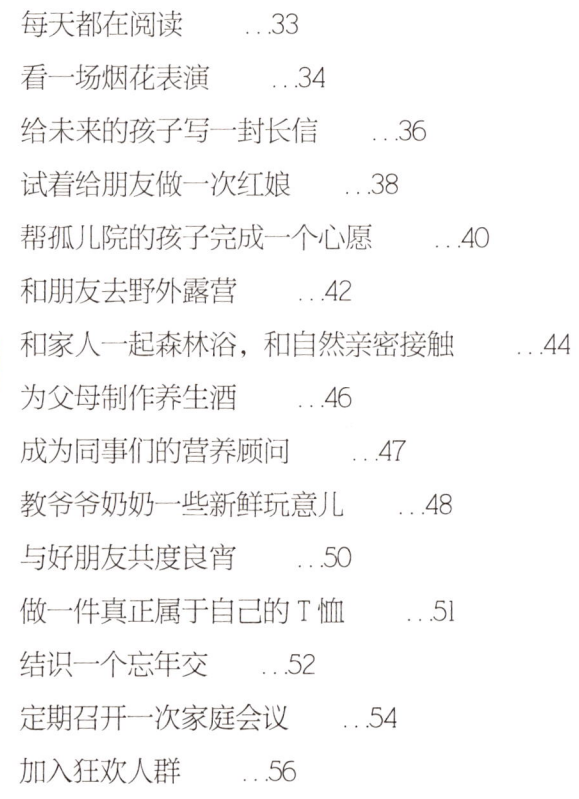

生活的美好，就是和喜欢的一切在一起

人生中最美妙的事多数都是免费的

美好人生，就是顺从本心去生活

有些事现在不做，一辈子都不会做了

唱出来才是歌，按着你想的去生活

坚持过有美感的人生，活出自我

把时间浪费在
美好的事物上

参加婚礼，见证美丽爱情

因为爱开始，因为责任而坚持。也许，婚礼是离爱情最近的地方。在这里，每一份爱都绘上了独一无二的印记。任时光风流云转，爱却依然在你我心间。

不管你是单身还是已婚，不管心境如何，参加一次婚礼，见证一次别人的爱情，或许会改变自己的人生态度，以及对爱情、对眼前的人或者对未来的憧憬。

婚礼的形式是多样的，也许是在庄严的教堂，在牧师的主持下，彼此在坚定的眼神中互换那句"我愿意"的诺言；也许是在海边，在亲朋好友的见证下，两人在温柔的海风中完成一个拥吻；抑或在乡下，只是一场简约的婚礼，朴实的当地人或偶然到此旅行的陌生人为新人献上最简约纯实的祝福，不需要盛大的排场，不需要华丽的服装，新娘素面朝天，新郎腼腆地牵着她的手，就这样直到天荒地老。

不管是哪种形式，婚礼，都是烙印于每一对新人生命中最美好的幸福印记，她的初衷是庄严、神圣，是爱。去掉包装后，应该是最质朴的情感。

所以，不管你身在何处，带着美丽的心情见证别人的爱情，去理解婚礼的意义，体会其间饱含着爱的宣言与承诺：宣告携手走入婚姻殿堂；承诺在今后的日子里共担风雨，至死不渝。

此时此刻，你的整个身心都安静下来。你认真聆听，像听故事一样听完新人们的爱情宣言，不管它是承诺，还是言谢，或者是对未来的憧憬；你用心感受，重温旧时的梦，不被时间约束，不被现实困扰，重新感悟爱的意义，回味爱情悠长的滋味；你总会被那"仅有一人爱你如朝圣者的灵魂与渐渐老去的皱纹"所感动，也会为见证"执子之手，与子偕老"的开始而欣喜……

在一个静谧的下午，
做一枚美美的盘扣

时光如水，总是无言。
若你安好，便是晴天。

能够在一个静谧的下午，做一些自己喜欢的事情，实在是一件很美妙的事情。当阳光照进玻璃窗，坐在靠窗的位置，让阳光洒在身上，周身暖意。所谓喜欢做的事，不必是特别有意义或者特别重要的，即使用一个下午的时间，只是做成了一枚小小的盘扣，那感觉也是很棒的。

无论是中国风的红绳，还是时尚感的蜡绳、皮绳，或是民族风的麻绳，你都可以信手拿来，只要配以简单的编法，就可以编出形式多样、具有浓郁自然气息以及寓意吉祥如意的各类饰物，小件的可随身佩戴，大件的还可作为居室的摆设，既可为自己祈福，同样也可以体现个人不同的个性和审美观念，何乐而不为呢？

当五彩的绳线在灵巧的手中来回穿梭时，那种宁静的氛围和心灵的平和是多少人向往的啊。此时还要有音乐来点缀一下气氛，随意一曲舒缓的音乐，可以是理查德、肯尼金，也可以是班得瑞。这个时候，言语变得多余，只需灵动的手指相互配合，随着每一个音符一起律动。

给爱人编一个"一往情深"的盘扣，让爱情甜蜜，永结同心；给长辈编一对古典盘扣，让浓浓的亲情与关怀围绕在他们身边；给孩子编一个"吉祥安泰"盘扣，愿他茁壮成长，努力向上；给朋友送上一件"心想事成"盘扣，祝贺他好运连连，节节攀升；给同事新购的爱车编上一件"出入平安"盘扣，祝他一路顺风，永保平安……

这样的阳光，这样的午后，心情也应该很灿烂，即使用一个下午的时间，仅仅做出一枚美美的盘扣，那也是件很值得开心的事情。

去敬老院，和老人们聊天

生命走到老年，生活也就变得愈加缓慢起来。不论是生理上还是心理上，大抵都已经开始放慢步调。花开花落，云卷云舒，都不再会像年少时那般伤春悲秋，不时伤感了，而是可以安然地看生活。老年了，不用再为事业奔波，每日只是坐在摇椅上晒晒太阳，看看报，读读书，喝喝茶，做些年轻时候一直想停歇下来去做的事情。

所以，走进敬老院，最先感受到的，就是那恬静的氛围。

老人们一同坐着，聊聊过去的事情，好像是发黄的书简，却总有阵淡淡香气。那些当年以为惊天动地的悲恸，如今也不过只是昙花一现的旧时回忆罢了。老人们偶尔做些简单的运动，伸展伸展肢体，表情安详。在这样的地方，丝毫不会感到压抑，反倒是内心平静，情绪安定。

如果有机会的话，不妨去敬老院做义工，和老人们一起，做一回他们的晚辈，帮他们料理料理生活，陪他们散步、聊天，给他们讲讲社会上新的变化，跟他们聊聊你眼中的历史和他们知道的历史，未必是惊天动地的事迹，小事更动人心。

你可以坐在他们身边，跟他们认真地聊聊天。这跟同龄人聊天的体验必然很不一样，但必定让你难以忘怀。

你听着他们的故事，看着他们安详的表情，不论多么痛彻心扉的往事，大概都是他们口中几句话带过的历史了。不论曾经多么难耐，多么受挫，总有一天，那些以为忘不了的，轻而易举地就可以一笔带过了。

就这么简单，他们告诉你，人生就这么简单。这是他们用一辈子总结出来的。

名人尊师敬老的故事

陈毅

1962 年，陈毅与夫人张茜陪同周恩来总理出国访问归来，途经成都时得知老母亲生病，便立即与夫人赶去探望。老母亲已经八十多岁，住在弟弟家中，病情严重，小便失禁不能自理。陈毅便与夫人一同为老母亲更换、清洗尿裤，恳切地对老母道："我小时候，您不知给我洗过多少回的尿裤，今天我只给您洗一次尿裤，也报答不了您的养育之恩啊。"能如此心怀母亲，报答养育之恩，骨肉亲情，此言确实令人动容。

彭德怀

1957 年中国人民解放军成立三十周年纪念那天，彭德怀元帅身穿便服，欲接见部分北京市的中小学教师代表。由于当天是特别纪念日，彭德怀元帅又是国防部长，周围人便提醒他是否应穿军服更合适一些。而彭德怀却严肃地回答："今天要见的是老师，学生见老师，穿便服才更合适。"

最终，彭德怀元帅还是身穿便服接见了老师，并且不住地向他们问好。彭德怀元帅感恩老师，遵守礼节，值得尊敬。

华罗庚

著名数学家华罗庚的成名，可谓是国人的骄傲，而发现这位人才数学潜质的第一个"伯乐"，则是他故乡的王维克老师。1949 年华罗庚回国时，已然成了著名的数学家，在数学界卓有成就，而他回国的第一件事，便是回到故乡江苏金坛，看望他的恩师王维克。后来，他在金坛作报告，进会场时，他让老师先走，自己随行，并特意请王老师上主席台就座，自己则坐在他的下首。华罗庚曾说过："我能取得今天的这些成就，全靠恩师的栽培。"可见这位大数学家一颗感激师恩的心，诚挚、朴素。

李宗仁

李宗仁年幼时曾有老师名曾其新，其人形态丑陋，其貌不扬，因驼背弯腰被人们戏称"曾背锅"，但他年老无依，甚是可悲。李宗仁却待他极亲，视若亲父，出钱奉养他，还在司令部驻地的附近为他修建房屋，供老师静养安居，并派人专门侍奉，十分细心。同时他还要每天到老师处问好，随时关心。正所谓"一日为师，终身为父"，李宗仁将军的所言所行，正是在践行着这句话。

给初到此地的人指路

在一个陌生的城市找路是一件令人头疼的事，每个人对此都深有同感。令人眼花缭乱的公交线路和迷宫一样复杂的地图，给刚到此地的外地人造成很大的困扰。所以，当对面那个手拿地图边研究边东张西望的人看到你时眼前一亮，然后上前问路，你很热心地伸出援手。当然，对方问的地方正好是你知道的。你痛快又清晰的回答让对方心满意足，道谢之后离开。

你仍站在原地回味着什么？是帮助别人快乐自己？还是作为这个地方的熟悉户而沾沾自喜？

整理老照片，发现岁月静好

如果说日记是一种文字的记忆，用语言描绘曾经的你，那么，照片便是一种影像的记忆，用最直观的视觉冲击刻画你成长的痕迹。

抽空看看旧照片吧。告诉自己，这一天属于回忆。按照时间的先后顺序，按年岁的由小变大，一张一张地重新欣赏。翻看这些旧照片，会让你有光阴似箭的感觉，看着相册里不同时代的自己，心态也会迥然不同。

首先看看孩提时候的影像，对于大多数人来说，那些照片，基本上都映在了一张张黑白相间的框子里。黑白照片代表着怀旧情结，往事在黑与白之间跳跃，多少个生长的岁月才步入成熟，多少个春秋才参透生活的真谛。看着童年时候的可爱模样，是不是才能完全体会自己成长所付出的代价与辛酸，也忆起了儿时的快乐和纯真，那就尽情地回味一番吧。然后，再翻看我们的少年时代、青年时代……

这些旧照片，也许还有你和其他人的合影，是不是每个阶段合影的人都不尽相同？温习一遍自己曾做过的鬼脸，回顾一下当时旧照片上父母年轻的面孔。父母见证了我们的成长，我们却在一天天地见证父母的老去，时光飞逝，这也许就是我们成长必须要付出的代价，这也是为什么我们有怀旧的必要——也许是为了让父母永远留住容颜，也许只是为了让时间放慢一点速度。偶尔看着照片里人物表情的转变，容貌的改变，世事沧桑与人情冷暖尽在其间。

一张张旧照片，或黑白或彩色，或开心或愁苦，把不同的时光和人物定格在了瞬间。想想多年来的经历是千千万，明白忘记的事情是万万千，幸亏现世安稳，岁月静好。

用录像表达说不出的爱

更多的时候，子女享受父母创造的条件，跟从父母的脚步，躲在父母的羽翼下慢慢成长，走上自己的人生，虽然理解父母的苦累，感激他们的付出，却羞于表达。日复一日，年复一年，曾经是他们牵着你让你慢慢学会走路，后来需要他们需要你们搀扶了，曾经是他们教你做人的道理，后来他们需要你给他们讲这世界上的新东西了。你这才醒悟，在他们能听你表达心意时，你却浪费了太多的时间。

所以找一个机会，好好把这些年来的感激、心疼、不忍、歉疚，还有累积那样久的爱，都说出口吧。的确，不论你说，还是不说，他们知道你的心，只是，哪个父母不想听儿女亲口说说真心话呢？也许我们叛逆，我们固执、倔强，总觉得这些肉麻的话说不出口，也许我们不愿意面对闪着泪花的眼睛，也许我们害怕在说出口的一刹那泪如雨下、狼狈不堪……可是，生活怎能是永远理智？哪怕是再懂的人，都想要听听真心的话，知道爱是真的存在。

换一种方式，避开眼神交流的不忍，避开可能流泪的场面，拿一个DV，调好距离，对着自己的脸，录清表情，把心里的话都说出来，对着镜头，就像对着他们一样。父母的爱永远是发自内心的，你也应用真心，把深情写在脸上，哪怕结结巴巴，这感情也终究会传达到的。

你可以从记忆最深处说起，一点一滴，一些感触，你也可以从一件小事说起，细致入微。这种表达，不用文采，不需提前备词，因为对象是你至亲的父母。这时的话是最感人、最动情的。只要回忆，只要用心就可以了。

说完以后，想象他们看到录像时的表情，他们可能的举动。这时的你是不是该会心一笑呢？对着镜头笑一笑吧，因为你的笑正是他们当初努力的方向。

体贴父母的其他方式

记住他们的结婚纪念日

从孩子出生，到成长，他们一点点老去，几乎将所有心血投注在孩子身上。孩子长大了，他们也几乎忘记了年轻时那些浪漫的纪念日。情人节是属于年轻的孩子们的，玫瑰、巧克力是孩子们的，那些日夜操劳的父母，唱着"坐着摇椅慢慢摇"，就真的习惯了平淡的幸福。你可以偶尔给他们一个惊喜，让他们回顾年轻时候的浪漫情怀，然后举杯，一同微笑。

帮父母做家务

劳累的家务是生活本来存在的部分，只是父母习惯了把好的、优越的生活留给了孩子，以至于习惯了包揽所有重活脏活，因为在他们眼里孩子永远是孩子。而我们已经长大，也可以帮他们分担，揽回他们手中的重活脏活。

记住父母爱吃的食物

父母做饭总是记住子女的口味和喜好，每次回家团聚的时候，桌上就摆满孩子爱吃的菜。小时候也许不以为然，看他们吃得津津有味，也就以为这样的饭菜再自然不过。长大了才明白，这些年他们习惯的菜式，不是他们喜欢吃，只是因为我们能多盛一碗饭，多喝一口汤，多在饭桌上称赞他们的手艺，与他们聊聊天。终于我们也能做饭给他们吃，换下自己喜欢的满桌子的菜，给他们做不同的食物，了解他们喜欢吃什么，知道什么对身体好，帮他们盛饭，给他们夹菜……

把树叶做成书签

不要每天都千篇一律地做着同样的事，那样你会觉得生活乏味又无趣，这样的周而复始，渐渐地也许你会迷失自己最初的方向，甚至会有一种厌烦的情绪。不如做一些新奇好玩的事，给生活制造一点新鲜的元素，让我们每天都能精神焕发。生活因为有了这些灵动的色彩而精彩非凡，就像回到了童年一样。偶尔去回忆一下童年，做一做儿时曾做过的事情，别有一番趣味。

曾几何时，回忆起秋天，还像儿时那般快乐，我们会捡许多从树上飘落下来的树叶，什么样形状和颜色的都有，然后贴在一个自己最喜欢的本子上作纪念，又或者干脆风干了这些树叶，然后用它来做书签，别致又浪漫。秋天快到了，是否能让你回忆起那年那景的你呢？

秋天的叶子五颜六色，特别美，而且树叶已经开始慢慢往下飘落，选择完好无缺而且表面平整的落叶，一片一片认真地捡起来，放在事先准备好的塑料袋里。

回到家后，把它们放在水盆里，清洗一下，再拿出来用卫生纸擦干。然后，在每片叶子两面垫上几层厚厚的卫生纸，用书压上。等到傍晚的时候，再换上干燥的卫生纸，等完全干了，把叶子拿出来。

用彩色荧光笔在叶子上画上一些能激励自己的图案，或写上励志类的格言或诗词，最后在叶柄上系上一根彩线，这样，一枚叶片书签就制作成功了。我们可以用不同的树叶制作出各种不同的漂亮书签，把它们当作礼物送给朋友也不错。

偶尔回忆一下童年，并做一做儿时的事情，是不是很开心？其实不管时光怎么飞逝，我们总要保留一份"追忆似水年华"的心境。

亲手制作发簪，将爱人的长发盘起

自古以来，好像很多男性都对长发飘飘的女孩情有独钟，认为女孩的长发更多诠释的是一种含蓄的古典美，静雅清幽，婉转轻柔。所以，女孩子为悦己者容，也心甘情愿地留起了这三千烦恼丝，并悉心打理起来。

"长发为君留"，是一个美丽的承诺，也表明两个人的感情已经达到了一定的程度，已经有了以后长相厮守的心理准备。当那个人不在身边时，这一头长发，可以承载起你对他的无限眷恋。

伸手揽住那一头为你留存多年的长发，用梳子一遍遍梳理着，慢慢回味着两人之间的情感。然后用你亲手做的漂亮发簪，松松地绾起长发，发丝在指间触摸和缠绕时，体会那一刻的温柔和美好。

一叶绽放一追寻，一花盛开一世界，一生相思为一人。就把你亲手制作的发簪起名叫"唯一"吧，也祈愿这份情感也能始终如一，长长久久。

长发为君留，散发待君束。
白绫细衫轻，犹羞动晓镜。
挑帘下花径，花径深且幽。
低头思故人，径深斗草处。
曾经双双影，如今花满楼。
当年相思闲，未云闻折枞。
偶听箫声唱，长使润沾中。
清风飘罗裙，玉阶寒露生。
揽发自嗟叹，长发为君留。

为父母烘焙蛋糕

甜点是一种奇妙的食物，尤其是心情低落沉郁的时候，似乎总能让人瞬间愉悦起来。奶油、果酱，精心烹制的精致蛋糕总是首选。许多年轻人也会为恋人亲手做一个蛋糕，以表达爱意。

最温柔的用心不一定只给恋人，最体贴的安慰不一定给朋友，不要忘了，在你的一生中，亲情的位置永远都是高于一切的。你有一个家，有等候你回家吃顿饭的父母，有每天关切地唠叨你注意身体的电话。当你与朋友尽兴、与恋人甜蜜的时候，他们还在等着你早点回家；当你绞尽脑汁为朋友挑选生日礼物、为恋人制造惊喜的时候，他们还在等着你打个电话。

如果你还记得，如果你爱他们，就用比对朋友、恋人多一百分的认真，为他们做一些事情，给他们惊喜，让他们高兴。何不尝试一次，买些用具和佐料，上网找点教程，为父母烘焙一个蛋糕。仔细地涂上奶油，做些小装饰，写句"矫情"的话，当他们看到的时候，一定是不小的惊喜。

高端的蛋糕师在传授所谓"秘方"的时候，往往会告诉求学之人：用心去做。这建议看似平淡无奇，却是烘焙蛋糕的最高境界。甜蜜的奶油，精致的模具，必须一步一步、全心全意地去做，才能做出好看好闻、味道细腻的蛋糕。

记得，烘焙蛋糕的时候，想想你的父母为你做菜时的心情，想想他们每天给你打电话喊你早点回家时的用心，然后用同样的爱去回报他们。不需要太多的雕饰，也不需要过多的甜蜜，只需要那一步一步、亲手做成的蛋糕就够了。

为他们切开蛋糕，像他们每天急着给你盛饭一样，放到他们面前，也同样唠叨着他们快吃快吃。即便你羞于表达，他们也会从蛋糕里尝出幸福的味道。

蛋糕分类

根据蛋糕制作所使用的原料、调混方法和面糊性质，它们通常被分为三大类：

面糊类

指的是配方中油脂用量高达面粉 60％ 左右的蛋糕。油脂同时可用来润滑面糊，使之能够产生柔软的成分，并使得在面糊搅混过程中大量空气能易于融入而达到膨松效果。通常我们平时常吃的奶油蛋糕、布丁蛋糕都可隶属于此类。

乳沫类

指的是主要原料为鸡蛋，且不含任何固体油脂的蛋糕。蛋液中强韧的蛋白质，在面糊搅混和焙烤时能够使蛋糕变膨松。这类蛋糕可以根据所用的蛋料继续加以细分，即蛋白类与海绵类。前者单用蛋白，后者使用全蛋。天使蛋糕和海绵蛋糕都是典型的乳沫类蛋糕。

戚风类

指的是混合面糊类和乳沫类两种面糊来改变乳沫类蛋糕的成分而成的蛋糕类别。

与知己推心置腹

就如同被笼子困住的鸟，我们所生活的空间，从公车、地铁，到办公室、教室，再到寝室，都如同一个个有棱有角的盒子，我们局限于各种大小的盒子里，怎么会感到自在呢？再加上周围的人群，与你真正知心的能够找出几个来呢？每个人都是一个有思想的个体，这种思想的形成从经历而来，由感悟而生，而每个个体的成长都不在一条线上，怎么能苛求每个人都理解你呢？

太过繁忙的状态，很容易略过心里偶尔出现的想法和情绪，将自己驯化成为一个机械式的人，坐在堆叠的工作中以最高的效率运转，暂时逼退消极面的自己。可是，试想一个气球在充气的过程中，它可以一直被撑大，撑大，撑大，包容那些来自外界的气体，将它们装起来，储存在自己有限的空间里。可是到最后，当内部的压强最终大过了外界时，它还是会爆裂。人的情绪也是一样的，你以为再努力一下，再坚持一下，就能自己消化所有的事情，但不免还是会累积成不能忍受的程度，过一段时间，依然会发作，会爆裂。

所以说，人都需要知己。所谓知己，就是能够让你卸下防备、向其倾诉内心的人。只有认定的知己，才是你倾诉的对象。有了郁郁寡欢的情绪，烦恼揪心的事情，不知所措的疑问，只有真正信赖的人，才能给你真正的安慰与帮助。默契不会错，有幸成为知己之人，必然都默默珍惜着。不幸的是，因为繁重的工作、紧凑的时间表，步履匆忙，哪怕是有幸结交到知己，也往往不能腾出时间深聊几句，限于时间、限于压力，只能放弃许多推心置腹的机会。

因此，在工作的压力下，不要忽略了对自己内心的关注，每隔一段时间，一定要给自己一个"任性"的机会，好好与自己的知己深聊一次，将这段时间的疑惑、构想、不安，都倾倒出来，并在与对方的谈话中了解对方的生活状态。

彼此珍惜，彼此鼓励，一起放松，共同成长。

多么美妙！

Deep in the meadow, under the willow
A bed of grass, a soft green pillow
Lay down your head, and close your sleepy eyes
And when again they open, the sun will rise.

Here it's safe, here it's warm
Here the daisies guard you from every harm
Here your dreams are sweet and tomorrow brings them true
Here is the place where I love you.

为你我做了太多的傻事
第一件就是为你写诗
为你写诗，为你静止
为你做不可能的事
为你我学会弹琴写词
为你失去理智
——吴克群《为你写诗》

为爱人写诗

爱，是人类一个永恒的主题，无论它是圆满的还是残缺的，都是一个人一生中难以忘记的一段故事。有时候，因为忙碌，爱就被疲乏所替代。我们需要做的，就是用我们的柔情，拂去覆盖在爱之上的尘土，让我们麻木的神经复苏，让爱显现出依旧迷人的光彩。

虽说爱不需要繁复的形式，但是表达感情的方式却是很重要的。不妨试着为爱人写一首诗，即使你觉得自己没有多少文学细胞。你可以模仿文人，表达一下心中的爱意。借鉴一个你比较喜欢的诗人的作品，你甚至可以模仿诗人的语言风格、文体特点，别觉得这样是什么不好的行为，甚至怀疑自己的能力。事实上，这一切都不重要，唯一重要的，就是你对爱人的心意。你写出的句子不通顺又何妨？你写出的东西简直不能叫诗又怎样？"为你写诗，为你静止，为你做不可能的事"。就是因为你不精通，你不会，而你却努力去做了，才越发显得弥足珍贵，越能看出你对爱人的一片深情。

在你提起笔来给爱人写诗的时候，心里会是一种平静的感觉。那些留在纸上的字符，那一种怡然的心境，无论对写的人和读的人，无疑都是一种至高的享受。

留得半夜听雨声

雨天时，你可曾静静地躺在床上，去仔细聆听落地窗外的雨声？很少吧？很少会有人仔细聆听大自然带给我们的"交响曲"——那细碎地打在窗子上，敲击出不同音节的雨声。

对于周而复始的生活，你肯定感到过些许厌恶。生活过于繁忙，我们总是抱怨岁月的蹉跎，却仍然不得不每天穿行在各种各样的嘈杂声中，在声音的旋涡中挣扎着，浮动着，以至于最终忘记了我们为什么行走。我们走得如此匆忙，以至于我们无法让自己惬意，无法停止脚步来欣赏路边的风景，甚至雨滴的声音。

雨点慢慢降落，渲染了整个城市的气氛，雨水洋洋洒洒、肆无忌惮地打在行人的衣服上，大自然中的一切都被雨水打湿，这难道不是我们常常忽略的一幅美景吗？如果这时你闭上双眼，只是倾听雨落的声音，你会发现它落在窗上虽然有些漫不经心，但是却会发出阵阵类似欢乐或悲伤的声响。伴随这样如风铃般自然的声响，你是否会自然而然地把自己彻底放松下来，想想过去开心或伤感的日夜？

我们还能有多少个这样惬意的时刻呢？就是这样，放下手头的工作，忘掉白天发生的琐碎小事，关掉台灯，躺在你的小房间，慢慢闭上双眼，让自己在幽暗之中，静静地听落地窗外的雨声。伴随窗外的雨声，回忆那些发生在雨天的故事，那些心情。

其实，生活中会有很多时候，不需要跌宕起伏的旋律，也不需惊天动地的波涛，我们只需安静下来，坦然接受这突如其来的雨天，然后放松下来，静静地躺在床上，去听窗外的雨声，就很美好。

我静静地坐在那里，听到头顶上的雨滴声，此时有声胜无声，我心里感到无量的喜悦，仿佛饮了仙露，吸了醍醐，大有飘飘欲仙之感。这声音时慢时急，时高时低，时响时沉，时断时续，有时如金声玉振，有时如黄钟大吕；有时如大珠小珠落玉盘，有时如红珊白瑚沉海里；有时如弹素琴，有时如舞霹雳；有时如百鸟争鸣，有时如兔落鹘起，我浮想联翩，不能自已，心花怒放，风生笔底。死文字仿佛活了起来，我也仿佛又溢满了青春活力。我平生很少有这样的精神境界，更难为外人道也。

听海

　　潮起潮落。时而翻腾，时而平静；时而汹涌，时而哀婉；时而怒吼，时而悲伤。这是海，是海的声音。大海，是一个充满神秘和诱惑的地方，在海边，人的心门被海浪打开，心胸就会变得特别开阔。海子把尘世的幸福送给每一个人，自己却愿意"面朝大海，春暖花开"。

　　然而，如此的诗意在今天快节奏的生活里显得非常奢侈，即使我们有着看海的心情，却总是在不停地寻找看海的时间，以至于一拖再拖。但是，倘若人类不能诗意地栖居在这个温暖的大地上，也就没有存活的意义，何不在百忙中找一天去海边，倾听着海涛之声入眠？

　　当我们的耳朵听着海涛之声时，你就能感觉到一种抽离，是自身从烦

写信告诉我今天海是什么颜色

夜夜陪着你的海心情又如何

灰色是不想说，蓝色是忧郁

而漂泊的你，狂浪的心，停在哪里

……

听海哭的声音

这片海未免也太多情

悲泣到天明

——张惠妹《听海》

躁杂乱的琐事里抽离了出来。此时，工作和生活里的一切不愉快都会变得不值得计较。耳边的风声和海浪声温柔地漫过我们的心坎，冲刷着我们的心灵，把一切尘世的粉尘都带走，还原我们的本真。

　　花会盛开，然后凋谢。曾经存在，如今隐没。繁星亮起，那场雨却一直没有停。有时间去看看海吧，一个人静静地坐在海边叠纸船，船里载满了问候、祝福和期盼。一个人静静地坐在海边听海翻腾的声音，享受被浪花溅得全身湿透的感觉。一个人听海，听海的喜怒哀乐，听你的悲欢离合。因为海的声音，就是你的声音。

　　一个人在海边静静地坐坐。回忆一下那些美好的事情，或是流泪、或是微笑，相信海，相信我们不会一直听到海哭的声音。

观看日全食

日食，又叫作日蚀，是一种天文现象，当月球运行到太阳和地球中间时，挡住了太阳射向地球某些地方的部分或全部光线，这些地区的人们，会发现太阳的一部分或全部消失了，他们看到的就是日食。而日全食是日食的一种，即太阳被月球遮住了全部光线，这时候太阳、月球、地球三者正好排成一条直线。

古代由于人类缺乏天文学知识，日食被说成是天狗食日，这预示着将有灾难发生，于是会在日食这一天举行仪式，向上天祈求恕罪。根据古书记载，汉朝时每当发生日食，皇帝就不到大殿做早朝，而到偏殿旁的小殿进行早朝，并且一切从简。

中国观测日食历史悠久，根据《尚书》中记载，早在公元前1948年就有人观测到了日食。在公元前2300多年前就有了当时最先进的天文观象台。中国历来重视日食的预报，据说夏代一位天文官因沉湎酒色，漏报日食，被砍首以警示玩忽职守者。中国有世界上最早、最完整、最丰富的日食记录。世界天文学家普遍承认中国古代日食记录的可信程度最高，为后人留下了珍贵的科学文化遗产。

日食相当罕见，日全食更是难得一见，因为唯有在月球的本影投影在地球表面时，在该区域的人才能够观测到日食。最近一次中国的日全食发生在2009年7月22日，而下一次将在2034年3月20日发生在西藏北部的山区。

日全食的过程可以分为初亏、食既、食甚、生光、复圆五个时期。景象相当壮丽，有天文爱好者甚至特地逐日食而观赏。例如，在1999年发生在欧洲的日全食，吸引了非常多观光客特地前去观赏。

能够亲眼看见天空变黑、从红日当空变成满天星斗的奇观，这种现场的震撼是任何照片、影像都无法替代的。贝利珠、日冕、日珥等平时难得一见的景象，更是令天文爱好者们着迷，即使平时对天文不感兴趣的普通人也会因为好奇而平添几分激动。如果你在你住的地区观看过日全食，真的可以说是很幸运的事情。

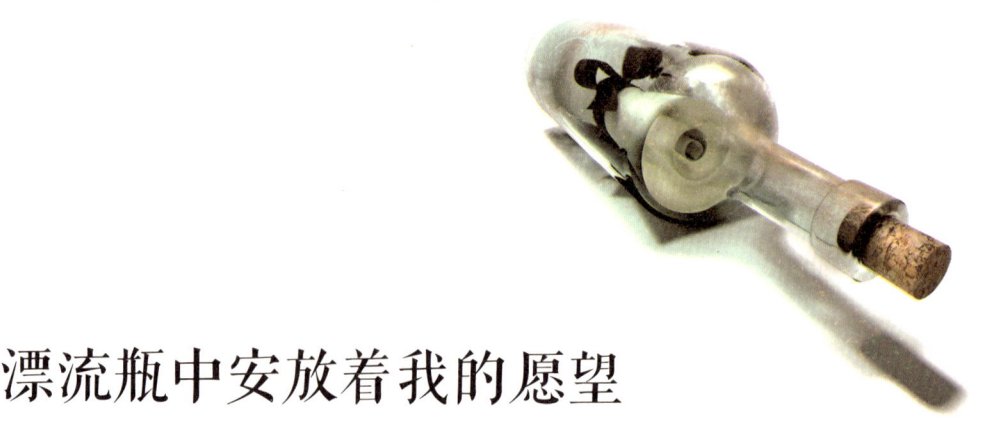

漂流瓶中安放着我的愿望

在中世纪，漂流瓶是人们穿越广阔大海进行交流的有限手段之一。密封在漂流瓶中的纸条往往包含着重要的信息或者衷心的祝福。发现一个可能从未知地域而来的漂流瓶，对于古代水手而言或许是一种惊喜、神秘、期待……

漂流瓶是随着水流的方向自行漂流的，有的是沉入海底，有的是被鲸鱼吞食，有的是被海藻缠住，有的被大浪冲到沙滩，曝晒终年；要非常的幸运才可以到达人类的手中，而被何人捡到则是无法预知，充满着未知的神秘气息。

如今，漂流瓶已经成为人们许愿的工具。人们在瓶子里装上彩色的许愿砂，用小纸条写上自己的愿望放在瓶子里，以此来祈祷自己的愿望成真。

你想没想过也将自己的愿望安放在漂流瓶中投入大海？把一个塞有小字条的瓶子扔到大海，只有依靠自然与机遇的力量，你的字条才可能到达远方的那个人手里。想一

想就觉得很美妙。

开始行动吧。

装瓶在小字条开头写上诸如："祝贺你发现了瓶子里的字条。请发个邮件告诉我你是谁，在哪儿发现了这个瓶子。""我希望能成为最好的自己。"或者其他表白、祝愿、祈祷、求助等的内容。接着介绍一下自己，包括你的名字、居住的国家以及邮箱地址。不要忘了写上日期哦！另外，写小字条时，就用上你所懂得的尽可能多的不同国家的语言吧。

你可以在瓶子里放一件小小的礼物送给发现它的人。可以是哨子之类，万一你的瓶子被一个困在荒岛上的人捡到，就会大有帮助了。瓶子里还可以附上一个请求，希望捡到它的人重新封上瓶子并掷回大海，以期待下一个人去发现它。

写好一切后，当然不能急着扔进大海。要牢牢地封住瓶口——你肯定不希望里面的小字条被弄坏吧？当然，假如到不了海边，你也可以将瓶子丢入河里。

现在，你的愿望正安放在漂流瓶里，它将随着洋流和季风漂洋过海。你的心里是不是充满了期待？那就耐心地等候吧，说不定有一天，幸福就会来敲门。

观察一朵花开的过程

生活节奏的加快，让人们忽略了很多身边的风景。或许不经意间，我们就发现河水解冻了，路边迎春花的枝丫上又绽放了新的黄色。渐渐地，满世界的花，瞬间开出五彩的颜色来。过了秋天，一切便又似乎突然消逝了，不留一点痕迹一般。那之前的生气勃勃就被渐渐遗忘了。

从盛放到凋落，每一次的花开都要付出巨大的努力，最终方可展现绚烂的花朵。日照之下忍受炎热，暴雨之中忍受击打，生命仍旧在一切恶劣的环境之中破茧而出，这怎不令人敬畏呢？花开花落，短短几十天的生长，似乎就为了那么一瞬间的开放，绽放的瞬间何等绚烂，生命的过程何等短暂，仔细观察一朵花开的过程，足以让我们思考、感慨生命的奇妙。

观察一朵春天开的花，看看寒冬过后，它是如何看着融冰，听着暖风的声音，一点一点，挣脱出冬的冰封；找一朵冬天开的花，看看在漫天大雪中，它是如何和着呼啸的风声，伴着惨白的大地，一日一日，开出雪地里最鲜艳的颜色。当然，你也可以熬上一夜，看看昙花一现的情状，听听那短暂生命的声音。越是短暂的生命，越是厚积薄发一般，将无尽芳华留予那真正的一瞬间，稍后便逝，如同从未盛开过一样。你是否一直对这样一种生命力抱有强烈的好奇和崇敬，也对那短暂的生命喟叹不已？想必，那绽放的过程，更加动人心魂。

你也可以买上一盆花，摆在阳台上，每天起床时蹲在它面前小心观察，看着它从花苞渐渐盛开，最后凋谢。然后在日历上圈上日期，等第二个花期到来的时候再看它绽放。

观察一朵花开的过程，发觉生命看似轻飘不定，转瞬即逝，实则一切力量，皆汇聚在那一瞬。生命也要和花开一样，只盛放一次，虽只有一次，也要用尽气力，争取足够绚烂。发现了生命的奥秘，你是不是有一种不一样的感觉？

剪出漂亮剪纸

剪纸是最古老的汉族民间艺术的一种，以纸为加工对象，以剪刀或刻刀为工具进行创作。虽然称不上雅致，但在视觉上却能给人以透空的感觉和艺术享受。简简单单的纸被剪刀七剪八剪，竟然形成了各种各样的图案，如窗花、门笺、墙花、顶棚花、灯花等。每逢过节或新婚喜庆，将漂亮的剪纸贴在窗户、墙壁、门和灯笼上，节日的气氛便会被烘托得更加热烈。

在过去，剪纸几乎可以说是每个女孩所必须掌握的手工艺术，并且还被人们当成品评新娘的一个标准。现如今，会剪纸的人越来越少了。

如果你有这门手艺，在重大节日或者喜庆的日子里剪出漂亮的作品，什么年年有鱼啦、喜鹊登梅啦、玉兔护财啦、鸳鸯戏荷啦，那一定会起到锦上添花的效果。

每天都在阅读

大家总是说自己工作很忙，生活节奏太快，没有时间和心情来好好读书。可是，我们却有很多时间去酒吧、去 K 歌、去打游戏。看来，说自己没有时间只是一个借口，真正的原因也许是现在的我们越来越浮躁，沉不下心来读书。而越是这个时候，才越需要用阅读来涤荡我们心灵上的尘埃，用前人的智慧为自己的前程点一盏明灯。

书籍带给人精神上的愉悦是任何物质上的享受都无法比拟和取代的。每天我们只需要拿出短短半个小时的时间来读一点书，就可能获得极大的精神享受。这个时候，你可以泡一杯香茗或者咖啡，放上一段悠扬的音乐，暂时远离现实生活中的纷纷扰扰，将自己沉浸在文字构筑的世界里，充分享受阅读的乐趣。读唐诗宋词，你将感受到迁客骚人们浪漫脱俗的文人情怀；读名人传记，你可以了解他们的生平和成功的秘密；读世界名著，你会见识到不同国家、不同年代的人生百态；读旅行游记，你将领略到世界各地的风土人情和文化底蕴。书籍，会不断为你打开一片又一片新的人生天地。

不要小看这短短的半个小时。日积月累，你读的书就会越来越多，获得的知识也会越来越丰富，这样的人生将会是无比充实、无比有意义的。

很少见到一个精神生活很丰富的人在那里自怨自艾，而百无聊赖的人，大多是心里惶惶无所事事者。这时候，用书籍来赶走寂寞空虚吧，有了书籍源源不断的滋养，就如同花朵有了阳光和肥料的培育，人的精神不但不会感到空虚，反而会绽放出最美丽、最灿烂的思想之花。所以，你只需要每天拿出半个小时的时间，来享受以书为载体的人类智慧的交流，你的思想就会变得越来越充实，你就能越来越感到生活的美好。

从现在开始，让自己每天都在阅读，享受读书，享受生活。

看一场烟花表演

　　每逢大的节日或者谁家有喜事的时候，都会按照传统习俗放一些喜庆的烟花。看那满天盛开的烟花，即便是一个烟火里放出来的，也有不同的烟丝，不同的形状，而且还可以喷出各种不同的图案。心中觉得惊讶吧，那就叫出来吧，让夜色感受你对生活的惊叹。再看，下空的烟火就像喷泉一样，有时是成束，有时成片，有时就像一大群彩色小精灵在空中飞舞。上空的烟火，真的好大。层层叠叠的各色球形组合，就像要散落在自己身边一样，恨不得自己多长几双眼睛，把这所有的美丽都尽收眼底。有时一次放好多烟花，待到它们一起喷发，金灿灿的光芒久久不愿散去，照亮整片天空，仿佛光芒从天堂一直散落到人间一般。那些烟火，一团一团，一朵一朵，哗啦哗啦，像调皮的小顽童任性泼洒的色彩，布满整个天空，映红了人们的脸庞，是那样美丽动人，整个人群陷入

34

欢乐的海洋。

　　还有那种单支的烟花，燃放的时候感觉很过瘾。每点燃一支，就有一声哨音响起，随后烟花在幽蓝的夜幕上绽开五彩的花瓣，亮丽的花朵，空灵的绝美，仿佛能在其中遥望远去的童年，还有一幕幕曾经经历的幸福与欢乐。

　　很多人都喜欢烟花的美，喜欢它绽放时的热烈奔放，喜欢它绽放时的绮丽多姿，甚至喜欢它稍纵即逝的妩媚姿态。站在此起彼伏的烟花燃放声里，抬头仰望烟花灿烂，会有一种超越时空的永恒美丽浸满思绪。

　　去看一场烟花表演吧，认真观看，仔细欣赏，可以大声欢呼，仿佛今天是你大喜临门的日子，让满天的烟火赋予你喜庆的气氛和雀跃的心情，点缀你单调平凡的生活。

给未来的孩子写一封长信

　　你的人生中，终会有那么一个人，让你为了他的到来而惊喜、而激动，听着他响亮的像是在宣告自己来到世上的第一声啼哭，你的眼里一定充满着无限的关爱与柔情；你心疼他的第一次跌倒，可是心里清楚地知道，疼痛是学会依靠自己的力量行走奔跑而必须付出的代价；你永远记得他的第一声"爸爸"或者"妈妈"，他好似天使的眼睛望着你有些湿润的眼眸里，是如此动人。

　　他长大后，你会望着他第一次独自一人上学的背影，你知道自己的路一定要自己走，但是你总是会在他的背后默默注视着。如果是个男孩子，你会教给他勇敢，不会干涉他看武侠小说，甚至还会跟他讨论自己最欣赏的侠客，告诉他真的男人除了聪明有能力，还应该情深义重；你会记得他的第一张奖状，并记得自己看到那张奖状时的喜悦和得意；你会记得送他出去创业的那个飞机场，你所有的不舍和嘱托都化成了一个坚定的眼神，告诉他做父母的不舍和骄傲。

　　你惊讶地发现，从那个人出现的第一刻开始，你的记忆就被他占满，你的眼泪就为他情不自禁地流淌，你的整颗心都已经离开了自己，飞到了他的身上。只因为你是那么爱他，只因为他是你的期望！

　　挑一个夜深人静的晚上，或者午睡后阳光明媚的下午，给你未来的孩子写一封信吧，告诉他你想要对他说的话。

　　你要告诉孩子的是你对他们的期望，还有你成长的经历，比如你曾做过什么错误的决定，希望他了解你们的过去，不至于将来犯同样的错误。你要教导孩子如果将来谈了恋爱，要好好认真对待彼此，但是如若有一天，感情已不再像从前那样，就洒脱一点放开手，要坦然接受和面对。

　　你可以告诉你未来的孩子，你永远爱他，即使岁月将爸爸妈妈永远地带走，那份爱也将融入宝贝的生命，每一分每一秒的生命……

写下来之后，你才发现，原来你可以告诉他的东西有很多。

可能不知不觉中，你已经给未来的孩子写了好多封信，那你想让他什么时候收到？是在他为人父母的时候，还是你不得不割舍下对他的爱永远离开的时候？现在开始流行所谓的"慢递"了，你可以把信存在慢递公司，让他们在指定的时间把信送到你的孩子手里。可以是几个星期以后，也可以是几年、十几年甚至几十年以后，或者就定在孩子 18 岁时，算是给他的成人礼平添些许诗意，让孩子知道你此时此刻的心情。告诉孩子你有多么爱他，从多少年的那一天开始直到今天。告诉他你此刻的心情是多么美好，你迫不及待地想要让他知道。所以，快点拿起笔吧！

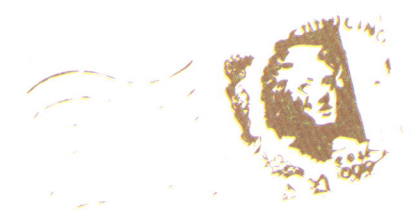

试着给朋友做一次红娘

　　说起《西厢记》，人们就会想起那句"愿天下有情人终成眷属"的金玉良言，当然还有里面那个能言善辩、热心仗义的红娘，为了促成张生和崔莺莺的美满姻缘而尽心尽力。也许爱情的浪漫是只属于两个人的，但爱情的幸福却像花香一样，会弥漫在空气里，令身边的每一个人心旷神怡。怕是这个世界上自从有了爱情，就有了红娘吧。做红娘的快乐是双重的，一方面是愿意被两人之间的幸福甜蜜所感染，另一方面便是通过自己的撮合使一对有情人成了眷属的自我满足。如果，这相爱的两个人当中还有一个是你的朋友，那么你的兴奋与快乐更是无法形容了。所以，何不找个机会，为你的朋友搭一根红线，体会一下做"红娘"的乐趣与意义。

不需要考虑什么结果，成与不成不是人力所能控制的，只要你是怀着一颗真诚善良同时又是认真负责的心去做这件事情，即使他们最终没有成为爱人，你也不需要自责。重要的是去体会这个过程的乐趣：平时大大咧咧的好朋友这时怎么变得这么淑女，看来真是人不可貌相；不知哪句话让她羞红了脸，红得好像那熟透了的西红柿，回去要好好地打趣她一番；他和她要第一次约会了，兴奋地跑来告诉你这个头号大功臣，那紧张激动的神情就像即将打开糖果盒又不知道里面是些什么口味的小孩儿……你会发现，原来做红娘有如此多好玩的事情，快乐是源源不断的。同时，你会更加了解你的朋友，友情也会变得更加根深蒂固。生活的乐趣和意义就在他们的幸福中得到体现。

　　还等什么，还不赶快开始为你的好朋友物色一个合适的人选！

帮孤儿院的孩子完成一个心愿

在一个孤儿院见到的多是眼神有些迷离、笑声不太纯粹的孩子，有被遗弃的，有走失未能归家的，也有失去双亲的。在这些孩子里面，不论年龄大小，大多都有让人怜惜的表情。虽然孤儿院里有一些长辈和大龄孩子的帮忙，让这些孩子在温饱上得以满足，但是孩子终究是孩子，即使是一出生就被遗弃，他们内心也渴望着受到关爱。

在我们力所能及的范围内，不如为他们做些什么吧。我们曾经也是从那样的年龄，走向校园，迈入社会，不同于他们的是，我们有最美好的童年、有家、有亲人、有完整的温暖和爱，而这些不幸的孩子却只能在缺失家庭温暖的环境中坚强地成长。

闲时多去孤儿院走一走，看看那些孩子的生活，也告诉自己要知足。跟孩子们做朋友，帮他们完成一个心愿。找一个周末带一个孩子去书店看漫画，陪着他笑，然后拉着他的手回家，对于一个孤苦的孩子来说，这大概就是莫大的幸福了。他们也是孩子，也喜欢纯纯地笑，也想有能撒娇的港湾，有个依靠，有一双大手领着他们走，不用害怕。谁说他们不可以有呢？我们有大手，我们可以牵着那双小手，一步一步带着他们回家。可以陪他们吃一顿饭，满足他们微小而简单的愿望，与他们坐在一起，给他们夹一次菜，给他们带来家庭亲情的美好感受。要让孩子们明白，这个世界上，终究有温暖，有人愿意像家人一样，愿意无私地照顾他们，为他们实现愿望，为他们停下脚步。其实孩子的心愿再简单不过，只要给他们一些爱，他们就会觉得幸福无比。

虽然处在安定生活中的人很难体会孤儿的心情，但多少能够为那些不幸的人做些事情吧。闲时多去孤儿院走一走，成为孩子的港湾，成为孩子的依赖，不论做了多少，只要无私地去爱，就足够了。

sun

和朋友去野外露营

清晨的阳光温馨而明丽，前方的峡谷在晨曦中朦朦胧胧，缥缈而悠远。和伙伴们走在山道中，一起踏上野营之旅。看着路边的小溪唱着欢快的歌奔向远方，心中好像找到了一份久违的踏实感。一路上观赏着美丽的风景，也不断地观察着地形，准备寻找一个较好的露营地。走了将近两个小时，在一片林间的平阔草地上，终于可以扎营了。大家把大大的旅行包从肩上卸了下来，动手建设营地：清除石块，以及矮灌木等各种易刺穿帐篷的东西，把那些不平的地方用土或草等填平，收拾出一个安置帐篷的地方。帐篷排列成了一排，门都向一个方向开，以免相互干扰。然后划分好用火区、就餐区、用水区和卫生区。根据风向，把用火区建在了下风处，防止火星溅出烧破帐篷；就餐区紧挨着

用火区，方便烧饭做菜；用水区则建在了林边的小溪的上下两段，上段作为食用饮水区，下段就作为生活用水区。这是不是很专业的安排？

经过了不短的跋涉，体能消耗得差不多了，大家肯定都有点饿了，如果没有带现成的食物，可以在用火区挖出了一个土灶，用石块搭建成一个灶台，把带来的食材用灶台弄熟。不管食物好不好吃，在饿极了的情况下，就都是美味，照样能被风卷残云般地抢光了。

入夜，伙伴们都回到了自己的帐篷。聆听着林边小溪潺潺的水声、风吹过树林时的哗哗声、阵阵的蛙鸣声，呼吸着野外清新的空气，整个人浑身松弛了下来，感觉自己的精神进入了一个至真至纯的境界，获得了某种升华。也有愿意独处的兄弟，选择了另一种休息的方式——在两棵树之间系上吊床，在悠来荡去中进入梦乡。

清晨不知名的鸟儿用清脆的叫声把大家唤醒，走出帐篷，伸个懒腰，看看周围矮矮的灌木丛上晶莹剔透的露珠，呼吸着新鲜的空气，突然好想在这树林中遇到七个小矮人，当然还有最重要的主人公——白雪公主。

野外露营是对人在野外生活的一种锻炼和考验，是一种更为接近自然的体验。当你厌倦了城市里千篇一律的生活，厌烦了带着假面具的生活，不妨背起行囊到大自然去放松一下自己。深处宁静的森林，让暖暖的阳光照下来，高高的树底下那几顶彩色的帐篷，让人恍若来到了童话世界。

和家人一起森林浴，和自然亲密接触

"采菊东篱下，悠然见南山"是田园诗人陶渊明颇为自得的诗句，也令我们这些生活在大气污染十分严重的环境中的人羡慕万分。走向户外，投入到大自然的怀抱中，让身心接受充分的洗涤。大自然与生俱来的绿色，不仅可陶冶人的情操，而且对人体健康有极佳的作用。

说到亲近自然，森林浴是比较时尚的一种方式，它以"阳光、空气、森林"为主题，倡导人们脱离城市的喧嚣与浮华，与大自然完全接触；体会视觉、听觉及心灵的整体享受，接受森林的悉心呵护。

进入森林，大自然特有的芬芳会随风飘来，掺杂着淡淡的泥土气息，带给人扑面而

　　来的清新。森林里氧气浓度高，通过呼吸，你和家人体内的新陈代谢会明显改善。不仅如此，森林中的瀑布、溪流、植物通过光合作用能产生和释放大量的负氧离子，负氧离子有着"空气维生素"的美誉，能有效促进身体健康。深吸一口气，让气息在体内缓缓流淌、循环，周身上下顿时感到无限清爽，恍入仙境。再深深吸一口气，一种心旷神怡的感觉便会油然而生。

　　进入森林，满眼的绿色，那特有的质感和层次、带有诗意的景色使人沉醉。突然间你会感到，人与森林似乎有一种天然的亲和感，仿佛森林才是人类真正的家园。

　　和家人找一片喜欢的森林，走进空气清新、不含有毒物质、无灰尘的林间，在有松软的落叶的林间小路上，在鸟叫蝉鸣中，在瀑布降落、溪水流动的幻境里，体验自然的和谐，那是一种多么美妙的情景啊！

为父母制作养生酒

伴随着我们的慢慢长大，父母也渐渐衰老、饱受疾病困扰，这也让我们更深刻地感受到了生命的无奈和脆弱，同时意识到健康的宝贵。人们都说，父母的健康是儿女的最大福气。这句话一点没错。随着父母年龄的不断增加，身心病痛越来越多，让父母远离疾病，是每个儿女最大的孝行。

针对父母的体质，使用传统中药材，制作出相应的养生药酒，是强健父母身体比较好的办法。试想，冬夜寒风中，用温水稀释一小杯药酒，让父母可以拥被入梦到天明，不再因四肢冰冷而冻醒，岂不是我们最大的孝心吗？

制作养生药酒，只要掌握了诀窍，其实是很简单的事情。不需要太多的工具与高深的技巧，在家里就能轻松泡制功效各异的养生酒。药材的分量也能依照个人体质与需求调整，运用相当灵活。药酒除了饮用之外，有的还可以外用，起到缓解筋骨酸痛的作用。

父母可随时随地饮用泡制好的药酒，功效同煎煮的汤剂，却可不受环境与时间的影响，再不需要每天苦等熬药的时间了。药酒储存的时间较长，饮用起来非常简便。

健康不是遥不可及，为父母制作养生酒，轻松做父母的健康顾问和长寿指导，让父母以健康的身体来迎接每一天。

子女最大的安慰，莫过于父母拥有健康的身体，孝敬父母应从关爱父母的健康开始。尽我们的能力，让父母活得更好些，更健康些，对子女来说，不就是最快乐的事吗？

成为同事们的营养顾问

现代上班族多半工作压力大，经常加班、熬夜，应酬也在所难免，很容易感觉身心疲劳。每天面对无休止的工作、复杂的人际关系、烦琐的家务，身体状况越来越差，对什么事都提不起精神，到医院里检查，却什么毛病也没有，其实这是亚健康的表现。造成上班族亚健康的原因有很多，比如遗传基因的影响、环境的污染、紧张的生活节奏、工作生活的过度疲劳、心里承受的压力过大、不良的生活习惯，等等，这些因素都可能使人们由健康逐渐转变为亚健康状态。但是很多上班族往往会忽略很重要的一点，那就是营养摄入不当。上班族一旦缺乏营养，势必会影响工作效率和生活质量。

这一系列的问题，都可以找到对应的解决方法。如果你在这方面有着独到的见解，那就可以在同事面前大显身手了。

你可以用专业人士的口吻建议同事在九点之前吃一点全营养早餐，还要指导他们工作餐怎样吃才有益于营养吸收；晚上加班太晚，吃什么样的餐点营养；哪些办公室零食既营养又不会让人发胖；护理眼睛、增强大脑活力、增加肌肉力量、强健骨骼、提高免疫力、缓解压力各有哪些营养方案；电脑一族怎么吃才能防辐射；烟瘾族缺少哪些营养；开车族应该注意什么样的饮食……

当你对这些困扰上班族的"疑难杂症"侃侃而谈的时候，你俨然已经成了同事眼中的营养顾问，这对你自信心的提高和在同事心目中的形象都有积极的作用。

"行行出状元"这句话果真没错，现在你就是状元！

教爷爷奶奶一些新鲜玩意儿

他们比你年纪大，也拥有比你更多的生活阅历，但是他们会开录像机吗？会玩电脑游戏吗？会上网吗？过去的 50 多年里，科技进步日新月异，许多老年人因此感到跟不上时代的步伐，这并不奇怪。你很幸运，具备了一个易于接受最新信息的灵敏而热切的大脑（如果不嫌其烦，愿意使用它的话），也伴随着我们今天认为理所当然的那些科学技术长大。你瞬间就能掌握的事情，老人们也许得学习数个小时。这项挑战的一个方面就是要让他们相信，努力是值得的！退休并不意味着生命也要跟着停滞不前——一切可以更好的。是时候给予他们一点帮助了。

刚开始，教爷爷奶奶一些简单的事情。比如设置录像机或 DVD 上的时间。

先给他们演示应该如何操作，接着让他们也来试试（要准备好长时间的教授）。

在对他们独自完成该操作满意之后，再教授其他技能。如果你属于很喜欢赢的那类人，也可以教教他们玩电脑游戏。如果你喜欢挑战，就试着向他们解释清楚网络到底是什么吧。

你还要定期检验，看看他们是否真正运用了你教授的技能。随着年龄的增长，人们的长期记忆似乎得到了提高，而短期记忆却衰退得厉害。也许要重复教授好多次才能达到目标。

爷爷奶奶可能还需要得到在新鲜词汇、流行音乐、各色文化和现代关系上的指导。你或许还可以教授他们一些其他的新鲜玩意儿。

教爷爷奶奶一些新鲜玩意儿

当你完成这件要做的事情时，
将成功之星涂上颜色并填写表格

你的奶奶多少 `0 0` 你的爷爷多少 `0 0`
岁了？ 岁了？

你教授了谁一些新鲜的玩意儿？

奶奶 □ 爷爷 □ 奶奶和爷爷 □

你试图教授他们什么？

他们做得怎样？

完全不理解	做得不错	比你想象的好	学得很快	很棒	比你做得还好
□	□	□	□	□	□

你觉得他们会记住这些技能吗？ `y/n`

如何评价自己的教授水平？

⭐ ⭐ ⭐ ⭐ ⭐
差劲　不错　很好　非常好　太棒了

下一次到爷爷奶奶家时，检验一下他们是否还记得你教的东西

他们还记得这些技能吗？ `y/n`

若不记得，你是否不得不郁闷地从头再教？ `y/n`

或者，他们是否只需要一点小小点拨呢？ `y/n`

若记得，有所进步吗？ `y/n`

若有进步，体现在哪里？

以 1 ~ 5 的等级评价爷爷奶奶的学习能力。
1 最低，5 最高。他们理解掌握的情况如何？

……移动电话

1	2	3	4	5

……电子邮件

1	2	3	4	5

……上网

1	2	3	4	5

……电脑游戏

1	2	3	4	5

……录像机、DVD

1	2	3	4	5

……电视、电影

1	2	3	4	5

……流行音乐

1	2	3	4	5

……现代关系

1	2	3	4	5

你从他们那学到的 5 件事情：

1.

2.

3.

4.

5.

与好朋友共度良宵

　　和志同道合的朋友在一起，总觉得时间过得飞快，还没有尽兴就到了上床睡觉的时候。其实，不必这么早就结束你们的聚会，所有好朋友欢聚一堂、共度夜晚也是一次难得的体验。一块儿过夜是增进友谊的极好方式——漫漫长夜，总是会有一些小秘密被吐露分享。如果你愿意，可以让欢快的气氛持续整个夜晚。

　　找一个第二天不用上学、上班的日子，邀请尽可能多的好朋友参加，人人都被提醒要带上枕头、睡袋、睡衣和牙刷，做好狂欢到深夜的准备。

　　多准备一些吃的喝的，确保家里有足够的零食与饮料储备以供宵夜和第二天的早餐。人多力量大，再多的食物都会被消灭掉的。

　　狂欢的内容有：电脑游戏比赛、打牌、换装游戏、真心话大冒险、看手势猜字谜，当然喽，还有最为经典的枕头大战！晚些时候，该降低喧闹声了，就去看看电影吧。看一部恐怖片，然后在一片漆黑中互相大讲鬼故事。精神高度紧张时，情绪也达到了最高点。因为人多，恐怖的气氛被冲淡，感觉更多的是精神亢奋。

　　当你们最兴奋的时刻过去后，很快就会迎来困意的一阵阵侵袭，实在支撑不住时，刺溜一下钻进早早准备妥当的睡袋里，周公在向你招手。

　　在自己最好的朋友面前展现的是最真实的自己，不需要拘束和伪装，你喜欢的他们也喜欢，你讨厌的他们也都清楚，这时候的状态才是最舒服的。然而，不是每个人都有时间体会这样的生活。能和好朋友共度良宵，实在是难得的机会，且行且珍惜！

做一件真正属于自己的 T 恤

如果外面卖的 T 恤不能让你完全满意，为什么不自己动手做一件呢？做一件独特的 T 恤，穿上它去逛街、去约会、去上班，然后在别人好奇地询问衣服是在哪里买的时，一脸淡然地说"自己做的"，在别人的惊讶和羡慕的眼光中走远，那种感觉肯定棒极了！

自己设计并动手制作的 T 恤，是独一无二的，这在统一制版、批量生产的现在可以说是很难得的，用多少钱都买不到。

首先是选布料，纯棉的穿起来最舒适，麻或棉混的也可以。画出分解图，确定大概由几块组成衣服。按照量好的身体数据，在硬纸上画出布料的一块块来，然后依照原样放到布上，用粉笔之类的记号笔在布上画好。然后就是缝起来。一定要记得事先留出缝起来的边，否则衣服最后会变小变瘦。

如果你对自己亲手缝制衣服的手艺没有信心，也可以用旧的纯色 T 恤进行加工。衣服先洗一下，这样比较容易上色。

通过打印机把你喜欢的图案打印在热转印纸上，然后再用熨斗熨在衣服上是最简单划算的方法。

你也可以用电脑设计自己喜欢的图样，也可以找来一种特殊材料的剪贴字，裁剪成自己想要的字母或形状，然后用熨斗将其熨贴到 T 恤的相关位置上。

做一件真正属于自己的 T 恤，穿在身上，自然觉得很有成就感，说不定还会有一群人来拜师学艺呢。

结识一个忘年交

    说起朋友，从古至今就有很多类。比如，刎颈交、手帕交、倾盖交、杵臼交、管鲍交、患难交、金石交、莫逆交、生死交、总角交、忘年交。如果按性别，可以分为异性朋友和同性朋友，按交往的程度分为普通朋友和知己挚友，按年龄分为同龄朋友和忘年交。忘年交是这几种里相对特殊的一种朋友关系，年龄的差异原本会将人们归为不同的人群，不同年龄段的人会有着不同的时代气息，不同的世界观、人生观和价值观，甚至，在心理层面上还会有些许的隔膜。表面上看来是两代人，但是他们因为兴趣、爱好等相似、相同即投缘对意，相处愉悦开心，话语投机，一直会有相识恨晚的感觉。就像君子和而不同，忘年交求同存异，这样的朋友关系反而显得如君子之交那样淡如水，却又充满温馨。

    忘年交之间，年轻的能够从年老人的身上学到很多极为宝贵的经验，以此来弥补自己的某些缺陷与不足，丰富知识、吸收阅历，他们对长者会带着尊重，他们会少些年少轻狂，会在需要冷静的时候冷静下来，他们会学着趋向成熟；年老的人能从年轻的人身上看到自己过去的影子，能够感到慰藉，并且从对方身上吸取活力，心态越来越年轻。双方通过交往、畅谈，互相学习互相影响，更有助于消除年龄上的代沟。

因为有了朋友，人与人之间多了很多动人的故事。忘年交之间会多些温暖少些争执，这是人类的一种和谐状态。能有一个忘年交，无论你是年轻的一方，还是年老的一方，你都是幸运的。它会让你在交往过程中忘记自己的年龄，只专注于享受这种交往过程，愉快而又轻松。

邓亚萍和萨马兰奇

萨马兰奇欣赏邓亚萍打球的"快速凶猛，看起来够味"，称赞她是世界杰出运动员之一。在1992年和1996年两届奥运会上，他亲自给邓亚萍颁奖，还亲切地和她拥抱。他说邓亚萍非凡的成绩是她刻苦训练、顽强拼搏得来的，体现了奥运精神。邓亚萍退役后，在萨马兰奇的推荐下成为国际奥运会运动员委员会委员，成为首名进入国际奥委会的中国运动员。

泰戈尔与徐志摩

泰戈尔来中国演讲时由上海入境，经南京、济南到北京，一路上会见各界的著名人士。他发表讲时，由诗人徐志摩负责翻译。要把泰戈尔的演讲准确到位地翻译成汉语是件很困难的事情，然而，对于徐志摩来说，语言已不是隔阂，他对文学也有着共同的追求，所以他翻译起来显得得心应手。他以华丽简洁的语言，声情并茂地把泰戈尔的思想传递给了听众，得到泰戈尔的赏识。

泰戈尔访华结束后，徐志摩又陪他访问了日本，旅程结束后又一直把他送到香港。泰戈尔回去后，将他在中国的演讲汇编成《在中国的讲话》，在此书的扉页上他写道："献给我的朋友苏萨玛（他为徐志摩起的印度名字），由于他周全的照料，我结识了伟大的中华民族。此题词是对徐志摩倾情相助的充分肯定。"

定期召开一次家庭会议

这是个个性张扬的时代，每个人都有自己独一无二的思想和见解，如果缺乏沟通，往往容易造成误解甚至关系破裂，亲密无间的家庭成员之间也是如此。

促进家庭成员沟通的有效途径之一就是家庭会议。最好能指定一个时间，确立一个议程，比如每周一次。不管以前有没有执行，或者根本就从来没有人提议过，但可以从今天开始，找个机会对各个成员倡导一番。有了一个好的开始，对于以后的进展会有很大的帮助。这是促进各个成员之间联系交流的好机会，每个人都可以畅所欲言，发表自己内心最真实的想法，相信大家都会欣然接受并参加。

一致通过之后，最好民主选出一个人作为会议主席，这个人并不一定非得是家长，任何一个人都可以。

会议召开之前，最好能确定一下议程、大会讨论的主题，以及每个人在会上将要扮演的角色。会议开始后，主席应该能够调动大家的热情，就主题踊跃发言，还可以展开激烈讨论。如果谁对谁有什么意见，都可以在会上说出来。家庭会议，讲究的就是真诚，家庭成员之间，无须太多礼数或虚荣。当然，家庭会议的目的是促进家庭关系的良性发展，千万不可揪住某一个小问题争论不休。

经过讨论、沟通之后，不仅找到了解决问题的方案，还促进了家庭成员之间的感情。一举两得，何乐而不为呢？

家庭会议之主席发言辞

　　定期清理自己的思想，有些积极的东西需要被唤醒，有些不必要担忧的包袱应该及时处理掉。生命如舟，载不动太多的物欲和虚荣，怎样使之在抵达彼岸时不在中途搁浅或沉没？

　　我们是否该选择轻载，丢掉一些不必要的包袱，那样我们的旅程也许会多一份从容与安康。

　　有时，我们拥有的东西太多太乱，我们的心思太复杂，我们的负荷太沉重，我们的烦恼太无绪。诱惑我们的事物太多，大大地妨碍我们，无形而深刻地损害我们。

　　人生要有所获得，就不能让诱惑自己的东西太多，心里累积的烦恼也不能太杂，更不能让努力的方向有很多分叉。我们要简化自己的人生。仔细想想你的生活中有哪些诱惑因素，是什么一直干扰着你，让你的心灵不能安宁，又是什么让你坚持得太累，是什么在阻止着你的快乐。把这些让你不快乐的包袱通通扔弃。只有放弃我们人生田地和花园里的这些杂草害虫，我们才有机会同真正有益于自己的人和事亲近，才会获得适合自己的东西。

　　最近大家要么工作很忙，要么生活很累，总之心情都不太轻松。所以，我们今天的家庭会议就不妨来清理一下各自思想上的包袱，让我们这个家重新充满欢声笑语。

加入狂欢人群

"人生事，不如意者十有八九"，当事情不按照自己的意愿发展而又无能为力时，你可能会产生压抑；学习和工作的压力过大，消极情绪得不到及时排解时也会产生压抑；对人言听计从，长而久之也会压抑。压抑不过是很正常的情绪，沉溺其中却会让很多的美好失去。沉溺压抑，会让人失去光泽，会让人才华被埋没；沉溺压抑，会让人失去爱的能力，会在错过太阳后又错过星星和月亮，会使人无视果子的成熟，只顾满目愁煞人的景象。

打开你的心门吧，让压抑已久的情绪像那海，像那风，汹涌地释放。让发霉的心房晒晒太阳，让蜷缩的手脚舒展一下筋骨，抖落一身的不快，轻装前行。在你内心潜伏已久的激情需要一个出口，加入狂欢的人群，在人潮涌动的欢乐海洋中，尽情释放你对生命的热爱和对幸福的追求。看看那些载歌载舞的人们，他们穿着色彩无比艳丽的奇装华服，在节奏明快、感情热烈的音乐声中，尽情地扭动自己的肢体，纵情地歌唱，放肆地大笑，好像要让全世界都能感受到他们比阳光还要耀眼的激情。

置身于他们的包围中，随着人流走过大街小巷，你也会被他们的活力所感染，也会不知不觉地跟随他们起舞，痛快地笑，痛快地闹，痛快告诉世界也告诉你自己，你也可以活得如此开心。这些狂欢的人们，教会你什么才叫作真正地享受生活，什么才叫作不负此生。

生活的美好，就是和喜欢的一切在一起

跟爱着的人说"我爱你"

　　相爱的人们，总是希望光阴常在，希望爱人常在，希望爱常在。这世上有三个字曾令无数人心潮澎湃，热泪盈眶，只需这三个字，任何其他的语言仿佛都成为一种累赘。这有着神奇魔力的三个字，便是："我爱你！"

　　相爱时不能及时表达自己的爱意，相信很多人都曾为此追悔过。

　　经过岁月的洗礼，时光匆匆而过时，爱情的浪漫悄然在生活中渐渐退去，换来的是相知相守的平淡。这时候，你可能觉得已经没有必要再说出"我爱你"，也许你太过忙碌，忘了说出"我爱你"，也许你觉得用行动来表达爱意会更具体，更有意义。但是，你可知道，"我爱你"这三个字是经久不衰的示爱箴言，没有人会不喜欢听到它。在听到喜欢的人说出口的一瞬间，不管你如何回应，在那一刻你都是幸福的。而对于表达的人而言，能跟相爱的人说出"我爱你"，何尝不是一种幸福？

　　清晨，睁开双眼，对着睡眼惺忪的爱人轻声说"我爱你"，相信他（她）一定会精神百倍，保持一整天的好心情。出门之前，给对方一个大大的拥抱，同时说出"我爱你"，你一定会看到对方眼中的惊喜和兴奋，你也因此会快乐一整天。工作期间，趁闲暇，给爱人发一条信息，告诉他"我爱你"，相信对方看到后一定会莞尔一笑，倍感幸福。下班回家后，跟相爱的人说声"我爱你"，一天的疲惫都会因为这句话的到来而去影无踪……其实，这并不难，只是三个字而已，却可以让两人的生活发生很大的变化。

　　这个问题还需要认真思考吗？仅仅是三个字而已。现在就开始：认真地、深情款款地，跟爱着的人说出"我爱你"。

和心爱的宠物在一起

　　它从来不会冲你大吵大闹，不会和你大打出手，不会今天对你好，明天又对你冷若冰霜。它从来不会强迫你必须陪在它身边，不会在你想要休息的时候还一个劲儿地在你耳边聒噪，不会拉着你大半夜还在 KTV 唱到嗓子都哑掉。它从来不会算计你，不会笑里藏刀，不会在背后说你坏话或者在上司面前打你的小报告。当你拖着疲惫的身体回到家的时候，它会第一时间跑到你的身边，用脖子轻柔地蹭着你的腿，好像在给你安慰。当你坐在沙发上，一个人默默流泪时，它会乖巧地卧在你的身边，用亮晶晶的眸子温柔地看着你，仿佛也在因为你的伤心而烦恼。它是你倾诉时的听众，孤单时的陪伴，它就是你心爱的宠物。

　　不妨在家里养一只宠物吧，和它成为好朋友。在伤心流泪的黑暗时刻，在感觉到全世界都在与你为敌的时刻，没有什么比你毛茸茸的朋友跑过来蹭你更暖心的事情了。就让你的狗狗躺在你的腿上吧，就让你的猫咪瞪着萌萌的眼睛盯着你看吧。它们微弱、柔软的呼吸，简直就是上帝专门为了暖你的心而设计的。有了它，你的生活会充满很多不一样的乐趣。不管你是成功还是失败，这个好朋友总会在家里等着你回来。

和爱人去西藏，感悟天地间的美丽

恋人之间，总有许多事是需要互相见证的，这些事情或许有着罗曼蒂克式的惊喜，或许只是充斥着日常生活的平凡和琐碎。你们一起走过的点点滴滴，经过了岁月的打磨，被塑造成了结结实实的一砖一木，建造着只属于你们两个人的爱的殿堂。在那么多美妙的经历中，和爱人进行一次西藏之旅，你们会因其独特的空灵和浪漫沐浴其中，指引着你们获得对真爱以及生命的信仰。

西藏，真的是你和爱人不能错过的地方。那里有着气度恢宏的布达拉宫，在碧水蓝天的映衬下，历史悠久的布达拉宫显得更加庄严和神圣。在那里，你可以欣赏布达拉宫的精湛建筑工艺，更可以在风云变幻之际感受到人的渺小和信仰的纯粹。当然，你自然还会想起百世流芳的文成公主。当你和爱人牵手来到布达拉宫的面前时，依然可以感受到一千多年前，松赞干布迎接妻子的隆重与喜悦。

"林芝"在藏语里是"太阳的宝座"的意思，因为在西藏人民眼里，这里就是太阳升起的地方。它也是你到西藏不可不去的地方之一。你会因为留恋雅鲁藏布江的美丽而

不惜围绕着它转了好大一个弯，还有那不计其数的江河、湖泊都是那么深情款款地与之映衬。这里平均海拔高达3000米，而最低处只有152米，如此巨大的落差，必然造就了她宽广的胸怀，滋养着许多不同物种的动物和植物。那是一幅万物和谐生长的画面，能够涤荡人内心的征服欲望，臣服于大自然创造的美丽和神奇。你时时可以感受到一种宗教般圣洁的气氛在里面，一草一木都是大自然显示给为红尘所累的世人的神迹。说到神迹，自然不能不去看林芝的巴松措湖。除了欣赏那里的湖光山色以外，你一定不想错过湖心岛上那棵神奇的"桃抱松"。两棵来自不同家族的树木，却紧紧地拥抱在一起，你可以说那是神的启示，也可以说那是爱的演绎。

纳木错是你第一眼看到它就会爱上并且终生迷恋的地方。它是世界上海拔最高的咸水湖。水本来是会通灵，更何况纳木错又处在这离天空最近的地方，近得仿佛可以相互拥抱，它们一定已经说了几千几万个世纪的悄悄话了。

牵着爱人的手，你们还可以走过西藏很多美丽的地方，可以聆听那似懂非懂的诵经声，像虔诚的信徒那样，闭上双眼，一起摇起转经筒；还可以欣赏那里的自然风景和人文景观。除了空灵、圣洁、超世脱俗这些字眼以外，你几乎找不到其他更贴切的词来形容这个离天空最近的地方。你们相拥着站在西藏那蓝得好像能滴出水来的天穹之下，用心去感受这天地之间的力量，最终你们都会体会到这份对真爱和生命的信仰。

西藏其他景点推荐

比日神山

地处林芝八一镇，建有中国第二大自然博物馆，保存了大量珍禽动植物的标本，比如藏羚羊、孟加拉虎等。山里还建造了林芝自然生态博物馆，展现了林芝丰富多彩的自然生态景观。藏历的每月十五，会有大量藏族群众来这里转山，以示对这座神山的敬畏。

雅鲁藏布江大峡谷

是世界上最大的峡谷，位于林芝米林县。峡谷内激流汹涌、幽深曲折、气势壮阔、风景奇秀，是远离俗世的世外桃源。

珠穆朗玛峰

以世界第一高峰闻名于世。山顶高耸入云，山上一些地方终年积雪，冰川、冰塔林更是随处可见。建于 1989 年的珠穆朗玛峰国家自然保护区内，生长着大量的珍稀物种，比如长尾灰叶猴、熊猴、喜马拉雅塔尔羊等国家一级保护动物。在这里，还可以欣赏到许多风云变幻的自然奇景，令人流连忘返。

和心爱的人做"烛光晚餐"

　　对于相爱的人来说，在一起的每一天都是值得庆祝的。很多情侣都会选择去西餐店度过纪念日，朦胧的烛光下，响起悠扬的乐曲，两人优雅地用着西餐。在如此轻松愉快的氛围下，人往往会打开心扉，愉快而畅快地聊天，不时说几句甜言蜜语，营造出浪漫的感觉。

　　相爱的两个人，在一起做什么都会是幸福和甜蜜的。只要心情和情调不变，烛光晚餐一样可以在家里进行。两个人一起做一顿烛光晚餐，然后享受共同的劳动成果，这是一件多么甜蜜的事，它会给你们的回忆增添不少温馨的画面。

　　其实在家做西餐，也不像我们想象中的复杂。两人可以各自拿出自己的绝活，为对方做自己最拿手的菜，即使手艺并不太好也无所谓，每个人都会对自己和爱人的劳动成果格外珍惜和偏爱。如果你们有兴趣，可以尝试着做一些从没试过的新菜，甚至可以自创菜肴。不要担心不成功，尝试本身就是一种快乐，更何况有两人的合作和努力，一起尝试一种新东西，然后一起享受，是特别浪漫和新奇的事。

　　也许有一个人从未下过厨，那么打打下手也可以，或者在旁边静静地看着爱人忙碌的样子，也是一种幸福。

　　在你们忙碌半天之后，终于可以安静地坐下品一杯甘醇的红酒，在烛光的映衬下，两人四目相对，"烛光晚餐，像一场美梦，想这样望着你到永久"，一切都那么恰到好处，一切都那么值得纪念。

不担心一杯红酒把我的真心遮盖

或许你早就读懂

冰淇淋在恰恰多冷静几秒钟

气氛再浪漫都不够

烛光晚餐，像一个美梦

想这样望着你到永久

——曹格《烛光晚餐》

穿上情侣装，手牵手走一走

于茫茫人海之中找到了只属于自己的那个他（她），你是不是按捺不住想告诉全世界你恋爱了？可是大张旗鼓地满世界嚷嚷又好像不妥，那么，穿上情侣装吧，这是无声胜有声的最好方式。你们双手相牵，走在马路上，或出现在亲朋面前，两人之间似有若无的洋溢着青春和甜蜜的气息，能够轻易感染到周围的人，大家对此都会心一笑，感叹年轻真好。就连路人都忍不住回头，对你们的甜蜜行以注目礼。

对于热恋中的人来说，爱情是只属于两个人的浪漫，相爱的两个人，眼中只有彼此，不管干什么，漫步也好，谈天说地也罢，眼里心里都是对方。在无人打扰的环境下，在语言、眼神和肢体的交流中，深入到彼此的灵魂，这样才能够真正互相了解，从而给予对方幸福的感受。而一起去挑选彼此都中意又脱俗的情侣装，然后穿上它漫步在大街上，怀着探索与期待的兴奋，开始一段不一样的爱情之旅。这一刻，周围的一切好像都静止了了，就好像剧院里舞台剧的开演，随着灯光的渐次熄灭，人声鼎沸、车水马龙都隐入幕后，而真正的主角——你们，登上了彼此生命的舞台。穿上情侣装牵手走在路上，你们需要体会的不仅仅是那里的热闹与繁华，还有铅华落尽之后，真实生活的平凡与感动。并不一定需要十指紧扣，有时只需轻轻勾着小指，你便明白了他许下的一生一世的承诺。你们就是这样，穿上情侣装，手牵手悠悠地走在路上，仿佛永远没有尽头，仿佛时光也没有流逝。

市面上的情侣装品牌很多，买起来很方便，你们可以挑选适合自己的；如果不想与另一对情侣撞衫，你们也可以自己亲自手绘情侣装，由你们自己发挥创意绘画出爱的密码。用画笔表达相互之间的爱意，岂不妙哉！

有朋自远方来

　　也许有的人会说，孤独是人生命的本质，所以自己不需要朋友。可是，如果人能够将孤独进行到底，李白在静夜独酌时，又何必要"举杯邀明月，对影成三人"？我们终究是需要朋友的，尤其是一个能够懂得我们真心实意的知心朋友。然而，天下无不散之筵席，随着世事的变迁，即使再好的朋友也不得不面对别离。分别之后，有心维系这份友谊的，便会不时地通过发信息、打电话等方式互动一下，而很多时候，人们忙着适应环境的变化，忙着应付眼前的突发状况……于是，联系便渐渐减少，似乎对方已经成了自己生命中的过客，美好的友情也变成了曾经。其实，越是到了这个时候，越能看出两个人感情的深浅。真正的好朋友，即使很久很久都没有再联系，一旦再次见面，却还是能像以前一样，默契一下子又回来了。长时间的分离只是让这份感情仿佛得到了发酵，变得更加醇厚。

　　有朋自远方来，是不是很期待？随着相见时间的慢慢接近，心跳的频率是不是也有所变化？终于，他出现了，不管是激动地握紧双手，还是深情地热烈拥抱，似乎都不足以表达自己的欣喜之情。你们有多少话要说，有多少旧要叙啊！你看我胖了吗？你好像瘦了很多，在那边吃得好不好？气候还适应吗？一句句关切的话语止不住地往外流淌。什么"海内存知己，天涯若比邻"，什么"桃花潭水深千尺，不及汪伦送我情"，什么"劝君更尽一杯酒，西出阳关无故人"，什么"但愿人长久，千里共婵娟"……文人墨客们为此演绎的动人的篇章，都在此时变得黯然失色……

为心爱的人画一幅肖像

有人说，每对恋人都是创造爱情结晶的艺术家。两颗心在互相靠近的时候，总会发生一些不可避免的碰撞，也会产生很多意料未及的惊喜。你们会因为吵架而流泪，也会因为幸福而喜极而泣。这些因爱而流的眼泪里，有着最苦涩的滋味，也有着最浪漫的气息。于是，最美的便是那句"你已用泪洗净我的笔，好让我在今夜画出满池的烟雨"。如果你今夜不想再画烟雨，那么试着画一下爱人吧。

也许你早已在心里描摹了很多遍爱人的样子，但是，真正落实到纸上还是不一样的，在这个过程里，你们能体验不一样的浪漫。找个你们都空闲的时候，如果正好赶上清晨阳光洒满房间的时候，为爱人挥笔，也是不错的选择；而你们也完全可以选在晚霞满天的黄昏或者是月光如水的夜晚。你可以把地点选在家中的阳台上或者就是卧室里，也可以带着爱人到空气清新的郊外去，一边画画一边欣赏美景。这样的人生真是美得不亦乐乎。不论此时此景为何，你们俩一静一动、配合默契的样子都将成为二人世界里最动人的画面之一。选择地点时配合你俩当时的心情，除此以外，没有任何条件可以限制这件事顺利进行。

不要担心自己画得不好，又不是要你去参加比赛，这只是你们二人世界里的自娱自乐而已。两个人画得开心才是最重要的。在你专注地画着她，她又专注地欣赏着你，两人之间存在的甜蜜的气氛，足以令每一次的呼吸都心醉神迷。不论画得好与不好，爱人都一定会送你一个满是惊喜和赞赏的微笑，因为在对方眼里，你不论做什么事情都是最好的那一个。完成这幅画之后，你也许就会发现原来爱人还有那么多自己未曾发现的魅力。

给心爱的人画一幅肖像，好好地维护和保存它。在很多年之后，两个人只要一看见保存完好的画，就会想起此时画画的场景，回忆起此时的甜蜜。

蓝色的画笔画出一个你
给我的爱情那么透明
像一颗水晶剔透又晶莹
上面篆刻我们的爱情
多少年都不会怕失去
握紧你的手我不放弃
你说的话让我安心
只为你只为了爱你
　　　　——黄佳《画你》

亲手制作情人节礼物

　　如果你有喜欢的人，不管他现在是不是你的恋人，趁着情人节即将到来的时候，准备告白一次吧。在这一天里，把亲手制作的情人节礼物送给对方，将是一个很重要的步骤。如果对方接受了，那就两情相悦，皆大欢喜；如果对方对你没有意思，拒绝接受，那就把礼物留下来自己保存，毕竟这是你用心做的，当作纪念也好，多年之后看到它，这件往事也会作为你生命中的一段小插曲被提及。

　　亲手制作情人节礼物，而不是去商店买，更能显示你的诚意。作为情人节礼物，贺卡是最普遍的，现在电脑上设计出新颖的图案，然后打印出来，亲笔写下自己的祝语。如果你的绘画功底不错，你也可以直接在卡片上涂写。

你也可以用彩纸折出心形的卡片作为礼物，具体步骤如下：

1. 把第 1 张方形纸对折，使底边和顶边重合，接着展开，形成一条水平的中心折痕。然后把上下两条边折向这条中心折痕。

2. 翻到反面。把左边的两个外角往里折，使本来的竖直边和水平的中心线重合。

3. 展开第 2 步的折叠。

4. 把左边的纸片往右折，形成一条新折痕，折痕接连第 2 步完成的两条折痕和底边与顶边的交点。

5. 用手按住第 4 步完成的部分不动，把其中一个自由角往下拉。

6. 把上一步拉出来的纸片压平成尖角。在另一个角上重复一样的折叠。

7. 在作品的另一端重复第 2 ~ 6 步的操作。

8. 翻到反面，把顶边往下折，使它和水平的中心折痕重合，这一步只要轻轻捏出折痕即可。

9. 在底边上重复第 8 步的折叠。展开第 8 ~ 9 步的折叠。

10. 把两条外边都往里折，使它们分别和第 8 ~ 9 步捏出来的折痕重合。

11. 接下来的第 11 ~ 14 步都是在外角上完成的，在剩下的 3 个角上重复一样的折叠。首先把右下角的外边尽可能地往里折，形成一条和外边平行的折痕，折痕要和底边上的角相接成一条直线。

12. 把尖角往下交叠，使短的顶边现在和第 10 步折成的长条边重合。

13. 用一只手按住这个大的三角形，另一只手把三角形上窄的条往回折，使它如图和窄条的下半部分相靠。然后你需要把新的小三角形压平，这个部分将会用来形成心形的棱角。

14. 最后，把第 12 步折叠后的尖角插到竖直的长边下，这样就可以扣住这个窄条。

15. 在剩下的 3 个角上重复第 11 ~ 14 步的操作。翻到背面。

16. 用另外一张方形纸再折一个相同的部分。最后，你可以看到两个心形的尖角是相对着的。把其中一个尖角拉起来，然后把另外一个边插到这个尖角下面。

17. 在另一边重复一样的操作，使 4 个心形按次序排列在一起。一个心形的卡片折纸就做好了。

若是知晓对方的地址，把礼物快递过去。或者，趁他们不注意，找个机会塞进他们的口袋、书本或包里。

过一天男耕女织的生活

　　在古代，恋人们携手共度一生的最好方式也许就是男耕女织、日出而作日落而息了，那是他们的世外桃源。相较于锦衣玉食、琼楼玉宇，大门大户里的钩心斗角、相互倾轧，选择过这样日子的人才是真正聪明的。爱人之间冷暖自知、相濡以沫的贴心和踏实，相守百年、永不分离的誓言与践行，都在男耕女织中变成了现实。只有这样，才算把幸福牢牢地抓在了自己的手上，两人互相扶持、细水长流的爱情善始善终。

　　生活在现代的人们，生活条件相对来说已经是无比优越了，但是爱情反而经不起风吹雨打。人们很难再在男耕女织的生活方式中体会那种对爱情的坚守，何况，快速的生活节奏让我们有时连午饭都没时间好好吃，怎么可能还有时间去种瓜种豆呢？其实，现代城市里的爱情更需要阳光和空间，那些高楼大厦实在显得太压抑，又给人太冰冷的感

觉。所以，不如找个时间和你的爱人去郊外，在远离城市的乡间，仔细体验一回男耕女织的单纯、从容和幸福。

挑一个天晴日朗的好日子去郊外，卸下来自城市的包袱和种种负担，在泥土的芬芳和庄稼的清新气味中，尝试一种脚踏实地、返璞归真的生活。这时你们的心里轻松而踏实，这就是你和爱人之间享受幸福时刻的开始。

趁着早晨的凉爽，来到空旷的郊外，一边倾听着鸟语花香，一边走进田间地头。你们可以进行一下分工，男的锄地，女的播种。一会伸伸腰背，一会擦擦额上的汗，虽然动作生疏略显笨拙，但也显得像模像样。在劳作的间歇，两人可以畅想一下未来收获的情景。有播种就会有收获，不奢望和别人得到同样多的劳动果实，但也会有一点小小的期盼。当然，心灵上的收获，是无法凭重量、量去衡量的。午间，两个人回到住处相互协做一顿丰盛的午餐，经过了挥洒汗水的体力劳动，饭菜显得格外香甜。夜晚，妻子为丈夫编织一条围巾，不必用复杂的样式，也不求织得多好看，单纯是两个人相对坐着，一个织一个看，就已经任甜蜜到处流淌了。

和爱人过一天男耕女织的生活，享受和爱人共同劳作的乐趣，这种幸福的日子，希望可以经常体验，这种相濡以沫的情感，希望可以细水长流。

跟孩子们在一起

  还记得从什么时候我们开始不再过儿童节了吗？什么时候我们变得不愿意和爸妈分享自己的心事了？从那时起，我们渴望自己拥有独立的空间、自由的人权，告诫自己要拼命抵制零食、玩具的诱惑，尽量让自己的言行举止像个成年人。脱离了童年这么多年，突然很想带着儿时的期待过一次久违的儿童节，然后为自己买一件礼物。如果你已经为人父人母，正好带着孩子一起过儿童节，看着自己的孩子如当年的自己一般，玩得忘我与开心，顺便也可以惬意地追忆一下童年时自己的模样。

  当年我们看着大风车，看着动画城，收集着神奇宝贝，看着哆啦 A 梦，一路走来。那时候喜欢一个动画人物，就想把文具盒书包铅笔，统统换成那个样子。现在你可以陪着孩子看喜羊羊，看熊大熊二，看大头儿子，看小魔仙，管它幼稚不幼稚，把自己当作孩子王，坐下来跟孩子们一起尽情地大笑。

在沙子堆前面垒"碉堡"是每个时代的孩子都喜欢的活动，脏点怕什么，把自己小时候创作出来的沙子作品重现出来和孩子分享，一定会收到崇拜的眼神。

如果外面阳光明媚，带领孩子到草坪上玩老鹰捉小鸡、过家家，和他们一起在草地上打滚，和他们一起大声笑、大声闹。如果小孩子让你扮可爱的小动物，不要因为觉得不好意思而拒绝，放开自己，做个让小孩子满意的"小动物"，在小孩子笑颜展开的瞬间，阳光照耀的空气里，弥漫的都是天真烂漫的快乐与幸福。

儿时的快乐最是无忧无虑的快乐，最是天真无邪的快乐，和小孩子一起玩耍，会让你找到儿时的影子，仿佛自己也回到了童年。孩子的童趣也会让你瞬间成为最初的自己——那个怀揣着童心的孩子。今天就给自己一个完全放松的空间，把自己也当作没有长大的孩子，和孩子一起嬉戏打闹，尽情玩耍。也许你没发现，当年那个小小的自己，正站在回忆的角落里，对着你微笑。

可以跟别人说出自己的**故事**

　　懂得倾诉，懂得把自己的心事与别人分享的人，才是真正会享受生活的人。把自己隐藏，遮着面纱与人相处的人，永远只能独自吞咽孤寂与落寞。可能你很想和某位朋友增进彼此的了解，那么就把自己的故事先讲给对方听。也许你的故事并不传奇，也没有多少引人入胜的动人情节，但至少包含了你成长的某一阶段的快乐和忧愁，至少从你的点滴故事里能窥见你性格和人品的缩影，最重要的，那是你的故事，而不是其他任何人的。

　　约你的好朋友出来，去咖啡馆，去海滩边，去山脚下，去湖畔，地点并不重要，关键是气氛的幽静闲适，彼此轻松的交谈。你娓娓道来，倾听的人全神贯注，如同听一段美妙的音乐般，这种感觉是很多人可望而不可即的。

把你的故事讲给朋友听是因为彼此的信任，所以，你不必刻意地对你的故事进行修饰，原汁原味的最好，因为真实才会显得更加动人。也许朋友会对你的故事有所见解，认真倾听，看看你的故事在别人眼中是怎样的一种色彩，也许会对你今后的人生有所帮助。

　　你的烦恼，有可以倾诉的人；你的故事，有人爱听，这本身就是人生中最美妙的事。

月亮代表我的心

从古至今，恋人相隔两地，经常以明月寄托相思之情。闲暇时分，尤其是在午夜，一轮明月悬挂半空，这时正是思念容易袭上心头的时刻，我们想着在这个月夜下与我们相恋的人，好似只有月亮的光影慢慢融化了我们的伤感与思念，不如向月亮传达你的心意，抑或在月夜下，写下你想写下的内容，让月亮见证此刻你们都在做什么，想些什么，又或者在写些什么。

以前的你们，也曾在花前月下，享受爱情，用风花雪月来形容你们的浪漫。而如今，你一个人在黄昏中散步，看着太阳渐渐落下山头，心情多少都会有些失落，感叹"夕阳无限好，只是近黄昏"。过不了多久，轻柔的月亮就会跃入你的眼帘，那是怎么样的一种安宁，让你边散步边忍不住抬头望它几眼。这时你与明月相对，想着你在乎的人，是不是此刻也能放下手边的工作，在晚餐后散步抬头望月，是不是与你一样在某一个时刻抬起眼看了它，这时天空中的明月就好像有了灵性一般，遥望到你们彼此之间内心的感应。

人隔千里 / 路悠悠 / 未曾遥问 / 心已愁 / 请明月 / 代问候 / 思念的人儿 / 泪常流

月色朦胧 / 夜未尽 / 周遭寂寞宁静 / 桌上寒灯 / 光不明 / 伴我独坐 / 苦孤零 / 人隔千里 / 无音讯 / 欲待遥问 / 终无凭 / 请明月代传信 / 寄我片纸儿 / 为离情……

和恋人分隔两地的你，见到日落会感伤"曲终人散"，见到落叶会产生离愁，那就看月亮吧，在皎洁的月光中享受难得的宁静，在月夜下回忆过往的甜蜜，让月亮成为彼此传达相思的媒介。

你问我爱你有多深

我爱你有几分

我的情也真

我的爱也真

月亮代表我的心

你问我爱你有多深

我爱你有几分

我的情不移

我的爱不变

月亮代表我的心

轻轻的一个吻

已经打动我的心

深深的一段情

教我思念到如今

——邓丽君《月亮代表我的心》

和亲密爱人交换日记

♥ ♥ ♥ ♥ ♥ ♥ ♥ ♥ ♥ ♥ ♥

　　爱人之间应该懂得彼此分享心事，只有走进对方的内心世界，才会真正理解对方。如果能和你的亲密爱人达成一致，可以交换彼此的日记，不需要过多的语言，此时无声胜有声。比如你想告诉爱人你的某些心事，但又找不到合适的表达方式，你就可以通过交换彼此的日记让他读懂你的心思。

　　交换日记需要对彼此的绝对信任，如果有什么事情不想对方知道，或者害怕自己没有隐私，影响彼此以后的和谐相处，那你们还是不要轻易做出这个决定。交换日记是为了分享彼此的欢乐忧愁，让感情更近一步，而不是交换得不彻底，有些事藏着掖着，还不如不要提出这个建议。

　　交换日记的基本前提就是双方自觉自愿，不可一厢情愿。虽然两人之间已经十分亲密，但是每个人都有保留自己隐私的权利，如果对方不情愿，不要勉强，以免弄得大家都不愉快。

　　双方达成一致后，要认真阅读对方的心情记录。心态要摆正，心胸坦荡和平静，提醒自己增进彼此之间的了解就可以了，不要探究对方的隐私，或者想抓住对方的过错，更不可以对过往的伤心事多加探究，避免在伤口上撒盐。

　　如果你发现对方有什么心事，要及时耐心地给予劝导和安慰，让对方感到自己对其永远的支持，这就达到了交换日记的最初目的。同样，你也会收到对方同等的尊重和温暖。

　　你们可以写下交换日记后的心得体会，相信对方日记的内容给你了很大的触动和灵感的激发，写下你的共鸣，你的理解和对对方的期待。不要吝啬甜言蜜语，恋人之间就是要制造更多的甜蜜温馨。许多年后你们在回想往事的时候，拿出这个时候所写的只言片语，就仿佛能看到当年的自己，彼此会心一笑，无限情意尽在不言中。

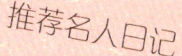

推荐名人日记

拿破仑致约瑟芬

我不爱你，一点也不；相反，我讨厌你——你是个淘气、腼腆、愚蠢的姑娘。你从来不给我写信，你不爱你的丈夫；你明知你的信能给他带来莫大的快乐，然而，你却连一行字都没给他写过，即使是心不在焉，潦潦草草地写的也好。

我的爱人，得不到你的讯息，确实使我坐立不安。立即给我写上4页信来，4页充满甜蜜话语的信，我将感到无限欣慰。

希望不久我将把你紧紧搂在怀中，吻你亿万次，像在赤道下面那样炽烈的吻。

贝多芬致永恒的爱人

我的不朽的爱人：……上帝呀！人所钟爱的，为什么必须远远地分离？而我现在的生活却又为何充满烦恼？——你的爱情使我欢乐，同时又让我苦不堪言：在我这样的年纪上，需要的是一种整齐美满的生活，这一点能够在我们的关系中确立吗？天使啊，我刚刚打听到：邮差每天都要出发，所以我必须到此结束，以使你能迅速收到这封信，请你安静些——你要爱我——今天。

昨天——我因思念你而不觉泪如雨下……你，是我的生命……是我的一切……祝你安好。啊，你要继续爱我——永远不要误解你的爱人最忠实的心。

心情特别好的早上
提前半个小时起床
打算为他做份早餐
让他心情好得跟我一样
虽然最近他有点儿发胖
偶尔营养一下应该无妨
轻手轻脚，不敢太响
看他卷着身体睡得那么香

为心爱的人做一份早餐
让他在咖啡香里醒来
不准他说时间很赶急着上班
我要他一点一点感受家的温暖
为心爱的人做一份早餐
让他在奶油香里醒来
不许他嫌炒蛋太老、面包太焦
我要他一口一口把我的爱吃完

——赵咏华《早餐》

为心爱的人做一份早餐

俗话说："早饭要吃好，午饭要吃饱，晚饭要吃少。"这说明了早餐的重要性。忙碌的都市人或是因为早上起得晚，匆匆忙忙赶着上班，因而只能随便吃上几口，或热热残羹剩饭，或者因为没时间，根本不吃早餐。或是因为要减肥而放弃吃早餐。以上种种原因都不能构成不吃早餐的理由，为了爱人的身体健康，我们有责任在早上的时候监督他吃好早餐。

早晨有一顿丰盛的早餐，其实是件非常幸福的事情。美美地吃上一顿营养早餐，可以让早餐带来的满足感唤醒我们慵懒的身体，让每一个细胞都充满正能量，让我们信心百倍地迎接新的一天。

早晨提前起床，为心爱的人做一份早餐，实在是一件甜蜜浪漫的事情。不管是滋养的早餐粥，还是鲜香美味的早餐面，或是皮薄大馅的饺子与馄饨，或者是喷香的馒头和包子，抑或是唇齿留香的饼、爽滑Q弹的面疙瘩、晶莹饱满的米饭，当然还可以随手组合，偶尔也可以来一顿速成的西式早餐，都是不错的选择。不管是做饭的人，还是吃饭的人，这一整天都会拥有美妙的心情。

一份美味早餐持续的幸福，是真正爱人爱己的美好开始。当新的一天到来，为心爱的人做一份美味的早餐，有爱的早餐让一天更美好！

和爱人去海边

　　想到就去做，放下手边的工作，于某一天的凌晨就出发，和爱人一起，前往离你们最近的海边，看着潮起潮落的大海。在这么一个美好的清晨，倾听海涛之声，相信你们的心会得到最真切的安宁。

　　与爱人牵手来到海边，扬起甜蜜的微笑，天空没有一丝云翳，湛蓝得如梦境一般，如此靠近天堂。你们在这样的仙境拥抱着，又或者在那么一个有风的夜晚，依偎着坐在沙滩上互诉衷肠。

　　沿着海岸线，与三五个当地朴实的渔民孩子一起追逐海浪，浪来的时候，你们会随着浪来的方向跑去，欢笑着，动容着。休息的间歇，如果阳光充足，躺在沙滩上，倾听海水拍打礁石的声响，仰望湛蓝的天空，你们什么都不必想，只是享受这份静谧，然后轻轻地睡着。醒来后的你，也许会感慨，虽然枕着沙滩睡去，但有爱人在身边，睡得一样踏实。

在山顶，与心爱的人一起种一枝玫瑰

只是因为在人群中多看了你一眼
再也没能忘掉你容颜
梦想着偶然能有一天再相见
从此我开始孤单思念
想你时你在天边
想你时你在眼前
想你时你在脑海
想你时你在心田
宁愿相信我们前世有约
今生的爱情故事不会再改变
宁愿用这一生等你发现
我一直在你身旁从未走远
——李健《传奇》

在茫茫人海中，也许就是因为彼此多看了对方一眼，从此，思念便开始蔓延。如果两个人有缘，那么总会有那么一天，经历周折后，转身发现那个人就在身边，从未走远。那一刻，两个人决定牵手一生，再也没有什么可以改变。

时间越久你会越感觉到，相守就是一种幸福，只要和喜欢的人在一起，所做的任何事情都让生活充满了意义。一起看日出，一起看日落，一起听海，一起等车……甜蜜的时刻，觉得就连堵车都不再让人厌烦。温暖原来是如此简单，简单到只要我们用心去体会，无论何时，无论在什么处境下，它都坚定地在我们之间真实地存在着。只要和喜欢的人在一起，一切琐碎和伟大都带上了心跳的声响，这是让我们找到内心安宁的唯一途径。

找一个时间，和心爱的人去爬山，到达山顶处，让视线在天地间被拉长，山的厚重会沉淀你们的感情，爬山的过程中，彼此会因为相知相惜的体贴，共通跨越障碍，共同攀登人生高峰的心手相牵。不需要太多的言辞，彼此在对方心里的位置昭然可见。

在山顶，和心爱的人一起种一枝玫瑰，让它见证你们的爱情，同时也种下了你们相守一生的诺言。你们相约以后要经常来给它浇水，给它修剪，直到它怒放着自己的美丽。虽然会有风吹雨打岁月变迁，会有花开花谢生命凋谢，就算玫瑰最终不在了，但是爱情已经在此地扎根，你们种下的诺言也已经深深扎根。

和爱人签下盟誓书

今天，我们在此写下海誓山盟，终身遵守。在婚姻路上，共同经营，无论患难病痛，互相扶持，永不分离。并就下列事项，立下承诺，即令沧海化为桑田，桑田再化为沧海，也要携手共进，相亲相爱，直到白头。

我们宣誓从结婚这一天开始，不但成为夫妻，互相敬爱，分担对方的快乐和忧愁，也同时成为朋友，而且是诤友，互相勉励，互相规劝，互相批评。

我们将领悟愉快的共同生活，全靠心灵沟通，所以，我们一定善用言语，不仅表达爱心、关心，也使彼此借语言加深了解，一起成长。绝不粗声叱责，绝不用肢体代替言词，绝不允许发生婚姻暴力。

……

我们要明白婚姻生活并不多姿多彩，它不但平凡，而且琐碎，如果不滋养珍惜，容易使生命憔悴，心灵伦俗，所以生活之中，我们一定保持适度的假期，与孩子一起长大。

我们了解自己将来会老，所以，从结婚这一天，就培养专业之外的其他艺术兴趣，如书、如画、如音乐，使我们的生命永远充实灿烂。

总结以上几点，虽不能马上做得完美，但我们会耐心追求，永不沮丧，永不停止。

　　以上是你们的盟誓书内容，是经过深思熟虑，在冷静的状态下签下的。爱情不可能永远都保持在狂热的状态，总有一天两人会冷静下来，这不是两个人不再相爱了的表现，因此大可不必过分失望和担心。这时的爱情不再如穿着华丽礼服的舞会焦点那般摄人心魄，而是换上了一身平凡但亲切的家居服，带着要让幸福细水长流的信心和朴实。

　　感情趋于稳定之后，两个人对朝夕相处的生活习以为常，锅碗瓢盆、柴米油盐的日子占据了生活的大部分内容，爱情似乎一下子变得很淡，甚至让人怀疑是不是对方不再爱自己了，或者是不是自己的心已经变了。其实仔细想想，很有可能两个人都没有变，只是当突然面对爱情的这副生活化的面孔时，你们都还没有做好足够的心理准备而已。

　　为了更好地应对激情之后的平淡，你不妨和爱人签订一份有关爱情的盟誓书，表明彼此的心迹，让对方知道不管将来两人将经历多么大的风浪，不管生活中会充满多少柴米油盐的琐碎，也不管未来是贫穷还是富贵、是顺遂还是艰辛，你们都会怀着最初相爱时那颗情真意切的心深爱着对方，你们对彼此的爱只会在岁月的打磨下越发坚定、越发熠熠闪光。当然，如果你们是正在热恋中的男女，也可以写这样一份盟誓书。它会让你们的爱情升温，让彼此的心更加坚定。和爱人签订盟誓书，这本身就是一件很浪漫的事情。

和恋人相约去蹦极

天高云淡，蔚蓝的天空中洋溢着新鲜的味道。悬崖的边上，一对恋人相拥着勇敢地跳了下去，他们急剧下坠的身影在空中划出了一道美丽的线。在他们跳下去的一刹那，响起了一阵欢呼喝彩声。难道真的有人那么残忍，以别人的死亡作为自己的欢乐吗？当然不是。刚刚跳下去的那一对恋人只是在进行一项勇敢的尝试，他们用这种尝试来向彼此宣誓，共同体验爱的最高境界——同生共死。在急速下坠的尖叫声中，他们的身心更加地贴近，在生死边缘走过之后，恋人们的心中常常会萌生一种生死相依的感动。而这一新鲜、刺激的勇敢尝试，就是蹦极。

人们都说：蹦极是勇敢者的游戏，当你站在约40米以上（相当于10层楼高）高度的弹跳台，或者桥梁、塔顶、高楼、吊车甚至热气球上，把一端固定的一根长长的橡皮条绑在踝关节处，然后两臂伸开，双腿并拢，头朝下跳下去的时候，才能真真切切地体会到这句话的深意。短短几秒钟的时间，自由落体运动的那一瞬间的刺激，失重的感觉、剧烈的心跳，耳边呼啸而过的风，像秋千一样被荡来荡去的劫后余生之感……会让人忍不住有疯狂、高喊、尖叫、欢呼等各种表现。每个人的体验都不同，但过后那种紧张又刺激的莫名的愉悦却能都长久地留在心中。

和恋人一起蹦极，可以说是一种浪漫，一种刻骨铭心的表白——同生共死、生死相依。当两个相爱的人在空中反弹时，弹跳绳将两人紧紧扣在一起，要多贴近就有多贴近。和心爱的人一齐高声尖叫，两颗相爱的心一起激烈地跳动，虽只短短的几秒钟，却会产生一定要和他／她相爱到天长地久的感动。

当你累了、倦了的时候，或是人生遇到一些挫折的时候，当你觉得生活没有新鲜感的时候，蹦极所带来的极度刺激，也许会使你的生命重新焕发出生机，让你学会如何享受生活中的每一个美好时刻。所以，找个时间，和恋人一起尽情地把身心融入蹦极之中吧，在碧水、蓝天、白云里，用心去体会那短暂而又刺激的奇妙感受，然后，做一个生活的强者！

蹦极小史

蹦极又名"俯冲跳"，起源于南太平洋瓦努阿图群岛的彭特科新特岛。公元 500 年前后，在彭特科斯特岛上的 BUNLAP 部落，一位土族妇女为逃避丈夫的虐待，爬上了高高的可可树，用一种当地具有弹性的蔓藤牢牢绑住脚，她威胁其丈夫要从树上跳下去，随后爬上来的愚蠢丈夫也说要跟着跳下去。韧性十足的蔓藤救了女人的命，而暴虐的丈夫则命丧黄泉。为了表彰这位勇敢的妇女，人们将绑藤从高处跳下的形式发展为一种成年礼。BUNLAP 部落依山建起一座由树桩和蔓藤捆扎而成的 20～30 米的高塔，勇敢的小伙子们爬上高高的木台，用藤条编成的绳索捆住自己的踝部，然后头朝下跃下，以此象征他们的成熟。每年春天，这个岛上都要举行此种仪式。1979 年 4 月 1 日，英国牛津大学冒险俱乐部成员从当地 245 英尺高的克里夫顿桥上利用一根弹性绳索飞身跳下，拉开了现代蹦极运动的帷幕。

体验双人瑜伽的时尚和浪漫

　　幽雅舒缓的瑜伽音乐缓缓流进心里，在不知不觉中为你洗去心灵上蒙受的尘埃。你的身体在一股冥冥之中的力量的引导之下，轻柔地舒展开来，如同在静寂无人的夜色中静静绽放开来的昙花。在整个享受瑜伽的过程中，那颗原本浮华躁动的心会渐渐沉淀下来，在冥想的意识幽深处，走向身体与心灵的彻底放松与和谐统一。其实，瑜伽既可以是自己身体与心灵的结合，也可以是你与爱人身心的结合。所以你不妨和爱人一起练习一下双人瑜伽，在亲密的身体触碰下，自然会增进彼此的感情。

　　能够和自己的恋人一起练习双人瑜伽，就说明你已经获得了一份很深厚的感情。否则，彼此间难以有如此的信任和默契。同时，练习的过程又会加深这种信任和默契。女性将会感受到男性的力量支持，男性也能够体会到女性的温柔辅助。其实这些都能够增加恋人之间的安全感。而且，双人瑜伽也是一种能量的交流。在两个人身体与心灵的互

动中，在双方眉目之间的传情里，你们会更深刻地体会到心心相印、惺惺相惜的美好。爱情就在每一次的触碰中变得更加坚固。

双人瑜伽的动作自然是两个人才能完成的，想要做好就必须另一半的协助。其道理与生活是一样的。如果你和爱人在面对困难的时候，不能够同心协力、相濡以沫，就难以度过困境，或者即便战胜了挫折，你们的感情也难以为继。所以，在双人瑜伽里，你们互相帮助，共同完成那些高难度的工作，其实也是在实践一种关于爱情的哲学。同时，有了爱人的支持和帮助，你正好可以去挑战以前从没尝试过的姿势，从而挑战自我，发现更多练习瑜伽的乐趣。而且两个人一起练习，比一个人单独练习更能坚持下去，从而收到更好的锻炼效果。

双人瑜伽已经成为一种时尚，受到越来越多人的追捧，你和爱人怎么可以错过这样一个体验时尚与浪漫的机会？只需要亲身体验一次，你们就会发现，在双人瑜伽里，你和爱人之间将会达到了身、心、灵的完美统一，这种奇妙的感觉会让你沉迷而不能自拔！

练习瑜伽的注意事项

1. 选择宽松舒适的衣服，或者专业瑜伽服。

2. 练习前三小时最好不要吃东西。

3. 和伴侣保持一致的节奏，尽量在呼吸、动作幅度等方面互相协调，达到双方都能接受的频率和强度。

4. 在练习的时候不要急于求成，动作尽量舒缓轻柔。一时间做不标准的动作不要强迫自己完成，以免拉伤韧带。

5. 练习完以后不要马上吃东西，至少在40分钟以后进食。

用相册记录与爱人的点滴生活

人在热恋的时候，总会做出许多甜蜜的举动，就连脸上的细微表情，看起来也会显得十分有魅力。男孩为女孩准备的大束玫瑰花，在对方过生日的时候摆放的心形蜡烛和条幅告白，在楼下弹着吉他唱着情歌引来路人的频频回眸……女孩给男孩准备的爱心早餐，温暖牌的帽子围巾，在下雨天赶很远的路为他送一把伞……这些浪漫温馨的桥段不只是在影视剧里出现，也有可能是你与爱人之间的真实经历。慢慢地，过了热恋期，你们冷静下来，不可能一直像偶像剧里的男女主角儿那样天天爱得死去活来，于是生活归于平淡，你们不再刻意制造浪漫，也没有先前那么为了对方一个小小举动就目眩神迷了。但是爱情还在，只是以更生活化的面孔出现而已：早上起床，女孩已经准备好的那杯冒着热气的牛奶；突然来袭的下雨天，男孩默默撑在女孩头上的那件外套；出差回来，女孩准备好满桌男孩爱吃的菜；下班回家，两个人终于结束一天繁忙的工作，那一声默契的相视而笑……这些点点滴滴的幸福，都是每一对恋人会经历的，太平常太简单，却有着"随风潜入夜，润物细无声"的力量，滋养着两颗相爱的心。只要你们能够注意到这些小小的幸福，爱情之树就会是常青的。不管是先前的甜蜜浪漫，还是后来的平淡温馨，都是你们之间不可缺少的过往，把这些都保存下来，等到白发苍苍的时候拿出来回味，将是一件非常有意义的事情。拿出相机吧，记录下那些幸福的画面，再把它们制成一本爱的相册，见证你们爱情的每一个足迹。

当你开始去留心的时候，你就会惊喜地发现，原来你们看似平淡的日常生活中有着那么多令人感动的时刻。只要是令你有所触动的画面，你都可以拍下来，值得你按下快门的理由会有很多。你们可以在照片后面写上一些话，记录下拍照当时的背景和心情，又或者是彼此想要告诉对方的话，等等。一个小小的相机，一本渐渐增厚的相册，会给你和恋人的生活带来很多乐趣。

等到你们银婚、金婚、钻石婚的时候，一起拿出那些相册，一张照片一张照片地慢慢翻着，回忆着。看着那些照片和下面写的那些话，这一生共同度过的喜怒哀乐又重新出现在眼前。你会发现，那么多年过去，你们的爱依然如初。

和爱人回到校园

爱上什么人，不爱什么人，也许不全是偶然，在你成长的过程中，或许已经初见端倪。等到天时、地利、人和都凑齐了的时候，那个对的人才会正好出现。等了那么久，是不是有好多积攒了很久的话是只对那一个人说的？攒的话那么多，其实目的也不过只有一个，就是让对方从你的过去读懂今时今日的你，补上他在你生命中的那段缺席。

在向爱人诉说往事时，不妨带他到你曾经读书的地方。从幼儿园、小学、中学到大学，校园无疑是承载了我们青春记忆最多的地方。那里的每一个春天、每一个雨季，都有着令自己难以忘怀的陈年旧事。带爱人回去那里，和他分享自己的青春，成长的故事就像放电影一样在你绘声绘色的描述中，缓缓演绎。恋人的身影在你的泪眼蒙眬中变得模糊，恍惚间，竟然觉得你们是从小一起长大，青梅竹马。

当年的幼儿园还在，你还依稀记得当时老师教过的童谣，轻轻地哼出一两句，恰好你的爱人也记得这首童谣，并陪你一起哼唱整首曲子。多么美妙！你列举出当时件件心爱的玩具，如数家珍，直到现在它们还能勾起你对童年生活的无限回忆。

告诉他你小学时的所有糗事。也许，你还能找到当年坐过的书桌，上面那条用小刀划出的"三八线"已被磨得快没了痕迹。你带着爱人到校门口的那家雪糕店，发现当年放学后一路吃回家的娃娃脸雪糕居然还在卖。你们俩都像发现埋藏了多年的宝贝似的，开心地坐在学校门口台阶上，一口气吃了好几支。

告诉他你为中考和高考而进行过的每一次拼搏，哪次考试考得特别好，哪次又特别差，以至于到现在都还记忆犹新。多少的成功与失败交织，又有多少的泪水与付出混杂，才有了今天这个人生阶段的你，他一定会更懂你。

跟他一起回到大学校园，告诉他："那是最美好的时代，那是最糟糕的时代；那是智慧的年头，那是愚昧的年头；那是信仰的时期，那是怀疑的时期；那是光明的季节，那是黑暗的季节；那是希望的春天，那是失望的冬天；我们拥有一切，我们一无所有。"

也许你毕业后工作好多年了，斗转星移之后早已物是人非。可是这又何妨，你同样可以告诉爱人那些关于青春的故事。重要的不是你们重回故地，而是你们坦诚心扉，分享着彼此青春里的真实。

为爱冒险

在朋友之间的聚会上，你邂逅了一个令你怦然心动的人，目光便难以再从对方身上移开。那为什么还要在她（他）的目光不经意间与你相遇时，立刻转头离开，假装看不见？为什么还在犹犹豫豫，不敢去和她（他）打招呼？这是一次可能获得幸福的机会，你怎么可以眼睁睁地看着它离开？鼓起勇气来，从从容容地走过去，拿出绅士的气度（淑女的风范），告诉对方你希望和她（他）成为朋友。也许你们从此就从陌生走向熟悉，走进婚姻的殿堂。就算聚会之后，你们依然形同陌路，至少你也尝试过了，没有遗憾。不要总把羞涩当作矜持，幸福不会不请自来，大方一次，握紧属于自己的幸福。

爱的定义很广泛，不是只有男女之间的两情相悦才叫爱。我们不是同样深爱着自己的亲人和朋友吗？你完全可以为对他们的爱冒一次险，只要是你爱的，冒险总是值得的。

为爱去冒一次险，不是要你像飞蛾扑火那样，抱着必死的决心，只是希望在可能获得幸福的机会面前，你能够给自己足够的信心和勇气，尝试一次、争取一次。即便最后这次冒险行动以失败告终，你至少也知道这就是结果，可以心安理得地接受了。不用再像根本连试都没试的人那样，在日后的无数个日日夜夜懊悔地问自己："如果当初我尝试过，结果会不会不一样？"所以，请拿出你的勇气、信心和智慧，以爱的名义冒一次险，为幸福勇敢地争取一次，让人生没有遗憾。翅膀已经张开，你是否准备好冒险飞过沧海？

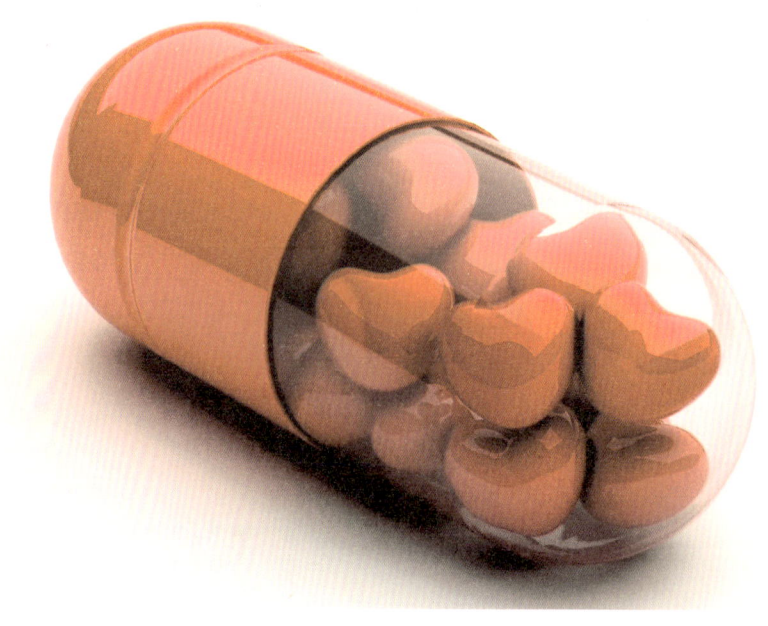

你的情意，系在他的腕间

1. 将一根 80 厘米的 5 号线对折成两根。

2. 在对折处留一小段距离，打一个双联结。

3. 开始编两股辫。

4. 两股辫编到合适长度后，打一个双联结将其固定。

5. 穿入一颗瓷珠。

6. 在瓷珠下方打一个纽扣结，将其固定。

7. 穿入一颗藏银珠。手链的主体部分完成了一半。重复 3 ~ 6 步骤，完成手链主体部分的另一半。

8. 最后，打一个纽扣结，并将多余线头剪去，烧粘，即成。

给这条手链起一个名字叫"情窦初开"，在恋人离开前系在他的腕间。让他明白，你的情意一直陪在他的身边。

失眠时有午夜电台陪伴

夜幕降临，华灯初上，夜晚黑得越来越彻底，一直到万籁俱寂。午夜，无眠。醒如梦，梦如醒。夜深了，漫漫长夜却无人陪伴，我们往往会陷入深思，心灵也很容易被一些小情绪所占据。或思考未知的人生，或想念旧时的恋人，又或感怀孤寂的生活……躲藏在世界的角落里继续着每天的幻想，想想自己的现在和未来的理想，是否每个人都一样埋怨生活太平淡，寻找刺激同时也寻找生命的方向？城市之大，却没有归属感，以后的路到底该如何走下去？迷茫，占据了你我的心灵。

反正是睡不着了，与其躺在床上辗转反侧，一个劲儿地想着令自己睡不着觉的原因，以至于内心的躁动和不安燃烧成一团灼人的火，还不如翻身下床，打开收音机，去寻求午夜电台的陪伴，让睡眠以外的事情来抚慰这颗不安分的心。

这是一个用声音感知的世界，人们用声音诉说只属于自己的幸福流年，仿佛他人的快乐、悲伤、悸动，都与你同在。常常莫名地被打动，在夜的笼罩下脱掉面具，敲碎岁月包裹的外壳，敞开心扉，毫无掩饰地微笑、心酸，甚至落下泪来，感受别人的同时也感受真实的自己。

也许是一段引人入胜的故事，脉络清晰地在夜色里温柔展开，心底那些曾经被遗忘的情感，在午夜被一一唤醒。也许是一曲动人的爵士，那优美的音乐声，让你真正安静下来，认真地梳理着自己的情绪。你终于明白，没有完全的得到，也没有绝对的失去；没有大获全胜，也没有一败涂地。每一次的爱恨交织都是一种经历，都会在岁月的抚摸下失去原有脉络的清晰，最后只剩下些微痕迹。痛不再痛，爱也不似当初那么歇斯底里。我们终于可以放下这些尘世的包袱，开始很平静地朝着温暖的梦乡走去……

吃饭时，送爱人一朵"纸巾玫瑰"

约会对你来说也许已经变成看很平常的事，吃饭或是看电影，时间久了，次数多了，也许有些淡淡如水，并不是不美好，只是似乎少了几分期待和雀跃。这时，如果能偶尔为对方创造一点惊喜，这样的生活才是充满情调的。有情调的生活会让人充满活力和热情，甚至会使自己变得更年轻。

不需要每次都制造惊喜，那是故作浪漫，就没有什么惊喜可言了。只是偶尔的一次，才能让你和爱人之间的感情变得更美好，让彼此感觉到彼此对对方的重视和关爱。

恋人之间的惊喜其实很简单，不需要甜言蜜语地说什么摘星星、摘月亮之类的话，关键是心意。对方趁你上洗手间的时候，用纸巾折一朵"玫瑰"送给她，对她来说，便是一个大大的惊喜了，那瞬间的美好和浪漫让任何人都会动容。

折出"纸巾玫瑰"其实很容易，只需要几秒钟就可以。首先，把纸巾尽可能弄成正方形，完全打开，平铺在桌面上；把左边往右折大概2～3厘米；然后把底边也往上折大概2～3厘米；用两根手指和大拇指捏住纸巾的左下角；把这个被捏住的纸条再次往上卷大概2～3厘米；用另外一只手拿住纸巾的顶边，然后旋转包裹，形成柱形；在离左端大概4～5厘米远的地方用力捏这个柱形，并把捏的点压平，同时保持左边部分为原来的状态；开始旋转右端纸层，以形成玫瑰花的茎；继续旋转，一直到大概为右端的一半处；把右端后半部分的最上面的那层纸从茎底部往上拉，并通过打褶形成一个尖角作为叶子；之后继续旋转右面的柱形，一直到完成整个茎；在顶端的花苞处，把最外层的纸往外翻，形成最外面的花瓣；然后小心地调整里面的纸层，形成内部的花瓣。这样，一朵"纸巾玫瑰"就做好了。

方法虽然简单，但胜在奇巧，用粉红色的纸巾折好放进明的高脚杯里，增添了花的纯净、清新，淡淡的粉色和透明的杯子非常协调雅致，产生一种温馨的感觉。

玫瑰玫瑰最娇美　　　　长夏开在荆棘里
玫瑰玫瑰最艳丽　　　　玫瑰玫瑰我爱你
长夏开在枝头上　　　　心的誓约，情的情意
玫瑰玫瑰我爱你　　　　终生的光辉照大地
玫瑰玫瑰情意重　　　　心的誓约，情的情意
玫瑰玫瑰情意浓　　　　终生的光辉照大地
　　　　　　　　　　——姚莉《玫瑰玫瑰我爱你》

快要睡着前，有人帮你掖被角

夜晚有一点冷，你迷迷糊糊睡了过去，就在意识逐渐朦胧之际，感觉有人走进了房间。即使很轻的脚步声和衣服摩擦的声音，也被你的耳朵敏锐地捉到。可是你醒不过来，或者不愿意醒来。

来人并没有要把你叫醒的意思，只是抬起手，替你理顺凌乱的发丝，接着整理一下稍微有些下滑的被子，拉高到你的下巴处，帮你披了披被角。然后，又慢又轻的脚步声伴随着轻微的关门声渐渐消失，你彻底地陷入了甜美梦乡。

虽然此时你已经把这一段插曲暂时忘在脑后，可是梦中的你，没来由地感觉到很暖很温馨，不自觉地露出一丝笑意。

假面舞会遇见你的天使

舞池里闪烁着炫目的灯光，桌上的香槟漾着琥珀色的柔光，鸡尾酒中冰块与玻璃杯的撞击声清脆悦耳。音乐响起，戴着假面的人们一起步入舞池，踏着音乐的节奏摇摆着身体。

　　这种假面舞会的经典场景在众多的小说里面很是常见。互不相识的男男女女，在面具的掩饰下，借助音乐以及酒精，释放、陶醉，在假面的帮助下展现出真我。张爱玲曾写道："既没有早一分，也没有晚一分。在美丽的面具下，一个美丽的邂逅往往会成就一段天赐良缘，常常即使没有结果，也会是一个美丽的故事。"

　　现如今在都市里快节奏生活下的人们，当爱情都成为一种奢侈的东西的时候，假面舞会就成了一个最好的契机。戴上面具，不但减少了初次见面的陌生感，让人感觉放松了不少，而且还可以随意地放松自己，不必理会自己或别人的喜怒与美丑，因为在这里，只能看到形象各异的面具和假面遮不住的明亮眼睛，每个人都看不到彼此的真实面孔，都把假面下的表情留给了自己。

　　参加假面舞会，舞场中没有身份，没有性别，没有地位，没有顾忌，没有一本正经，没有规章制度，没有生活的俗味，有的只是放松和发泄。性别、年龄、职业都不重要，有假面的掩饰，这里只要跳舞，不要真实。戴上面具就能"面目全无"，触电、动心全是来自灵魂的魅力。

　　一个戴着古典美人面具的、身材婀娜的女孩走上前来，尽管假面遮住了她的面庞，但是清秀的眼神，却让人顿感亲切。如果你抢先一步，就可以请她共舞。舞池里，随着柔美音乐的节奏，不用出声交流，只是那流波的眼神，一种异样的感觉，便涌上心头。有人说，戴上面具只为了摘下面具，只希望在这一群许许多多的人里边，有你所等待的那一个。耳边幽幽的音乐中仿佛也暗藏着一丝诱惑，在那一副假面的后面或许已有如花的笑靥，那一双清秀的眼睛注你的眼神也随之闪烁。疯狂或是优雅的舞步一样令人晕眩，你们的默契配合已经不只是一支舞曲。也许在你和她摘下假面的那一瞬，你们的眼睛还会如刚才一般灼热，也许她就是你心中的那个天使……

　　参加假面舞会，寻找到你生命中的天使，也可以借着假面具说你想说的话，做一回真正的自己。

早晨醒来做一杯热豆浆

中国人喝豆浆的传统由来已久，早在西汉年间，豆浆就在民间流传开来。如今，豆浆也是许多家庭早餐的必备饮品。豆浆性质平和，具有补虚润燥、清肺化痰的。春、秋饮用豆浆，可滋阴润燥；夏季饮用豆浆，可生津解渴；冬季饮用豆浆可滋养进补。它所具有的营养功效，不必多说，大家都知道。

随着健康理念的深入，自己动手制作豆浆的人越来越多。如今只要拥有一台豆浆机，就可以轻轻松松在家制作豆浆，既健康又卫生，还能随时喝得美味、新鲜。如果在早晨醒来的时候，能够喝到一杯热豆浆，那一定是一件很美的事吧。暖暖的感觉从喉咙一直到胃里，每个毛孔都喊着"舒服"，这个时刻，足够幸福。

早餐起床的时候，为自己和家人准备一杯热豆浆吧，让所有人都体会一下幸福的味道。

还等什么，让我们开始吧

第一步，精选豆子。豆子等谷物是我们在做豆浆时的基本材料。在做豆浆前，我们首先要挑出坏豆、虫蛀过的豆子以及豆子中的杂质和沙石，保证豆浆的品质。

第二步，浸泡豆子。先清洗豆子和米等谷物，然后进行充分的浸泡。一般而言，豆子的浸泡时间在 6 ~ 12 小时即可，夏季的时候，时间可缩短，冬季则适当延长。时间要掌握好，如果太长，黄豆会变馊，以黄豆明显变大为准。米类谷物 2 ~ 6 小时的浸泡时间比较合适。

第三步，磨豆浆。磨豆浆非常容易，直接按照豆浆机中附带的说明做就可以了。先将泡发后的豆子放入豆浆机中，然后加入适量的水，再启动豆浆机。十几分钟或 20 分钟后，香浓美味的豆浆就做好了。

做豆浆的时间要掐算好哦，让大家都睡饱了之后，在浓浓的豆浆香气中醒来，真是惬意得不得了。

邂逅偶像

　　每个人心里都会或者曾经会有一个偶像，对方或者是歌手、演员、专家、企业家、文学家、画家等公众人物，你在某一个阶段多多少少都会对他产生过好感，关注过对方的举动。也许你曾经收集过他的海报，搜索过他的新闻，整理过他的资料，研究过他的喜好，甚至于在他将要的出现的地方守候，仅仅只为看一眼真人。这些都是很正常的，即使你的好感和热情在很短的时间内就消失了，也无法磨灭你曾经拥有一个偶像的事实。

　　之所以视为偶像，原因很多，你可以被对方的外表所打动，或者被其人格魅力所影响，当然，也可以受到身边人的影响。大多时候，我们都是与偶像神交依旧，却始终不会去面对面交流。真正的名人大多是无法见到的，只能通过新闻、资料了解到一些相关的记载，或者拿到一张新闻图片"供"着，幻想着有一天能跟偶像见个面，握个手。当然，大多是无法实现的。

　　所以如果有一天，对方真的出现在你面前，那将是一副什么样的场景。现实中的他可能没有你想象中那样有气质，没有你想象中那样和蔼，但也有可能很亲切，很自然。无论怎么样，你都要抓住这个难得的机会，拿到一个亲笔签名，或者拿到一张你和偶像的合照，如果可以的话，最好争取索要到他们的一件私人物品作为留念。然后，带着欣喜回家，再看看那些海报、图片，回忆那个真实的人，并鼓励自己也要努力成为那样的人。

　　能够成为你的偶像，这个人身上必定有你所敬仰的、喜爱的品格或特征，这种特征既然能让你对之钦佩，就必然有改变你、完善你自己的力量。那个在你心里的偶像，一定是在光芒背后付出过很大的艰辛。既然有幸能够见其一面，就尽可能上前攀谈几句，看看你所仰慕的人，是怎样的一个人，是怎样努力才能够成为你希望成为的人。

　　当你邂逅偶像时，不要腼腆得放不开手脚，也不要只能晕晕乎乎或者尖叫，要抓住机会和偶像近距离接触，当你站到他的身边时，那种优越于其他粉丝的幸福感是不是让你沉醉其中无法自拔呢？

有一位可以秉烛夜谈的知己

　　所谓知己，就是能够让你卸下防备、向其倾诉内心的人。不幸的是，因为繁重的工作，紧凑的时间表，我们步履匆忙，哪怕是有幸结交到知己，也往往不能腾出时间深聊几句。虽说相信所谓的默契不会错，有幸成为知己之人，必会互相默默珍惜着，只是限于时间，限于压力，只能放弃许多能够纵谈古今的机会。但是，就如被笼子困住的鸟，我们所生活的空间，从公车、地铁，到办公室、教室，再到寝室，都如同一个个有棱有角的盒子，我们局限于各种大小的盒子里，怎么会感到自在呢？再加上周围的人群，与你真正知心的能够找出几个来呢？每个人都是一个有思想的个体，这种思想的形成从经历而来，由感悟而生，而每个个体的成长都不在一条线上，怎能苛求每个人都完全理解你呢？

　　所以，如果拥有一位可以秉烛夜谈的知己，绝对是一件很幸运的事。也只有认定的知己，才是你倾诉的对象。有了郁郁寡欢的情绪，烦恼揪心的事情，不知所措的疑问，只有真正信赖的人，才能给你真正的安慰与帮助。

　　每隔一段时间，给自己一个"任性"的机会，好好与自己认定的知己秉烛夜谈一次吧，将这段时间的疑惑、构想、不安，都倾倒出来，并在与对方的谈话中了解对方的生活、状态，珍惜和关心重要的友人、知己，并从对方的身上吸收自己可以尝试的想法，学习能够汲取的经验教训，不断完善、肯定自己，"轻装上阵"。

　　就像《庄子·大宗师》中的"相视一笑，莫逆于心"，真正的友情，真正的知己，默契地相视一笑，就能够感到很舒心。跟自己的知己来一次彻夜深谈，是我们每次想起来都会觉得很温暖的事情。

在后花园露营

你一心盼望的露营的假期到来了。没有了父母在一旁的干扰与管制，发挥一点点的想象力（无趣的人是缺乏这种东西的），你的后花园可以变成一块新奇与危险的新大陆。把朋友们聚到一起，冒险旅程就此开始。

假如你们在一个寒冷的夜晚露营，就想象自己是与主队失散了的南极探险员，小心雪崩和雪人！假如是一个炎热的夜晚，那么就想象身处亚马孙丛林，有蛭类、食人鱼，甚至有可怕的食人族！

带上足够度过一整个晚上的东西。试图说服父母允许你们在花园里烧烤（如果可以的话，露营炉子也不错）。为了扮演得更真实，必须忘记屋子就在旁边，不能到屋子里去拿东西。要是想上厕所，就去灌木丛里。

以吓唬朋友们为乐。找个借口离开帐篷，在外面等上片刻，然后围着帐篷逡巡、折断树枝、制造奇怪的声音。你也可以从里面轻轻地、悄悄地弹动帐篷，把每个人都吓到外面去。等到天黑了，在帐篷里打个手电筒，给大家讲鬼故事。

假如家里没有后花园，可在朋友那儿、爷爷奶奶那儿，需要的话，甚至可在你的起居室里露营！

人生中最美妙的事
多数都是免费的

让午间小睡为你"提神"

现在我们的生活节奏越来越快，工作压力也越来越大。大家白天忙着上班，为各种事情疲于奔命；晚上还得加班，甚至通宵熬夜也成为家常便饭。最近，世界睡眠医学会做了一项调查，其结果显示，我国目前大概有 7000 万人的生活是昼夜颠倒的，睡眠质量很差，严重影响身心健康。现代社会很多人都陷入了睡眠不足的苦恼之中。睡眠不足会给我们造成各种各样不同程度的伤害。想一想自己是不是在上班的时候总是觉得脑袋昏昏沉沉的，注意力难以集中，思维总是显得有些迟钝，明明很小的问题也会让人理不出个头绪……

另外睡眠不足还容易引起生理方面的各种不良反应，加速我们的衰老。本来晚上 11 点到凌晨的这段时间，是人体各内脏器官的休息排毒时间，结果因为我们的熬夜，身体各器官得不到休息，仍然要超负荷地运转。于是黑眼圈让我们的双眼失去了神采，脸色暗黄甚至色斑遮盖了我们的脸颊本应有的青春光彩。长此以往，我们就可能形成习惯性失眠，然后免疫力逐渐下降，心情沮丧，罹患各种疾病的可能性大大增强，比如糖尿病、肥胖症、心脏病等。总之健康的睡眠是我们身心健康的重要保证。

当我们的夜间睡眠质量得不到保证的时候，午间小睡就显得更加重要了。它可以缓解我们工作了一上午的紧张神经，使心血管系统得到放松舒缓，让我们在应对下午的工作时，大脑更加灵活，反应更加迅捷，精力更加充沛，情绪也更加饱满。而且每天午睡，还可以提高我们的免疫力，增强记忆力，有助于平衡体内的激素分泌，显著降低心血管疾病的发病概率，同时还可以改善我们的心情，消除抑郁等不良情绪。总之，每天只要午睡很短的时间，收到的效果就像休息了整整一夜那么好。

科学午睡

午睡时间并不是越长越好，科学健康的午睡时间最好限定在半个小时以内，15~30 分钟为宜。

午睡时注意肚子不要露在外面，同时注意不要对着空调或者电风扇午睡，以免着凉。

中午不要趴在桌上午睡，这会减少头部供血，使人出现头晕、眼花、四肢无力等感觉；还会压迫眼部神经，可能造成午睡后角膜变性、视力模糊不清，严重的可能诱发眼病。趴着午睡还会压迫胸部，造成呼吸不畅的感觉，尤其对女性来说，长时间地趴着午睡，还会影响乳房健康；同时，它对颈椎、胃、心脏等都有不利影响。

每个人都站在该站的位置

进入地铁站的自动扶梯上，每个人都站在右边，而着急通过的人就可以走左边，这样有秩序的样子，让大家的脸上都洋溢着安详的微笑，真好！

一觉醒来还可以睡个回笼觉

迷迷糊糊一觉醒来，发现天已经大亮。怎么没有听到闹钟响呢？要知道，今天可要按时起床的。打开手机看时间，原来还差半个小时呢，刚好可以睡个回笼觉。什么都别管了，翻个身继续睡吧！

免费升舱

在飞机那扇门背后到底在上演着什么？那扇门将"我们"和"他们"分隔开，或者根本是将"他们"从"我们"当中分离了出去。难道"他们"有什么东西不想让我们看见？难道"他们"认为穷人们会造反？难道那些空姐给头等舱和商务舱的乘客强行提供白酒、葡萄酒和或者别的服务？

免费升舱，不花钱就能享受超值服务，是很多出行者梦寐以求的。通过对来自全球范围内的700余名空乘人员的调查发现，高达61%的空乘人员都表示曾经给乘客安排过免费升舱。如果你在疲惫的旅途中能够获得免费升舱的机会，该有多么美妙！

免费升舱的可能途径有哪些呢？

如果预定当次航班的人数超出限制，那么不可避免地有人会被安排升舱。

你要想办法使自己位于升舱乘客名单的前列。

穿着得体，如果你看上去像是那种应该坐在商务舱里的乘客，那么你有很大的机会可以升舱。

你不可能从经济舱被安排到头等舱，如果你本来是在经济舱，只能被安排到级别稍微好一点的机舱。如果你的机票比较贵，那你被安排到商务舱的可能性就较大。

如果当天是你的生日／蜜月／周年纪念日的话，及时告知乘务人员，那么你有可能被安排到升级的机舱。但是不要在你的出生日期上撒谎，因为护照会出卖你。

可以想办法使自己的名字出现在一次繁忙航班的等待名单上，假如你坐上飞机，那么等待你的很可能就是免费升舱。

打扮得好像一个飞行员，航空公司会照顾他们的同行。

免费升舱

当你完成这件事情时，
将成功之星涂上颜色并填写表格

你升舱的日期?

| d | d | m | m | y | y | y | y |

乘坐的是什么类型的飞机?

乘坐哪次航班?

从哪里起飞?

飞往哪里?

飞了多久?

☐ 小时 ☐ 分钟

在下图中标出你本应乘坐的机舱和你后来乘坐的机舱。

☐ 其他　　　☐ 经济舱　　　☐ 普通舱　　　☐ 商务舱　　　☐ 头等舱

如果是，区别是什么?

两者在服务上是否有明显的区别?　y/n

谁和你同行?

他们也成功地升舱了吗?　y/n

请描述你是如何获得这次免费升舱的机会的。

半夜渴醒，手边刚好有一杯水

　　也许是晚饭吃得太咸，或是白天喝水太少，或是因为天气太干燥，你在半夜被渴醒了。不想起身，嗓子又干得难受，两片嘴唇都粘在了一起。没办法，还是起床喝水吧！

　　当你睁开死鱼一般的睡眼，有什么比发现有一杯凉白开安静地摆放在你手边更让你感到惊喜的呢？

　　你容不得多想，赶紧把水咕咚咕咚一饮而尽，甘甜的水滑入喉咙的那一刻，世界真美好呀！

找车位时刚好有一辆车离开

　　进入停车场，你的目光在满满的车位之间来回扫射，突然发现前方有辆车正在驶离，而那个车位正好在你的前方并对着出口方向。这么说，你只要把车往前开一点就可以占据一个很棒的车位。眼睛紧紧盯住那辆要离开的车，余光扫视周围有没有车同样盯上了这个位置，身体蓄势待发，握紧方向盘随时准备着……

　　在你满怀期待的目光中，那辆车终于慢吞吞地开走了。你迅速亮灯，开过去占据跑道，继续往前开寻找恰当的位置停下。打满方向盘，然后慢慢倒车入位！满分！

完成一件让你感到厌烦的事

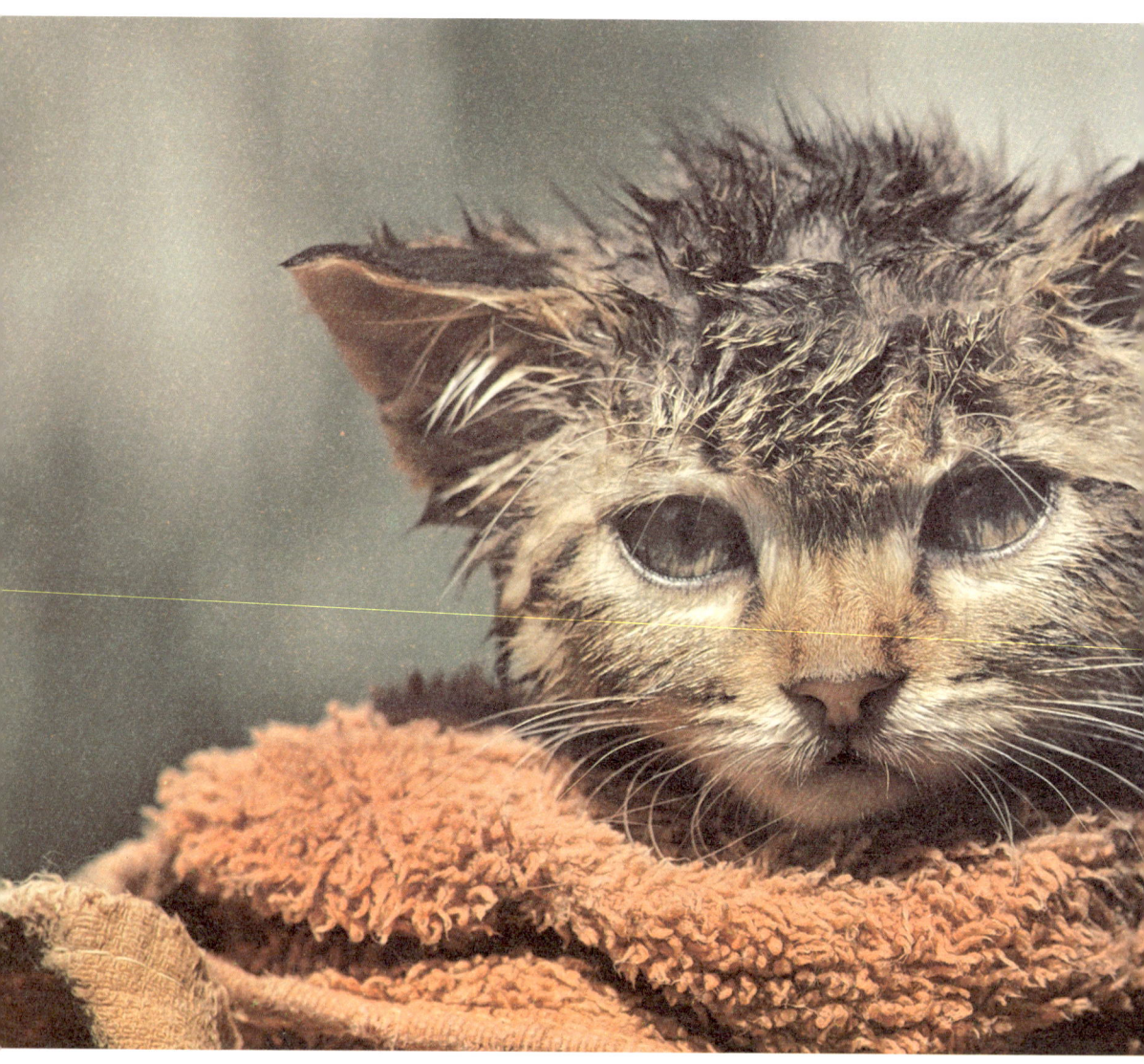

任何一种工作或是生活状态，久了就会令人厌倦，感到没有出路。其实，问题并非出在工作本身，而是一种心理作用。无论工作生活，想要幸福快乐，就要用心去经营。

能力大于期望值和期望值大于能力的人都容易产生工作厌倦心理。是在厌倦中消磨岁月，还是寻求解决之道？要明白，换一种生活方式未必不厌倦，可能每一种生活方式都会让人感觉单调，所以没必要这山看着那山高。

想要快乐，没有秘诀，调整心态，对生活保持永远的热情，厌倦情绪还能藏身何处？

培养自己对生活的热情，和厌倦情绪做斗争，一个有效的办法就是强迫自己把一件烦人的事情完成。

下定决心后，就开始动手，刚开始应该没什么困难，当时间一分一秒过去，事情还没有完成，你的厌倦情绪可能就会席卷而来。别放弃，这就是考验你的毅力和耐力的时候了。

一遍一遍地在心里默念：坚持，坚持，再坚持！如果实在厌烦的感觉都要爆发了，那就暂时休息一会儿，听会音乐，或者静静地坐一小会儿，放松一下情绪，然后再接着干，直到最后完成。

当你即便面对的是自己厌烦的事情，仍然能够坚持做完做好的时候，也许才是真正懂得豁然面对生活的时候。

听见别人说"谢谢"

生活节奏加快，工作愈加繁忙，人情交际愈是淡漠。这时我们不妨停下手头的工作，放慢步伐，环视下四周，看看有没有需要帮助的人，然后慷慨地伸出双手去做一些自己能够做的事情。

你可以沿街行走，搀扶一位蹒跚的老人，送一个迷路的孩子回家，捡起地上的一些瓶瓶罐罐，给问路的陌生人指路。你走到邮局，帮一位不识字的老太太写好信封、粘好邮票，寄给她牵挂的子女。你也可以帮着别人修剪伸出铁栅栏的枝叶，可以在下雪的早晨扫完邻居门前的雪，可以在下雨的时候给困在办公室的朋友送把雨伞。

走路的时候，放慢脚步，多看看周围的人；散步的时候，带袋子，顺便弯弯腰，把路上的垃圾清除完毕。起床出门，给不开心的朋友打个电话说一声早安；下班回家，给失眠的朋友发个简讯提醒他"睡前喝一杯牛奶"。当你微笑的时候，真心希望全世界都一起微笑，这样你的笑容就会有打动人心的力量了。

其实这些小事，每个人，每一天都可以去做。每天目光所见的那些人中总有需要帮助的弱者。当你踏着轻快的步伐享受舒适的心情时，把你的好运带给其他人，那该是更令人高兴的事情。被帮助的人，则会感激于你的慷慨付出，微笑着对你说谢谢。这微笑，这感谢，就是最珍贵的收藏了。想一想，一年365天，你能收到多少微笑，收到多少感谢？心里满是甜蜜的满足感吧。

当然付出并不一定会获得回报，人生最美好的感动不是收藏，是给予。

准备上楼时不需要等电梯

当你步入 1 楼电梯间的时候，发现电梯已经来到 1 楼，前面等候的人有序地进入了里面，而这时候电梯门正要缓缓关上。你一个箭步冲过去，无论此时你脚上穿的是什么鞋，都发挥了跑鞋的效果，在电梯门即将闭合的那一刹那，你按下了按钮，"叮"的一声，门又开了，你成功地赶上了这一班电梯，无须再等待！

此刻，你是冠军！

吃饱的流浪猫乖巧地看着你

猫总是有着自己的步调的。即使是流浪的猫，依旧在顾盼之间维持着高度的优雅，宛如迷失在人间的贵族，或者说，它们只是随意、顺便来这世界走一趟。然而，即使再高贵，它们也渴望疼爱，渴望温暖的窝，渴望天气好的时候出去走走，渴望活得快乐、温暖、有尊严。

每次回家的时候，你有没有注意到无家可归的它就蜷缩在楼下的角落里，任凭风吹雨打，日晒雨淋。恐惧无助的眼神，既说明了它是这么害怕人类的伤害，又是这么需要我们的关爱。

当你发现一只流浪猫蜷缩在你家公寓的走廊里时，你肯定不知道自己的人生将会面临怎样翻天覆地的转变。

也许，你从未想过拥有一只宠物，但是你却能为它们带去温暖。这件事情没有那么难，其实你能够做的事情有很多。何不从身边的小事做起，培养自己对小动物的爱心——为楼下的流浪小猫准备一顿饭。为它准备一顿饭，就可以让一个鲜活的生命延续下去。

你精心照顾着它，按时给它喂食，帮助它恢复健康。很快，你们就会成为形影不离的组合，经历了一段妙趣横生的旅程，从彼此那里汲取力量、寻求慰藉，最终走出生活的阴霾。

每当你看到它吃得狼吞虎咽，吃完了还抬起头来用乖巧的眼神含情脉脉地看着你时，你一定会感到无比幸福。

一动不动地躺在浴缸里

结束一天辛苦的工作后回到家里。你照了照镜子，好悲惨！你看到自己上扬得勉强的嘴角，快要忍不住掉下来的眼泪。面对工作的压力和生活的打击，你一直都假装坚强，对所有的困难都迎面而上。可是，没有人能够一直承受压力，此刻，你身心俱疲。

终于，你跌跌撞撞地冲进浴室。打算在热气腾腾的浴缸里，把自己所有的疲惫和压力都蒸发掉。

温热的水慢慢地注满浴缸，现在你终于可以卸下所有的束缚与伪装，让自己看到最真实的、完完全全的你。此时此刻，你终于冲破了白天所有的防备，想哭，就大声哭出来，想休息了，就安安心心地躺在浴缸里闭目养神。

泡澡时，你不妨放上自己喜欢的音乐，可以是轻柔典雅的古典音乐，也可以是风格鲜明、始终坚持自我的爵士，这些美丽的乐声可以帮助你解开灵魂上的枷锁，使大脑和心情得到放松。

你就这么慵慵懒懒地躺在水里，水的温度刚刚好，不冷也不烫，正如你此刻开始变得平和放松的心情。浴缸里那些丰富的泡沫在灯光的照耀下，是否有着雨过天晴后彩虹的色彩？你可以捧起它们，就像小时候玩吹泡泡一样，把所有的烦恼都吹破、吹散、吹得消失掉。如果你愿意，还可以在泡沫浴里加入一些花瓣，让花的芳香进一步按摩你疲惫不堪的神经。

就这样一动不动地躺在浴缸里，好似睡着了一般，静静地感受着所有的疲惫与压力从每一个舒张的毛孔中慢慢排出体外。心情是不是不知不觉轻松了许多？等你再一次睁开双眼时，看到的也许就是一张源自心底的冲自己微笑的脸。

是的，在这片魔幻的水蒸气浓雾中，你的大脑迅速切换到什么都不重要的状态。就让水蒸气一直笼罩着你，多么美好！

把垃圾远远地投进垃圾桶

　　吃完了苹果，拿着果核搜寻垃圾桶的位置，找到了，就在几米远的地方。不想走过去怎么办？那就要看看你的手准儿了。瞄准垃圾桶，投篮！球进了，漂亮！你要端正态度，把它当成篮球场上真正的比赛一样看待，你要有篮球运动员的专业精神，尽力投进去。要是球掉在了外面，也没有关系，给你一次重来的机会，自己走到垃圾桶前面，捡起来，投进去。

　　要是想增加难度，就往后退到三分线的位置，瞄准，扬手，球进了，得分！

他乡遇故知

　　当你看到有个熟悉的人在你前方不远处，你突然惊了一下：是他吗？很久以前的好朋友？难道他也来到这个陌生的城市了？于是你停下了脚步，暂时放弃想要进行的行程，急切地想要证实你的猜测。

　　好像是，又好像不是，这种事情真说不准，要是在外地认错人就麻烦了。你的眼神不停地从那个"疑犯"身上扫过，啊，被发现了！那个人抓住了你的眼神，然后，对方愣了一下，接着露出欢喜的表情：他认出你了！原来你没有猜错，真的是你想的那个人。

　　他乡遇故知，真好！

讲了一个特冷的笑话，
有人笑了

　　记忆中的青春期，觉得漫长又短暂，花样年华的男孩女孩们，一脸别扭地和老师家长们"斗智斗勇"，对这个虚伪的世界充满了厌恶，一遍一遍地祈祷自己能快快长大，以便拥有主宰自己人生的权利。然而，在不经意间，时间就从指尖一滑而过，只留下青春尾巴经过后的淡淡痕迹。

　　那时候的我们喜欢装出一本正经的样子，假惺惺地玩着深沉，嘴里讲着冷笑话，觉得这样子很酷。笑话的内容实在让人不敢恭维，可我们却自我感觉良好地继续玩下去。长大后，特别是成家后，已经很少再有那份心情去搜寻够冷的笑话来耍酷了，而听得懂冷笑话的对象也已经各奔西东。突然间，你心里急切地想找人来讲讲冷笑话，也许不单纯是为了重温那时候的记忆，也不只是为了让胸口热热的情感有个发泄的渠道，个中滋味，复杂难以表达。

　　终于，在某个适当的场所，在某一适当的时机，你心中储存已久的笑话脱口而出了。话音落地后是一段长长的寂静，场面一下子冷了下来。随后一声接一声"扑哧"的笑声响起："平时没看出来，你还这么幽默啊？不过你这个笑话，嗯，够冷！"这个时候的你，心突然一下子飘起来了，不仅仅是因为得到了别人的夸奖，还因为仿佛多年的积攒的情绪一下子宣泄了出来。原来，能够像当初那样，对着别人讲出一个冷笑话，有人懂了、笑了，是那么美妙的一件事情。

笑话虽小，快乐很大

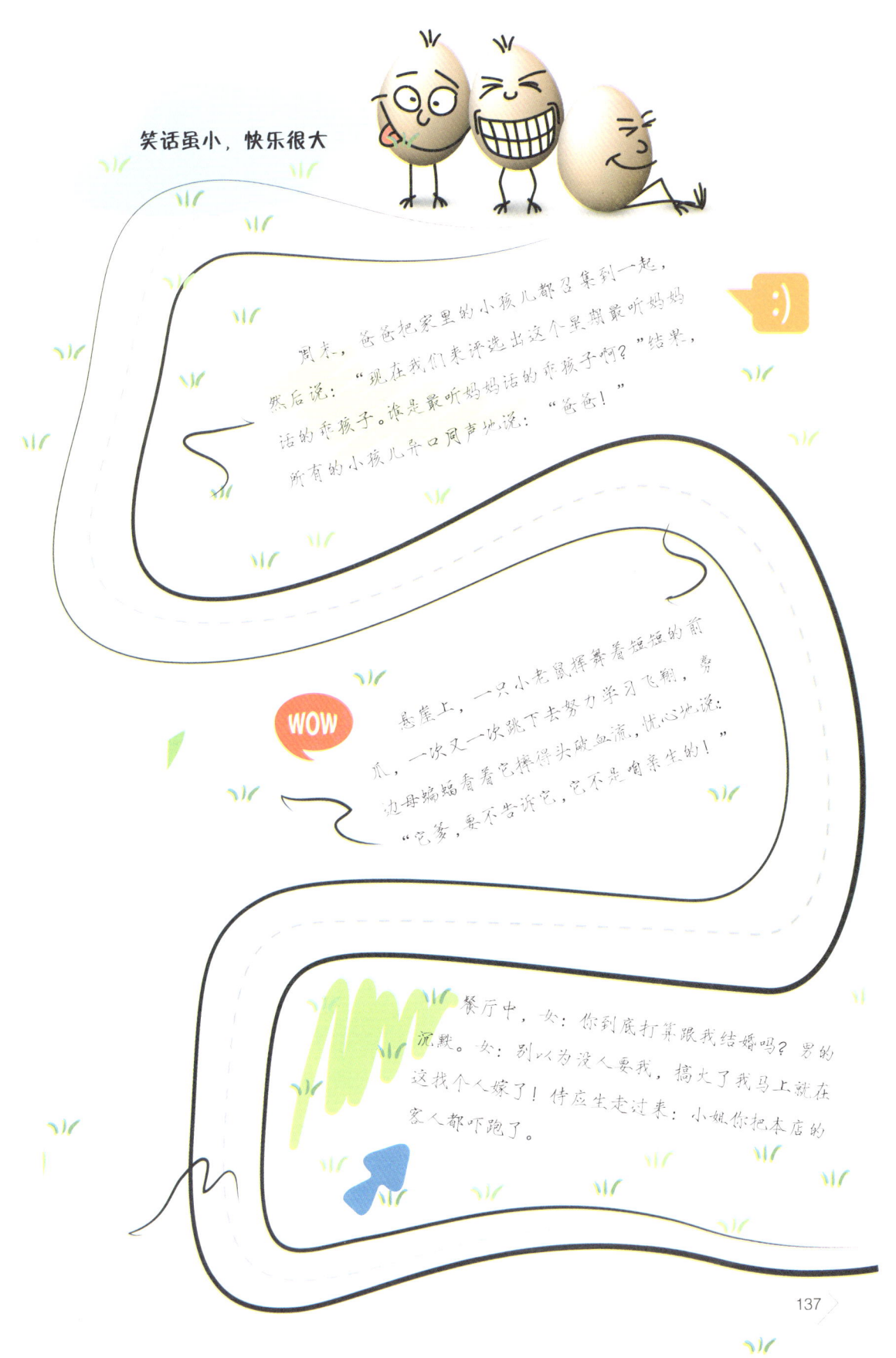

周末，爸爸把家里的小孩儿都召集到一起，然后说："现在我们来评选出这个星期最听妈妈话的乖孩子。谁是最听妈妈话的乖孩子？"结果，所有的小孩儿异口同声地说："爸爸！"

:)

WOW

悬崖上，一只小老鼠挥舞着短短的前爪，一次又一次跳下去努力学习飞翔，旁边母蝙蝠看着它摔得头破血流，忧心地说："它爸，要不告诉它，它不是咱亲生的！"

餐厅中，女：你到底打算跟我结婚吗？男的沉默。女：别以为没人要我，搞火了我马上就在这找个人嫁了！侍应生走过来：小姐你把本店的客人都吓跑了。

看到孩子的笑脸

笑容就像一把神奇的钥匙，可以打开心灵的迷宫。笑容的光芒可以照亮周围的一切，增添温暖的气氛。家庭多一份笑容，就多了一缕和煦的阳光。社会多一份笑容，会冲刷一角冷淡。

大人的笑容固然可贵，孩子的笑脸更加能够让人动容。粉嫩的脸颊，红润的小嘴，"咯咯"地笑着，如银铃般清脆悦耳，又让人觉得内心柔软。微微泛红的脸蛋像一朵盛开的小花，灿烂得令太阳都黯然失色，仿佛就是这世间最美的天使。

我们每个人在这个世界上，不能少了两样东西：一个是音乐；一个就是孩子的笑脸。孩子们天使般的笑脸，美丽而不带杂质，暖暖的让人感动，孩子们的微笑是世界上最美丽的风景，是上天送给人类最美的礼物。

看到孩子们的笑脸，你会感动，你会陶醉，你会放下所有的疲惫。你会从孩子们的微笑里，获得一种满足，收获一份感动，收藏一份纯真。会从孩子那灿烂的笑容里，感受到一种幸福。孩子们的笑脸是一种安慰，孩子们的笑脸是一种希望，孩子们的笑脸是一种力量。这种力量会感动周围的人，给他们带去希望和力量。

当你不开心的时候，当你心情沉重的时候，忽而看到孩子们的笑脸，你会感动，你会陶醉，你会有一种力量。

电话响了发现是刚才想的人

你的脑海里不停地出现朋友的脸：笑着说话的，生气的，皱眉的，得意的，甚至还有哭泣的。他曾经在你的生活中占据着很重要的角色，现在你们分开了，你发现对他非常想念。不知道他现在过得好不好，和你分开后有没有不适应，现在是不是也在想你……

手机的屏幕亮了，电话铃声想起："我们都是好孩子，最最善良的孩子……"难道是他来的电话？把手机拿过来，上面跳动的号码不正是你刚才想的那个人吗？果然是心有灵犀呀！

赶紧接电话吧。

这种感觉真是妙极了！

在旧衣服里翻出零钱

　　整理自己衣物，清理出去一些不想穿的或者不能穿的，看看哪些东西需要添置，结果翻出了一堆旧衣服。在扔掉之前，手伸进衣兜里摸索一番，看里面有没有自己曾经遗留的物品。

　　牛仔服口袋里有一包已经开封的纸巾。因为时间太久远了，纸巾已经有碎的了，有的纸巾碎粘到了口袋内侧的布料上。看来已经失去了使用价值，果断扔掉！接下来还会有什么呢？上衣的口袋里有一条已经变形的口香糖，别的衣服呢？一张某年某月某日的超市购物小票，一个不见很久的小发卡……看看这是什么？一张二十块钱的纸币和几个一毛钱的硬币！看来这是今天最有价值的发现了！

　　在失去价值的旧衣服口袋里翻出了零钱，简直比自己捡到钱还要让人激动，是不是？有没有一种找到宝藏的幸福感？

远方有密友

　　所谓密友，便是走进了我们内心深处某些不为外人所知的秘密里面的朋友。有些话，我们不能对父母说，也许是因为不想让他们担心，也许是因为他们也无法解决；有些话，我们也不能对恋人说，可能是因为就算说出来也只是徒增另一个人的烦恼，或者引起两个人的不快。可是，有些话我们又不得不说出来，因为它们就像滚雪球一样，如果不在刚刚出现的时候就及时把它们消融掉，它们就会日积月累，越滚越大，最后达到我们的心灵无法承受的地步。这个时候，密友或许就是我们最佳的倾听者。他们有着旁观者的客观冷静，有着甘心情愿为我们分担痛苦的奉献精神，还有着尽力为我们寻找解决途径的责任心。当然，你们之间也非常愿意分享彼此的快乐。即便只是用简单的言语交流，密友和你之间的默契就已经足以把这些简单的话语变成最美丽的图景。

　　可是，再好的朋友之间也存在着个性差异，也正是由于这些差异，双方都需要足够的个人空间与自由来发展自己的外部生活和内心世界。距离真的能够产生美，因为它能保持各自的与众不同。那么，我们最好有一个亲密的远距离的密友。这个人，能够在电话那边仅仅凭借你

说话的语气，判断出你是喜是悲；这个人，能够在你陷入极大困境，真的无法一个人应对的时候，放下手中的一切飞到你的身边。原因很简单，只因为你们是彼此的密友。同时，这个人更多的时候只是站在远处，欣慰地欣赏着你的喜悦和幸福；这个人，从来都不会时时刻刻黏着你，要么不断地窃窃私语，更不会去强迫你改变什么，因为你们有各自的生活、各自的性格，大家享受着因为距离和宽容而成全的自我。这个亲密的远距离密友，是我们最放心大胆的选择。

完成一道思维游戏，答案正确

在忙碌的间歇安坐下来，做一道思维游戏题，来活跃一下自己的大脑，既是一种休息，也是一种修行。

思维游戏在世界范围内风靡已久，在学习工作之余，或者在百无聊赖的情况下，拿出逻辑思维游戏的书，信手翻开一页，考考自己的逻辑推理力、记忆力、联想力、判断力，在游戏中品尝到思维带来的乐趣，同时，又锻炼了思考能力，拓展了思维方式，当然也很好地打发了时间。

当解题思路受阻，出现思维障碍时，你不由自主地绷紧了心弦，越是解不出来就越是较劲，然后，恰当地改变分析问题的角度，便会有不同的认识，往往会有"山穷水复疑无路，柳暗花明又一村"的豁然开朗之感。在取得决定性胜利，一下子解开谜题的那一刻，你的成就感是不是节节攀升呢？这种和自己较劲又取得胜利的滋味，是不是也很棒呢？

还有，在你全神贯注于解题的时候，是不是感觉时间一下子就过去了？

去寺院听晨钟暮鼓，吃一顿斋饭

身处在庸庸碌碌的工作与生活中，难免常常被这样那样的烦恼紧紧缠身。想要摆脱这些，就要经常给自己的心灵洗个澡，洗掉消极的、负面的情绪，从而让积极的心态主宰自己的心灵。

去寺院听一听晨钟暮鼓，并吃一顿斋饭，能让我们的心灵前所未有的宁静。一接近寺院，不由自主地感觉到神圣和安宁，从远处看着山清水秀的丛林深处隐隐露出的庙宇一角，便觉得心有所依，等到整个人置身在寺庙的氛围中，身边的一草一木都会让你觉得如此有灵气，整个世界都显得质朴、宁静、祥和。

走在烟雾缭绕的佛殿前你可以什么都不必想，不管你有没有信仰，就在此刻，请带着虔诚的心去仰视着殿内各种神灵，看着他们的神态各异，你会获得一份平静。耳边的晨钟暮鼓悠远而富有节奏，和我们的心率保持着一致，此时，曾经被我们浮躁的情绪淹没的彼岸世界，从闹市里抽离出来，变得触手可及。其实它一直就在我们的内心深处，只是不走近这样一个地方，我们就不会停下来看清自己，也就无法触摸生命的本真。

去寺院听晨钟暮鼓，吃一顿斋饭，这样的心灵的洗礼，会给你带来难得的祥和，让未来的日子多一份安宁。等到返回到凡尘俗世，你会发觉你遇到的种种问题都可以被忽略，是否活得开心自己说了算，人生美好的时光可以自己掌控。

偷得浮生半日闲

一出门就遇到了大好的天气，想一想，如果这一整天都坐在空气污浊的办公室里，真是浪费时间、浪费生命。不如就翘班吧，找点自己喜欢做，又不耗体力的事情，让大好的天气里面拥有大好的心情。一想到办公室里的同事们还在奋力地忙碌，而自己已经从那没有尽头的世界里逃出来，兴奋之情难以言表。

于是你站在街头一动不动。看看周围的人，脚步匆匆，人来人往，即使已经过了上班的时间，原来人还是这么多啊。

站在熙熙攘攘的街头，身边流动的都是慌慌张张的人们，你为完全放松地放慢步调而感到惬意，慢慢走着，不着急、不着慌，因为这一天，是完全属于自己的。

随后可以去电影院里看一场好看的电影。动作片不错，在打斗之中将心中的不满发

泄得淋漓尽致；爱情片也行，看
看影片中的山盟海誓，你会
发现原来生活还是这么的
甜蜜；喜剧片很棒，疯疯
闹闹开怀大笑，既然开心
是一天，不开心也是一天，
那干吗不开心点儿；文艺片也可以，让心情
的节奏慢下来，在电影中体会导演的用心良苦；
动画片很好，童心未泯返璞归真，孩子的世界
是最清澈最知足的。跟随男女主角一起哭一起
笑，一起幸福一起痛苦，不管结局是好是坏，心
情随着它的结束而轻松起来。

　　去逛逛街也不错，是时候好好地慰劳一下
自己了。去试一件全新风格的衣服，不要害怕
改变，改变有时候能带来奇迹。要是合适就
一定要买下来！你没有盲目冲动，也不要犹
豫不决，适合自己的才是最好的，而适时改
变自己则是必需的。要不，去换个
发型。看着镜子中不一样的自己，
自然眼前一亮，心情大好。让改变
成为这一天的主题词，明天将会是
全新的一天！

　　偷得浮生半日闲，在这一天里，
你可以做好多好多的事情，当然都是你
自己喜欢的，也可以什么事情都不做。
今天，没有时间的紧迫，没有手机的催
促，你释放压力，你放松自我，你点燃
激情，你热爱生活。至于明天的事，
明天再说。

睡一整天

　　起床对你来说是一件最痛苦的事情，有的时候简直想不管不顾地睡过去算了。在你明明知道不得不起来的情况下，就会暗下决心，一定要找个时间狠狠地睡上一个饱觉！

　　实际上，人生命的 1/3 都是在床上度过的，睡眠对于我们来说特别重要，花上一整天时间真真正正地睡个好觉，能有效地缓解疲劳，让接下来的你神清气爽。

　　要想睡得好，首先要为睡觉打造一个舒适的环境。在卧室里应尽量避免放置过多的电器，关上手机，以确保休息中不受太多干扰。此外也不要戴表或者首饰睡觉。尽量地阻挡住外面的日光，拉上窗帘，给身体一种天黑了该睡了的错觉。可以在睡前一个小时洗个热水澡，并保持卧室通风条件良好。在睡前一个小时的时间内不再思考任何关于工作方面的事情。要明确床就是睡觉的地方，在床上不要看书、看电视、玩手机。

　　如果有必要，适当的音乐放松也很有帮助。聆听一些平淡而且有规律的声音，像淅淅沥沥的小雨声，轻音乐等，也有助于建立一个诱导睡眠的条件反射。

　　能够放下一切，睡一整天，绝对是一件很美妙的事情。躺在床上闭上眼睛就能睡着，也是很幸福的事。珍惜难得的清闲，好好睡上一天吧，就算睡醒了也不要起床，躺在床上想想事情，很快睡意就又来了。

听到汤锅里"咕嘟咕嘟"的声音

难得的假期清晨，赖在被窝里不想起床，闭着眼睛感受阳光透过玻璃窗洒在脸上。咦？好像有什么声音！睁开双眼侧耳细听……"咕嘟咕嘟"——是汤锅里的汤烧开的声响。一股若有若无的肉香一阵阵飘过来，是排骨汤！

你重新闭上眼睛，想象自己回到了小时候，那时小小的你也是赖在床上，等着妈妈把厨房里炖的排骨汤端上来，汤锅"咕嘟咕嘟"的声音就是这样，微弱的香味也是这样。

啊，又能喝到儿时认为世上最美味的东西了，真好！

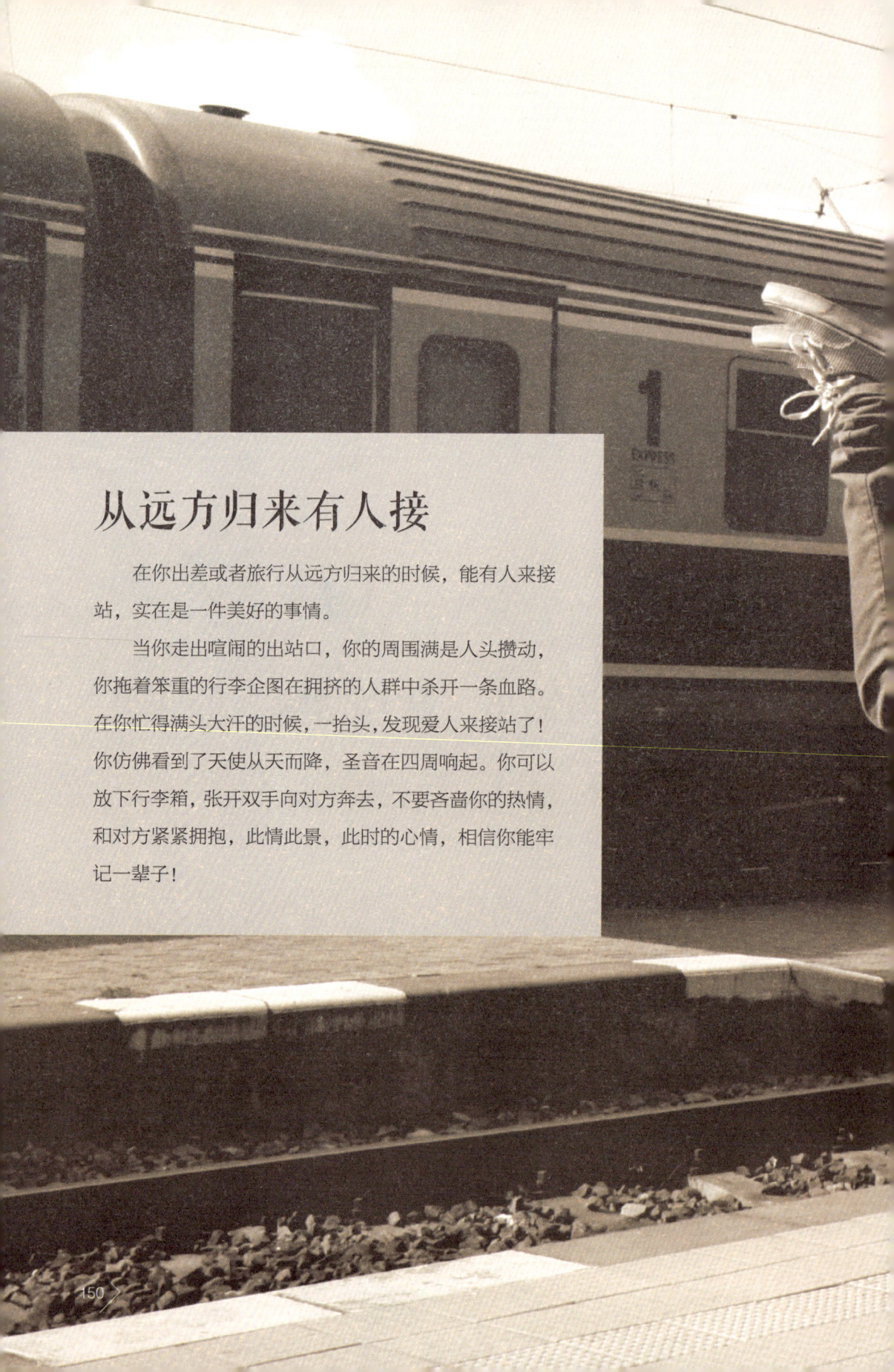

从远方归来有人接

　　在你出差或者旅行从远方归来的时候，能有人来接站，实在是一件美好的事情。

　　当你走出喧闹的出站口，你的周围满是人头攒动，你拖着笨重的行李企图在拥挤的人群中杀开一条血路。在你忙得满头大汗的时候，一抬头，发现爱人来接站了！你仿佛看到了天使从天而降，圣音在四周响起。你可以放下行李箱，张开双手向对方奔去，不要吝啬你的热情，和对方紧紧拥抱，此情此景，此时的心情，相信你能牢记一辈子！

抬头看见火烧云

还记得小时候看晚霞的傍晚吗？太阳已经褪去了正午的咄咄逼人，仿佛蒙上了一层面纱一般，以少女似的含情脉脉的眼光温柔地注视着夕阳下的每一个人，那令人惬意的暖意融融是对辛勤工作一天的人的抚慰。走在回家的路上，大家都会不自觉地抬头看天，看看天上光与云演绎的一个个传奇故事。小孩子最是欢呼雀跃，和身边的小伙伴指点着天上的朵朵云彩，就像小鸟一样叽叽喳喳闹个不停，那朵云像狗，那朵云像人，那朵云和那朵云在追逐嬉戏……孩子们充满奇思妙想的童心里，有着比任何世界名著都精彩绝伦的故事。

可是，随着时间的流逝，我们的童心童趣不断减少，生活的压力越来越大。修筑得越来越高的不只是钢筋水泥构筑的高楼大厦，还有我们自己内心的冰冷城墙。就在这样的自我封闭中，我们的心开始一点一点麻木，一点一点失去往日的从容和安宁。行走在路上，抬头的人越来越少，因为在这逼仄的空间里，天空被切割成了一块一块的补丁似的，看到童年时代的火烧云，简直变成了一种奢望。

越是不容易看到，一旦看到了就会更加让人欢喜。下班回家的途中，你不经意地抬头看看天空，竟然就看到火烧云。一会儿，天空出现一匹马；忽然又来了一条大狗，接着又来了一头大狮子，跟庙门前的石头狮子一模一样。一时恍恍惚惚的，天空里又像这个，又像那个，其实什么也不像，什么也看不清了。

必须低下头，揉一揉眼睛，沉静一会儿再看。一会儿工夫，火烧云下去了。笼罩在你心头的阴云也下去了，多美好。

晚饭过后，火烧云上来了，霞光照得小孩子的脸红红的。大白狗变成红的了，红公鸡变成金的了，黑母鸡变成紫檀色的了。喂猪的老头儿在墙根靠着，笑盈盈地看着他的两头小白猪变成小金猪了。他刚想说："你们也变了……"旁边走来个乘凉的人对他说："您老人家必要高寿，您老是金胡子了。"

天上的云从西边一直烧到东边，红彤彤的，好像是天空着了火。

这地方的火烧云变化极多。天空中一会儿红彤彤的，一会儿金灿灿的，一会儿半紫半黄，一会儿半灰半百合色。葡萄灰，梨黄，茄子紫，这些颜色天空都有，还有些说也说不出来、见也没见过的颜色。

——萧红《火烧云》

最妙的就是放假呀

终于等来了放假，能够真正放松下来享受午睡醒来后的阳光了。仔细算一算，你是不是也有很久都没有从事自己喜欢做的事情了，比如你一直钟情的画画、摄影或者很多其他的爱好？更可悲的是，在繁重的工作和巨大的精神压力之下，你是不是一直紧绷着神经，就连身体也是僵硬的呢？最近你感受到过真正发自内心的开怀和踏实吗？是的，我们一直在逼迫自己坚持。坚持是好的，可是，适度的放松会让我们在接下来的工作生活中，把事情处理得更好。就像弹簧的一张一弛，于张弛有度之中始终保持着自己心灵的弹性和韧劲。在被生活压得喘不过气来而沮丧失落的时候，好好珍惜这难得的一次放假吧，好好善待自己，让疲惫的身心得到放松和抚慰。

让假期中的时间完完全全属于自己的生活，远离那些不愿意看见、不愿意应付的人和事。这段时间可以是和自己的灵魂独处的时刻，也可以是和最爱的家人朋友分享的好时光。你可以一个人出去旅游，在一片因陌生而充满探索乐趣的天空里，放飞自己的心

灵。或者你就只是宅在家里，或者慵懒地躺在床上，欣赏着不断在墙上幻变着的光影，或者捧一本心爱的书籍，在音乐的伴奏下细细体味着字句里的丝丝真情，或者自己去厨房做饭，充分发挥自己的想象，让锅碗瓢盆在你的手里具备神奇的力量，变出了一桌子的美味佳肴。抑或者，和亲近的人待在一起，就算是随便坐在一起漫无目的地谈天说地，也会让你倍感信赖和踏实。家里那温暖熟悉的味道是对你挣扎着的灵魂最好的镇静剂，朋友和所爱的人的陪伴也能给你一个坚强的可以倚靠的臂膀。这些人永远愿意分享你的快乐，分担你的忧愁，支持着你放心地往前走。

所以，在难得的一次放假中，是要独处还是要热闹，都由你自己决定，因为这是你的假期。但切记一点，那就是要善待自己，以能让自己快乐的方式度过这段难忘的时光。你可以放肆地笑，也可以大声地哭，不需要再故作坚强。用自己最喜欢、最放松的方式重新获得曾经的踏实、自信和安宁，然后再充满动力、大步流星地迈向明天。

亲自泡茶

中国有这样一句话，开门七件事：柴米油盐酱醋茶。千百年来，茶一直是中国人生活中的必需品。无论有没有客人，爱茶之人都习惯冲泡一壶好茶，慢慢品饮，自然别有一番情趣。

"细雨斜风作晓寒，淡烟疏柳媚晴滩。入淮清洛渐漫漫，雪沫乳花浮午盏。蓼茸蒿笋试春盘，人间有味是清欢。"这首《浣溪沙》是苏轼被贬谪之后所作，他三言两语便将其闲适欢愉之情勾勒出来：泡上一壶浮动着雪沫乳花似的清茶，品尝着山野中的蒿蒿、新笋，以及嫩绿的野菜，心情豁然开朗。

茶居深山则春色满园，置杯中则飘逸如仙；入眼尽清媚，启唇皆香醇；味虽苦，却含香；虽质朴，却不俗。如此贤德清逸之茶，可观、可品、可饮，兼具原始生态之美。它虽为平常之物，但无论高雅低俗，也不论富贵贫贱，是人人都可以品评玩味的。

茶所具有的深蕴内涵，不仅包括了高洁、高雅、虚心、坚贞等美德，同时还具有"平和、俭朴"的本质特征，啜之使人"涤尘、清心"等更为深远和广泛的美学意义。茶是道，贵生而脱俗；茶是儒，文明又礼雅；茶是佛，空灵又至善。

生活中的泡茶过程很简单，每个人都可以在闲暇时间坐下来，为自己或家人冲泡一壶茶，解渴怡情的同时，也能增加生活趣味；生活在职场中的人们，常常会感觉到身心疲惫，尤其是午后，更是昏昏欲睡，毫无精神。这时，如果为自己泡一杯鲜爽的清茶或一杯浓浓的奶茶，不仅会提神健脑，解除疲劳，同时又能使办公室的生活更加惬意舒适，重新投入工作时才会更有活力。

亲自泡好一壶茶，初品一口，觉得有些苦涩，再品其中味道，又觉得多了几分香甜，品饮到最后，竟觉得唇齿留香，实在耐人寻味。

慢慢品味一杯茶

心灵的平静是一股最强大的力量，它可以让我们约束起不需要的思想，从喧嚣的尘世安然抽身，也能让我们安心地活在当下，而品茶时就需要这种平和冷静的心境。

我们可以让自己完完全全地休息10分钟，在这段时间里，不要让心灵沾染琐事，心平气和地冲泡一壶好茶，让自己完全沉浸在香醇清爽的茶香里，安安静静地享受这段时光，让思绪随意地在头脑中游动，你会发现，茶香能起到安抚神经的作用，它能让你觉得精神多了，头脑也跟着清醒，心情也慢慢地转为平静。

心灵的平静意味着从稚嫩到成熟的转化，它是一股温柔的力量，让你的心灵归于一种最平稳的状态，让追求平静的人内心能够获得满足与安定。与此同时，轻啜一口茶汤，任那润滑清淡的茶汤在舌尖上滚动，它仿佛变成了一股温热的暖流，一直涌入我们的心底。在纷乱的世界中，给自己一段时间，细细品味茶中的香气与浓浓的滋味，回到内心深处细细地体会生命的奥秘，这无疑是一种追求平静的最高境界。

身体的彻底放松可以让我们的思绪变得清晰有条理，不再因各种外界的因素而变得混乱不堪。这也就是为何我们常常绞尽脑汁也记不起来的事情，在我们不去想的时候就自己跳出来的原因。

世间浮躁，人心浮躁，若要平心，唯有香茗，难怪古今圣贤、文人骚客，皆对茶赞之不绝，爱之难舍。当你烦躁时，不妨品一杯茶，聆听心底最原始的声音；当你愤怒时，不妨品一杯茶，它会让你躁动的心情慢慢归于平静；当你悲伤时，不妨品一杯茶，你会发现原来生命中还有那么多美好的事……静静地品茶，你的世界才会多了一处平和的角落。

茶道的精髓

茶道是一种以茶为媒的生活礼仪，也是一种修身养性的方式，人们通过泡茶、赏茶、品茶来增进交往。茶，作为一种饮料，其本质和中华传统文化的精髓相同，因此才成为中华文化的一种代表符号。中国茶道是"饮茶之道""饮茶修道""饮茶即道"的有机结合，包括茶艺、茶德、茶礼、茶理、茶情、茶学说、茶导引这七种主要义理。中国茶道以"四谛"为精髓，即和、静、怡、真。

"和"是中国茶道的哲学思想核心。茶道的"和"其实就是中华民族统一的"和"，是几千年来儒、道、释三家思想糅合的具体表现。三家都提出了"和"的思想，但各自又有所不同。儒家强调礼仪引导走向的"人和"；道家强调的是任性自然的自然与人的"和谐"，反对过多人的参与；佛家推崇的则是超越现实客体的人与自身的"和"。儒家讲"礼之用，和为贵"，道家讲"天人合一""顺其自然"。所以，一个"和"字，也是中国茶文化的不朽之灵魂。

"静"是中国茶道的灵魂，"和"是因"静"而"和"的，"欲达茶道通玄境，除却静字无妙法"。所以说"和"和"静"是相得益彰的。中国茶道是修身养性之道，静是中国茶道修习的必经之路。

"怡"是"和"的怡，"静"的怡，因为"怡"是灵魂的跳动，是人存天地间对生命脉搏的感受，是生命里真切的感受。品茶和品人生在"怡"里契合。中国茶道是雅俗共赏之道，它的"怡悦性"体现在日常生活之中，因为它不讲形式，不拘一格，有着广泛的群众基础，成了很多人修身养性的选择。

"真"是中国茶道的终极追求，是中国茶道追求的最高境界。中国茶道在从事茶事时讲究的"真"，不仅包括茶应是真茶、真香、真味；环境是真山真水；茶具最好是真竹、真木、真陶、真瓷，还包括对人要真心，敬客要真情，说话要真诚，心境要真的悠闲。

在阳台上闻到花草的芬芳

在每天晚上闭上双眼之前，我们可以心满意足地躺在床上，微笑着告诉自己说，明天又是新的一天啊。于是第二天清晨，我们在鸟动虫鸣的歌唱声中醒来，走到窗前，拉开窗帘，让早上温柔暖和的阳光洒满整个卧室，还有自己的那一室心房。如果这时我们沐浴着阳光踱步到阳台上，能够看到自己亲手栽种的花花草草，闻到那沁人心脾的芬芳，这样的生活岂不是幸福安宁得如同天堂？

我们谁都不想错过生命中的美好，太迟或者太早，都会错过花开的季节。那么就在阳台上仔细呵护内心的美好吧，把幸福留在自己身旁。

走过去，嗅一嗅那绽放的花蕾或者舒展的叶，就当是对它们的亲吻。花草都是有灵性的，你的爱，它们感受得到。而它们将要回报给你的是满心的芬芳。那些香，是可以宁神的。正如书中说的那样："或许香的宁神，正如同幽幽钟鼓之于耳，一沁佳茗之于口，一轮初日之于目，由于它是如此的丰富却又邈远，占据了我的嗅觉，吸引了原来容易旁骛的注意力，所以能够带来宁静。"当我们全心全意爱着某个人、某件物的时候，心会突然变得踏实了、安宁了，因为我们所有的心思都在他的身上。心就有着落，神自然宁了。

花的香气有很多种。如晚香玉、姜花、昙花和铃兰的，都是冷香。玫瑰、玉兰、含笑之类的，是暖香。不要以为只有盛开的花才有这怡人怡情的香味，那绿油油的细草也是有着属于草的轻柔幽香——细草香闲。细草的香，是淡淡的慵懒，是与世无争的云淡风轻，你去细细体味，可不正是"香闲"吗？就让这花的芬芳、草的闲香给我们的心灵来一次沐浴，洗去世俗的臭味，留下来自自然、源于内心的芳香。

在阳台上栽花种草，美的不只是自己的屋子，还有每天起床后的心情。穿着宽松舒适的睡衣，握着昨夜刚做过的那个关于幸福的美梦，就这样让自己在花草的陪伴下静静地坐着，感受岁月的美好。

看着手里的风筝越飞越高

天空中飘着个风筝，
望着那放风筝的人。
它就在风中静静地飘，
他让它飞得越来越高。
孩子在不时地提问，
父亲是他崇拜的人。
他的小手在轻轻地摇，
他的嘴角还挂着微笑。
啊风筝风筝飞吧！
蓝天里有我们一丝的牵挂。
啊风筝风筝飞吧！
离开我们可爱的家。
啊风筝风筝飞吧！
带着我们的青春年华。
啊风筝风筝飞吧！
让我们快快地长大。
　　　——石开《风筝，飞吧》

儿时的我们会在春天约上三五个伙伴，一起到湖边放风筝，长大后又一次路过这个湖边，心里会不会感慨万千呢？偶尔看到湖边也有几个小朋友像你们当年那样，开心地玩耍，追逐着自己放起来的风筝，那么无所顾忌，你的心里会不会有些许冲动呢？当时我们看着自己手里的风筝越飞越高，我们拍手，我们欢呼，你还记得那种兴奋吗？

　　冬天的脚步渐渐远去。这时，孩子们都憋着一股劲儿，只等着把手中已经准备好的风筝放上天，来展现自己不凡的身手。终于，春风袅袅，碧空如洗，丽日白云，这一天终于来了。出得门来，抬头观望，不出所料地看到几只色彩鲜灵的风筝，在湛蓝的天空中飘荡。

　　对于放风筝，年长一些的孩子可以称得上是专家了。等大风吹来，他们把风筝拖起来，然后快速奔跑，边跑边放线。很快，风筝飞起来啦，而且越飞越高。看着在天上飘荡的风筝，孩子们兴奋得又笑又跳，连旁边看热闹的人也乐得开怀大笑起来。

　　此时此刻，成年人肯定也想放下所有的压力和困惑，就在此刻想做回一次孩子。那么就去做吧，循着旧时的记忆，在湖边再一次放起风筝，暂时忘掉成年人该有的烦恼，只是像小时候那样，跑着、笑着、纯真着……

静静地坐在酒吧的角落

在你的印象里，酒吧是什么样的？橡木地板、彩绘吊灯、带曲线的木椅、柔和的粉红色灯光；头顶上，几只老式的风扇高高悬挂？那是从前。如今，风情各异的气氛、旖旎的音乐、折射着诱人光泽的美酒，才是构成酒吧的特别的风景。当你走进酒吧，点上一杯或浓或淡的适合自己口味的酒，慢慢地呷着，或柔或强的背景音乐在你耳边环绕的时候，你会感觉到每一个美妙的音符都在心中流淌。朦胧的气氛下尽管都是些陌生的面孔，但是每个人的脸上都不加掩饰地展示着自己的内心。

听着如行云流水的音乐，看着窗外的街景，抿一口美酒，随心所欲地梳理自己或喜或悲或宠辱不惊的心情，闲适自在的生活就这样一点点地"炮制"出来。

再点一杯调制好的鸡尾酒，带点甜味的酒精能给空虚的胃和灵魂带来慰藉，当你仰起头一饮而尽的时候，从喉咙到胃都有一种很畅快的感觉，然后回味无穷。

泡吧能排遣出心中许久的压抑和紧张，重新寻回那份自由和洒脱。透过玻璃窗是喧闹的霓虹闪烁的都市夜，更让人觉得泡吧别有一种意味。在无数的醉态后面，你看到的是泡出来的多姿多彩的生活本色、本来状态。在这里，没有人打听你的来处去向，也不会有人过问你的喜怒哀乐。在酒吧里，你就是一个天涯流落客，无声无息地在人群中淹没自己。

酒吧给人的触感是柔软的，放松的。酒吧生活就是城市的梦境，梦虽然是虚幻的，但它却能给予城市人真切的生活动力。

静静地坐在酒吧的角落，用心地体会一下孤独的美妙，或是在音乐中细细地品味自己走过的路，个中滋味自然是美极妙极。

瞭望星空

　　星座是来源于拉丁语的词语，意为"星星的组合"。整个天空共布满 88 个星座，大部分的命名来源于古希腊传说，虽然我们所识别出来的形状和它们的名字大相径庭。当然，如果你只是为了欣赏暗夜的美丽，就没必要在意这些，也没有必要把它们全部都记住。

　　不是每个人都会随时进入天文观测台去瞭望星空，更多的人是选择空旷的地点，在某个晴朗的夜晚，随兴而起，站在花园、庭院、田间或者山顶甚至走夜路的时候，都可以抬头眺望夜空，搜寻这些常见却又神奇的东西。如果预报说最近有流星雨出现，那么更会有很多的人期待它的出现。

　　人们总用"就像天上的星星数也数不清"来形容某种事物很多，可见，星星的数量真的是没有一个具体的数值。就星星而言，它离你越远，就显得越暗。这就像一支蜡烛，放在你旁边的桌子上比放在附近的山丘上看起来要亮得多。那么，我们能看到的有多

少？几百万？亿万？亿亿？事实上，在一个地平线较低的视野开阔的地方，你任意一次能看到的星星的最高数量大约是 4500 颗。

如果不是为了天文观测和学术研究，人们还是会把注意力放在各个有名星座的寓意和传说上面。早在几千年前古代文明产生之日，人们就开始编织暗夜中存在的故事。古人把许多星星连在了一起，把神话和传说糅入到其中，于是，人世间便有了很多浪漫的星座故事。

在寂静而又晴朗的夜晚，停下手边的工作，走出门，抬头瞭望星空，想象心中思念的人也在同一片星空下；或者走到阳台倚栏而望，想象是否古人也曾这样做过？在万家灯火的映衬下，星空却并不黯然失色，满天的繁星，给人一种震撼和敬畏的感觉，让人感到了自己的渺小，感觉到自然的伟大。让思绪随着点点繁星随意游荡，虽然寂寞，却内心宁静。

对着镜子微笑

美好的一天从早晨的好心情开始。早上的好心情就好像一顿营养丰富又美味的早餐一样，带给人们最有利于心灵健康的滋养。

你听，不知名的鸟儿，在窗外欢快地鸣叫，呼朋引伴地卖弄着婉转的歌喉。你看，阳台上的太阳花，尽情地舒展着修长的枝蔓，挑着零星的花朵，一切是那样清新和谐。

对着镜子笑一笑吧。这样的笑容有着神奇的力量，它会增强你的自信，让你有足够的能力和坚强去面对一切。对着镜子，你可以回忆过去一些好笑的事来逗自己开心，或者憧憬一下未来生活的美好，此时两边的嘴角便不由自主地上扬。这样笑的次数多了，你就能够发现它潜移默化的力量。当你发现，镜中的自己笑得是那么自信，那么美丽，那么轻而易举的时候，你的幸福就真正掌握在了自己手中。

早上起床后或者出门前，请你对着镜中的自己充满信心地微笑，告诉自己你今天的心情是多么好，今天的一切都会进行得非常顺利！

把烦恼写在沙滩上，看着它流走

　　最近你是否总是被苦恼所困扰，感觉整个人都忙得焦头烂额，精神不在状态？工作、生活、亲情、友情、爱情，所有的不顺利一涌而来，让你不知道怎么办才好。那就去离海最近的沙滩吧，写下"烦恼"二字，等到一个波浪打过来，淹没了你的"烦恼"。沙滩上又是一片平坦。当你走在回家的路上时，你便再度恢复了生命的活力，你的烦恼焦虑也治好了。

　　人一旦长大，进入复杂的社会，就会在不断的寻觅和追求中忘了自我，忘了快乐，忘了满足，只剩下烦恼。烦恼来自于执着，来自于不满足，来自于忘了初衷，把烦恼写在沙滩上，看着它被海水一冲就流走了，沙面上又重现平滑，心情就会一下子变得平静。

　　你静坐在海边，看着被冲刷过的沙地，听着海涛的拍岸声，慢慢回想起父母家人的温馨，重新感觉兄弟姐妹的情谊，回味往昔恋人之间的甜蜜浪漫。这时，你会发现，烦恼已经被人生的真正喜悦所代替，你会更加珍惜我们现在拥有的亲情、友情、爱情。

随手拍出明信片

出门的时候记得带上相机，看到有美丽的风景或者有趣的场景，都可以随手拍下来。等有时间的时候整理一下，选择效果好的冲洗出来，你会发现，这些简直能媲美明信片。能够在好的天气拍到好的风景，随手就能拍出明信片，你的收获就是在惊喜中保持了很久的好心情。

选一个晴朗的天气出行，随时关注周围，捕捉优美的风景，山也好水也好，树也好花也好，选取你自己认为最美的景色，多角度拍摄，别忘了调好亮度、色度、焦距之类的，尽量多照些不同的景色。照完之后，初步在相机里看一下效果，如果效果太差，最好删掉重新照，免得占据空间。虽说是风景照，但景中有人也是一种美，如果有同伴，互相给对方留影。人与大自然的融合，是最美的艺术。

你可以选择带上相机和家人出游，拍下每个人在广阔的天地中真性情的一面，每一个表情，每一种形态，都是真情流露。如果你想拍下最真实自然的一面，可以事先不告诉家人，在他们欢声笑语之时，偷偷拍下温馨的瞬间。

要拍出明信片一样的照片，不需要特别好的相机，也不需要提前练就好的照相技术。毕竟我们只是为了寻找一种生活的气息与灵感，寻找人生的乐趣，并不是要做得多么专业，所以，对于照相技术和照片的效果不必过于追求，自己觉得满意就行了，只要你觉得拍出来的作品有收藏价值就可以。

照完照片，回家后的工作还很繁重，把照片按类整理好，打印或者冲洗出来，用相册装好。如果是你特别喜欢的一张，可以装裱起来，放在书房或者家中任何一个你觉得显眼的地方，最好每一张照片下面备注一下，备注的内容完全由你自己决定，可以写上风景的名称，也可以拍下它一瞬间的思绪。整理完之后，可以把它当作艺术珍藏，供以后慢慢欣赏回味，也可以寄给远方的亲友，和对方分享你的成就。

到大自然中去

你是否想找这样一个地方：这里没有呼朋引伴的喧嚣，没有顾此失彼的担心，没有必须应酬的人，没有不得不做的事……在这里能抚平所有的浮躁与不安、烦恼与忧愁，这里就是永远孕育着希望与生机的大自然。

到大自然中去，你会变得绝对真实、绝对轻松，此时此刻你就是你自己，想笑就笑，想哭就哭。大自然会以她博大的胸怀接受你的抱怨和委屈，倾听你的烦恼和压力，让你不知不觉中绽放出最美丽的微笑。

这个地方，有山有水，有花有草，有虫有鸟。清晨的自然界空气是最清新的，在万物苏醒的这一刻，格外地生机盎然，你会感觉到自己从外到内也有种生机勃发的感觉。躺在草地上，大自然的虫鸣鸟叫是最美丽的乐章，还有草的清香、阳光的温暖将伴你小憩片刻。不管是湖水还是小溪，走到水边，看落花随着流水漂移远去，听水声淙淙流动，就像是生命在流动，你会觉得这个世界是活的。你会重新找到生活的希望。

茂盛的大树在初升的阳光下婆娑着树影，婀娜多姿，昭示着青春的无限美好。双手张开，闭上双眼，享受阳光，然后深呼吸，你会突然感觉天地之间自成一体，想象着头顶有一股力量缓缓地把你的身体往上拉，这样反复几次，不仅放松了整个身体，也使心灵得到真正的平静。

如果你的时间充裕，不如到大自然中去，呼吸一下新鲜空气。吸一口新鲜空气，张开你的双臂，把大自然的气息拥抱在你的怀里，大声对自己说：生活多么美好，我要学会珍惜，让希望永远留在心里。

这时候草儿青青，草儿青青，花儿花儿开得艳；

春天的太阳多温暖，太阳多温暖

这时候树林茂密，树林茂密，河水河水清又清，

夏天的阵雨刚过去，空气多新鲜

这时候落叶飞舞，落叶飞舞，白云白云飘得远，

秋天的风儿吹过来，衣裙舞翩翩

这时候森林寂静，森林寂静，鸟儿鸟儿已看不见，

冬天的雪花飘下来，白茫茫一片片

啊啊啊伙伴，啊啊啊伙伴，亲爱的伙伴，走啊，走啊，

走向大自然……

——《走向大自然》

种花种草种春风

　　人们总是爱一些花花草草的，感情或浓或淡。因为它们的美好像极了人们心中一个隐秘而完美的梦想，所以每见一种花草时，人们都会从心底产生一种不一样的情感。

　　你也许没有足够的时间去看风景，但依然想要看到鲜花盛开，小草儿一点一点地生长，并试图通过这些来赶走压抑的情绪。那么，亲手种一些花花草草吧。哪怕只是小小的一盆，有绿色的叶子，偶尔会开的小花，她依然能带给你宁静、快乐、生机和成就感！

　　不要因为觉得侍弄花草是一件麻烦的事情而选择放弃。你以为错过的只有泥土，其实，你错过了整个生活。

　　从明天起，关心粮食和蔬菜，自己种花种草，那么，你将要到达的地方，将是春暖花开。这里是最浪漫的田园：在早春进行播种，守候次第而来的四季植物；沐浴在阳光中，倾听花蕾绽放的声音；你甚至有可能采摘到枝头最鲜嫩的果蔬。满怀喜悦，拥抱这奇迹般的时光，你会发现最好的生活，才刚刚开始。

可能是牵牛花，可能是蒲公英，甚至是吃完西瓜后的西瓜子，已经喝完茶后是决明子，只要是你能想到的，都可以满怀期待地将它们埋在土里。然后等着它们生根、发芽、开花、结子。

在这等待的过程中，你会慢慢调整自己，一改过去的抱怨和不甘，变为珍惜和享受当下拥有的一切。你的心会在花的芬芳与草的清香中，慢慢舒缓下来。褪去了尘世的追名逐利、浮华躁动，一颗心终于感到了安宁与淡定。

不管出于什么目的，开始种一些绿色植物，看花盛开，看草生长，看你亲手留住的春天。这是多么美好的事情。可能一开始你会觉得很麻烦，但是只要你能够耐着性子用心去对待每一盆花花草草，它们回报给你的将是异常的丰满。

看到自己种的树长大

植物总是很容易感染人，但人关注的往往只是路边伸出枝干遮凉的树荫，烦躁时让我们心静的森林。往往每天从那路上走过，却在某一天不经意转头，才见新的树苗已经长到齐肩那般高了。我们也只是欣喜罢了，往往忘记了它奋力生长的过程。

　　尝试一下，买一株小树苗，找一块地，小心种下，每日为它浇水施肥，每日为它记一则日志。过几天，过几个月，再过几年，每日看看它，跟它一同成长。长高，抽出新芽，出现绿叶，根枝变壮，每一个细节都不要错过，这样每一次成长中出现的新的变化，定能让人欣喜万分。

　　一段时间过后，翻看每日记录的日志，回顾每一天悉心呵护的心情，骄傲地看生命的生根、茁壮、繁盛。当我们对一件事物投入全部的关注，就会关注她每一刻的细微变化，留意它逐渐发展的过程。这归属于自己的生命，随着自己的生命旅程一同前行，就像是我们本身的一部分，浇灌它的不仅是水、养分，更有我们内心最真诚的呵护。

　　守护一件事物是每个人必须要学会的事情，多年前你兴冲冲买了一株幼嫩的树苗，小心翼翼地植入土里，浇上水，施了肥，满怀期待地等着它长大；多年后自家后院的一抹清凉若是由自己亲手栽培，细心关照而来，这该是件多有成就感的事情。这些年你也许曾经想过放弃，也许曾经觉得疲惫，但看那逐渐粗壮的树干和嫩绿的叶片，你内心又是无限的满足。

　　不仅仅是生活的小情趣而已，更有满怀的一份责任和对生命的崇敬。当你以自己的名义将它的生命与你紧密联系时，就注定不能放弃它。春天来了，它奋力生长；夏天来了，它奋力繁盛；秋天来了，它落了一地黄叶；冬天来了，你奋力为它防冻，让它安然度过严寒。眼看着它那样努力地盛放它生命的激情，你又怎能忍心放弃它呢？牵动你的不仅是那绿叶，更是生命之躯的伟岸。

自己精心烘焙的饼干新鲜出炉

每次从烤箱里端出刚出炉的点心，是不是闻到了那暖人的甜香？尤其是当那份点心是专门为爱人而做时，心中的那份幸福感更是轻易就溢于言表。

挑个阳光灿烂的周末，把心爱的人聚在一起。他们在客厅里谈天说地聊得不亦乐乎，你穿着漂亮的围裙，在厨房哼着小曲，熟练地打着鸡蛋，麻利地和好面粉，做出各种精致的造型：小动物、桃心或多角星……

烘焙是一次奇妙的旅程，它从一开始便唤起了你的好奇心，中间的过程充满着未知，充满着奇妙，一切都等待你去探寻，直到最后，给你难以言表的幸福感……

与其说烘焙是一种烹饪方法，更不如说烘焙是一种好玩的游戏，是一种童话般奇妙的旅程。烘焙是充满爱心的。对待烘焙就像对待自己心爱的人，一点一滴都需要注入你所有的精力、爱心。

烘焙是充满希望的。烘焙的压轴戏就是最后放入烤箱里烤制，这往往需要一段时间，不要认为这段时间是索然无味的等待。你可以选择在这段时间里煮杯咖啡，然后静静地坐在旁边，安然地等待，以温柔、好奇、充满期待的目光注视着烤箱。

直到最后一刻，劳动有了回报，手捧一盘自己精雕细琢的艺术品，闻到心仪已久的香味，看到心爱的人微笑，尝到自己心里最想要的滋味，那种美妙的感觉在瞬间洒落——烘焙是充满幸福的。

当你捧出香喷喷的糕点走出厨房，朋友们像小孩子抢糖果一样迫不及待地抓起一块张嘴咬了一大口，在嘴里慢慢地嚼、细细地品味，然后喜悦与赞美就像阳光一样洒满了整个屋子。这时的你肯定很有成就感。

走进厨房，做一顿丰盛美食

看着一桌子色香味俱全的美味佳肴，我们每个人都会觉得生活真是美好，每一口细细咀嚼、品味的其实都是生活的幸福味道。我们都爱美食，可是我们中的大部分人却不会也不愿意待在厨房做几样可口的小菜。为什么不自己学会做菜？在满足自己味蕾欲望的同时，还能享受厨房的乐趣。

当丈夫辛苦工作一天后拖着沉重的步子回到家，满屋子饭菜的香气能够为他拂去心里的疲惫；当孩子放学回来后，一桌子好吃的美食能够帮助他减缓学习的压力；当节假日回家去看望年迈的父母，你亲手捧上的佳肴其实是他们晚年生活最大的安慰。

男人也可以走进厨房，做饭与男性尊严一点关系都没有。古人云："治大国如烹小鲜。"虽无治国之才，治国之志还需有的，所以偶尔烹一下小鲜，一来感受一下治国的感觉，二来饱口腹之欲。饭菜做得好不好吃不要紧，要紧的是一家人围坐在饭桌边的其乐融融。

走进厨房，做一顿丰盛的美食，在给他人带来幸福的同时，还能让自己体会到烹饪的乐趣。在厨房里，你就是天才。一种食材和什么食材混合，一种色彩和什么色彩搭配，一道菜是要红烧还是清蒸，全在于你的创意。这种一切都由自己掌控的感觉是不是很爽？

还等什么呢，现在就动手吧。亲自去市场挑选最新鲜的蔬菜，打开橱柜找到最漂亮的餐具。你可以自创菜谱，拼拼摆摆。在厨房里认真筹备，最后坐在自己的餐桌前，你会发现没有什么比这更美好了！

因为办公桌整洁受到赞美

我们每个人都是一个独立的个体，都有着自己与众不同的地方。不仅外貌着装能够显示出我们的性格和魅力，办公桌也能反映出我们对待工作的态度和为人处世是否得体。试想一下，当你的同事或者老板来到你的办公桌前，除了觉得这张桌子干净整洁以外，要是还能发现一些只属于你的特点和创意的话，一定会对你印象深刻。

把办公桌清理一下，把那些再也派不上用场的东西处理掉，再对不同的文件和杂物进行整理归类，放在各自固定的位置，这样我们的桌子就会显得既整洁又有条理。以后再要找什么东西就不用像以前那样，花去大量时间，把桌子翻得乱七八糟之后仍然一无所获。另外，工作久了，我们难免会觉得疲劳烦躁，既影响心情又降低了工作效率。这时，如果面对的是一张经过自己精心设计的办公桌，那上面放置的物品都是自己喜欢的东西，空间的安排也都经过了自己的细心部署，那么当看到自己的劳动成果时，一定会倍感亲切和开心，坏情绪也就随之一扫而光了。

初步整理完以后，你可以在办公桌其他空余的地方进一步自由设计。你可以根据自己的兴趣任意发挥，把自己对于工作的激情，对于梦想的憧憬，反映在办公桌的设计上，每天让自己有一个好心情。

你的办公桌被你收拾得井井有条，并且充满了创意，一定会得到同事们的赞扬。也许老板还会因此对你刮目相看，甚至充满了信任感，在今后的工作中为你提供更多的机会。

是不是很美好？

口渴时榨一杯果汁

人们在面对时尚潮流和健康生活多元化的同时，对健康饮食的要求产生了巨大的变化，更加讲究均衡与营养。水果含有丰富的维生素，每天进食水果或饮用果汁，可提高身体免疫力，促进健康的体质。所以，对讲究营养和健康的现代都市人群而言，果汁的饮用在其日常的饮食结构中，是一个不可或缺的重要内容。

新榨的蔬果汁，每天只要一小杯，就可以补充我们所需要的维生素，同时还能滋润肠胃，帮忙清洗体内废弃物质。口渴时，在家中动手榨汁，既可自己选择较新鲜的蔬果，亦可避免添加过多的糖分。稍花些时间，健康便会一点点积累起来。

各款五颜六色、营养滋补的果汁饮品，其时尚特色自不必多说，单是其取材方便、经济实惠、制作简单、情趣盎然这些特点，也足以获得追求健康与时尚的人们的推崇。口渴时榨一杯果汁，也就成了一件符合健康和时尚的事情。

新鲜，隐喻着快乐、甜蜜，更是幸福的代名词。茶余饭后，朋友聚会，自己制作一杯色彩鲜艳的饮品，与朋友、爱人和孩子惬意享用，放松心情，纾解压力，那是绝对浪漫幸福的时光。当娇艳欲滴的草莓邂逅甜甜的蜂蜜，我们只需轻松把它们组合烹制，就可以在鲜果的香甜芬芳中汲取营养，在果饮的五光十色中品味时尚，享受品质生活。

五彩斑斓的色彩、美味可口的滋味，加上最天然、最新鲜的营养素，口渴时，榨一杯新鲜果汁，让身体元气满满，让健康时尚与你相伴。

吃到喜欢的美食

对我们来说，美食的存在是人生的一大乐趣。热腾腾的豆腐脑、松软的金黄油条，食材丰富的砂锅粥，顺滑筋道的手擀面，脆皮香酥的芝麻酱烧饼，酸溜溜的粉丝汤，香气四溢的梅干菜蒸肉，香甜诱人的水果布丁，甜美可口的慕斯蛋糕……光是想想都让人口水直流呢。

美食填满肚子，幸福充盈内心。吃到自己喜欢的美食可以说得上是一件很幸福的事。味蕾的愉悦，带来的是源于心灵的享受。喜欢的美食，可能仅仅是小时候妈妈烙的千层饼、外婆做的红豆沙，也可能是长大后跟好朋友共同努力做出的野餐，抑或者是和心爱的人一起吃过的路边摊……这里让人喜欢的不仅仅是美味的食物，更多的是对人、对情、对爱的体会与追忆，是让人一吃到嘴里就重现遥远记忆的幸福味道。

现在的人们尤其是女孩子，连面对饮食都那么左右为难，一边是身心的愉悦，一边是骨感的虎视眈眈。左思右想，在心里做了很久的思想斗争，弄得自己痛苦不已，最后的结果经常是，宁愿自己饿肚子咽口水，也不敢多吃那一口。这样的人生是不是显得太痛苦、太压抑？对美食的渴望源于我们的本能，顺应天性才能带给我们内心的坦然和幸福。怎么能总是和自己过不去？不要有吃了之后会长胖之类的担心，痛痛快快地品味一次你喜欢的美食吧。这份虽然平凡但又巨大的满足怎么可以错过？没有必要追求什么骨感，那只是这个时代有些畸形的产物而已，但是对于幸福的追求却是人类历史上亘古不变的主题。所以，追求幸福是天经地义的事情，尽情地享受你喜欢的美食吧，于每一口的细细咀嚼中，品味幸福的滋味。

美食是人们的一种寄托，表达的是对生活的热爱。即使是一道很简单的菜，只要做得认真，也能给人带来幸福感。享受美食，享受人生，就让我们每一个人都能享受美食赠予人类的奇妙滋味吧。

看陶土在转盘上旋转

陶艺，是一种来自生活的艺术，需要的是耐心、细心和精心。先不说在把陶土制作成坯体的过程中，要花多少心思来设计造型，又要花多少时间来反复打磨，仅仅就是把制作好的坯体烧制定型，对火候的掌握就已经要人付出不一般的精力了。这不正好和我们的生活有诸多异曲同工的妙处吗？学学陶艺，好好体会一下那个塑造的过程，也许就是我们懂得生活的重要一步。

有空做一做陶艺，可以让一颗浮华躁动的心沉静下来。在转盘一圈又一圈的旋转中，你会听到时光流逝的声音。如果你是一个人去的，那很好，因为你有足够的个人时间和空间与自己对话，与自己正在塑造的陶艺对话。充分发挥自己的创意，或者只是想以不同的方式来一次情感的宣泄，把内心深处的影像投射到陶土的身上，又把那些真实的情感注入每一次捏塑过程中，制作的陶艺便有了灵魂。如果恋人陪

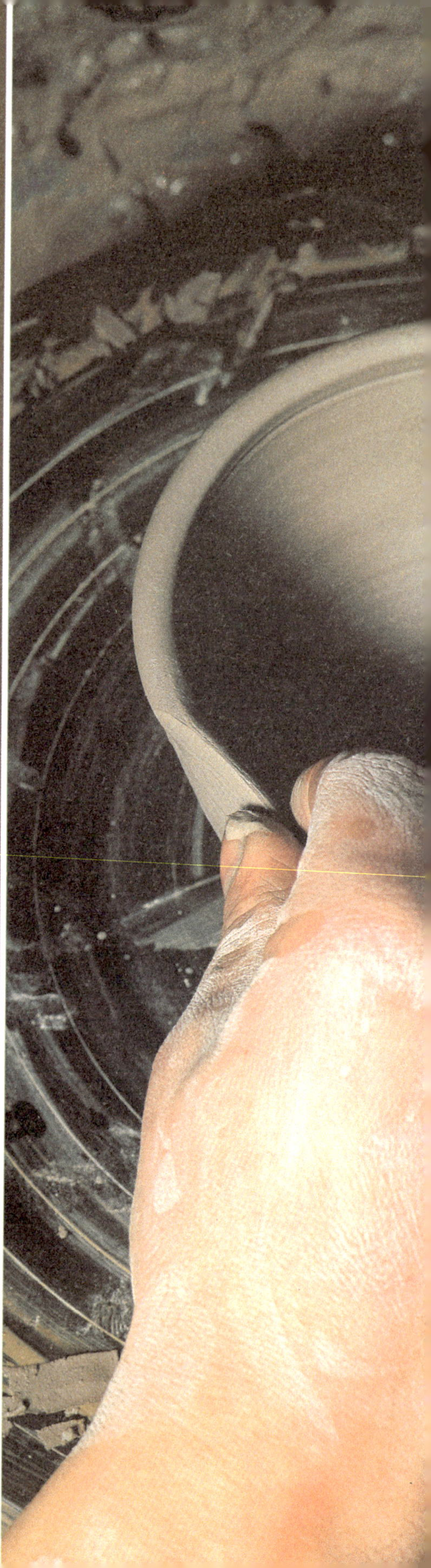

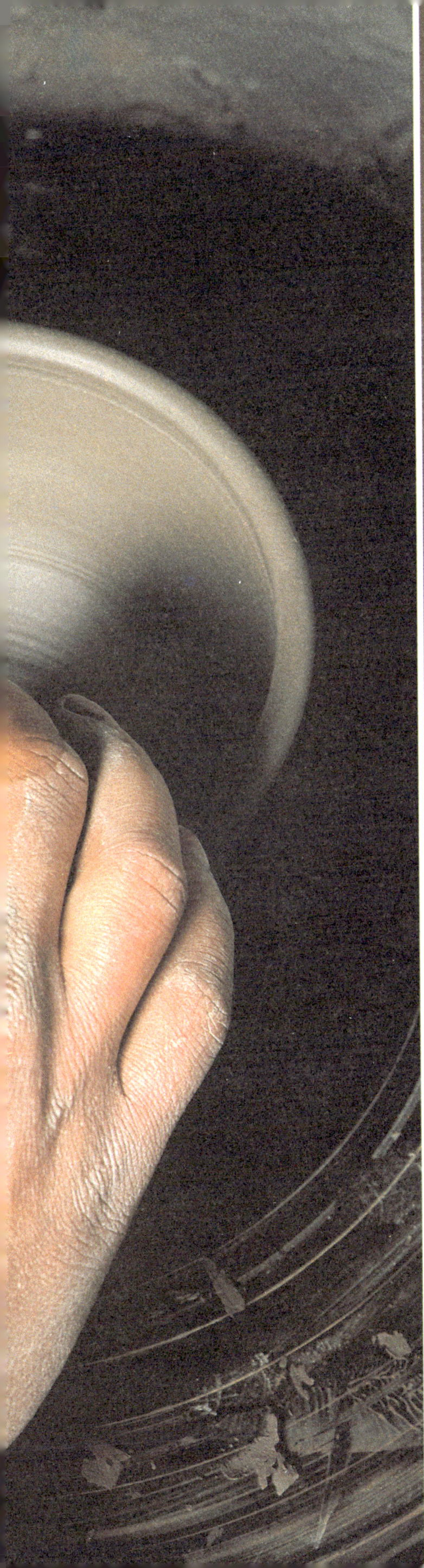

　　你一起去，就像《人鬼情未了》里的山姆和莫莉那样浪漫，体会到的那份自然和惬意，又将会给你一种不同的感受。对于生活，你们肯定也会有分歧，就像捏制陶艺时，你们会有不同的创意一样。可是，即便中间有过激烈的辩论甚至争吵，最后结果一定是你们互相让步也互相学习，最终共同完成了一件非常美丽的作品。虽然这件作品和你心里想要的不是完全符合，却和你们之间的爱情最是匹配——相互争吵，但却仍然相互依赖。

　　制作陶艺时，你可以放上一段舒缓的背景音乐，好让自己的心灵完全放松下来。不要局限于塑造什么形状，就像小时候玩泥巴一样，让自己的想象天马行空，想捏成什么样子就捏成什么样子。这是一个轻松自在、自娱自乐的过程。转盘周而复始地旋转着，就像太阳的东升西落、月亮的阴晴圆缺一样循环往复，帮助你塑造着心中的形象，也帮助你塑造着自己的性格，让你在这个过程中，学会耐心，学会取舍，最终学会对自己、对生活坦然面对。

游戏通关

　　玩游戏最开心的是什么时候呢？得到了限量装备，还是灭杀了强大的敌人，或者是等级已满的骄傲感？其实游戏中让我们开心的时候有很多，然而最开心最有成就感的还是打通关的那一刻。当游戏的画面一变，音乐响起，大大的"通关"二字出现，此时此刻，恨不得召集全世界的人过来围观，兴奋之情溢于言表，激动得手脚不知往哪里放好。

　　现在越来越多的游戏被开发出来，很多商家都打着免费和测试的旗号吸引玩家，所以想要接触并且熟悉一款新的游戏非常容易。它们一开始很简单，能让你玩得十分出色，把你哄得团团转，以至于掉以轻心地以为自己足以应对所有的场面。然而这时它却会突然使出撒手锏，将你击溃，在你还没来得及从美好的感觉中清醒过来，游戏戛然而止，"游戏结束"几个大字如冰水兜头浇下来。在这之前你可是已经连续奋战了很多关，为它耗费了很多个小时，而现在，就在即将成功的时候，却一下子又回到了原点。此等沮丧你完全能够想象，即使是闭起眼睛来也能够强烈感受到。所以，没有什么比将一款游戏奋战到底更为激动人心的了！

　　现在，重新开始，你变得不再轻敌，每一步都小心翼翼，此时你不再分出心思遥想最终的胜利局面，而只是盯着短期的目标——进入下一关。

　　你固执地不想依靠任何外来的帮助，全凭一股傲气支撑你独立完成游戏。这样，一旦通关，成

就感会非常强烈！你步步为营，不敢浪费每一个小的机会，中间可能也有失误，也有干得漂亮的时候，你顾不得这些，只是一门心思地往前走，失败了就再重来，此时的你可以说是为游戏而生。终于，通关的音乐响起，你圆满了！期间所遭受的挫折沮丧烟消云散，身体上由于肌肉紧绷所带来的疼痛感开始复苏，这些都是小事，最重要的是，你通关成功！

亲手卖出一件商品

销售可以说是一门很复杂的学问，也是一份非常挑战个人能力的工作。面对客户，你是否有勇气迎上前去；你的言谈举止是否显得不卑不亢，得体大方；你是否能够在很短的时间里就分析清楚顾客的购买心理，然后成功地卖出产品。总之，很多商界的佼佼者都有做销售的经历，比如宝洁、施乐、克莱斯勒等公司的总裁，成功的销售经验为他们以后的成功埋下了伏笔。所以，如果你想让自己变得更加自信，懂得如何更恰当地待人接物，如何用语言来达到自己的目的，以至于更加接近成功，那就做一次销售，亲手出卖一件商品。

为了做销售，你可以去找一份兼职试试，当然更便捷的方法就是变卖自己的旧物。衣柜里总是会有不想再穿的衣服，书架上也有你不再需要的书，环顾房间，应该也会发现不少平时都不太用得到的物件，反正搁置着也是浪费，让它们成为你第一件代售的商品，到旧货市场去挑战自己的销售才能。

也许最初你会不好意思，不懂得如何让别人关注自己的商品。此时，千万不要气馁，更不要怀疑自己的能力，因为要在那么多陌生人面前表现自己本来就不是一件容易的事情。你只是需要再大胆一点而已，你要相信自己的东西不错，好东西总会有人发现的。其实推销一件商品，这其中也包含着怎样推销自己的技巧和道理。你要有自信，相信自己具有别人所没有的长处，并且敢于把这些过人之处表现出来，同时又不能表现得太过火，既要赚人眼球，又要恰到好处。

有时候我们不能只是等着伯乐来发现我们，更要懂得在必要的时机毛遂自荐、初露锋芒。成功要靠自己去争取，也要靠自己去实现。当你最终成功地卖出了一件商品时，那份成就感和满足感是激励你迎接下一次挑战的动力。勇于抓住机会，善于推销自己，才能成就你自己。

销售中的第一桶金

　　李嘉诚先生在社会上，无论是关于财富还是个人人格魅力，都是没有多少人可与之比肩的。我们很多人一度只看到他如今的富可敌国功成名就，却不知道他早期的奋斗经历是多么艰难困苦。李嘉诚幼年丧父，年纪轻轻就挑起了养活母亲和三个妹妹的重担。11岁那年他便不得不结束了刚刚开始才两年的小学读书生涯，到一家茶楼做起了跑堂。志存高远的李嘉诚不可能满足于这份没有多少前途的跑堂工作，于是后来他进入了一家五金厂，当起了推销员。在厂里面，他永远是起得最早的那一个。一大早就起床沿街推销，挨家挨户地敲门，每一个可能成功的生意机会他都不会放过。后来，一次五金推销中的滑铁卢让他认识到这个行业的发展艰难，同时看到了塑胶制品的巨大商机。于是，他敏锐地抓住了机会，改行推销起了塑胶制品。而这一举动最终成了李嘉诚生命中的转机，在做塑胶制品推销员的工作中，他不仅淘到了职业生涯中的第一桶金，还学会了很多关于销售和与客户打交道的经验技巧。就是靠这销售白手起家，李嘉诚最终成了华人首富。

像福尔摩斯一样解开一个悬念故事

关于福尔摩斯的故事你是不是听得太多了？最近你是不是也在疯狂追剧，迫不及待地等着《神探夏洛克》的更新？夏洛克·福尔摩斯，一个家喻户晓的人物，曾经无数次被搬上银屏，全世界的人曾一次又一次为这个聪明、倨傲、不可一世却又寂寞的天才侦探所折服。你甚至希望自己能像福尔摩斯一样，成为一个大侦探。

事实上，生活中的你本来就是一个侦探。朋友为什么突然改变了他的初衷？爱人为什么最近老是加班？别不承认，你一定有过这样的疑问并且试图找出答案。这些悬念如果不去揭开，你就会猜疑，就会痛苦。

是的，你正在扮演侦探的角色。当然，你一定觉得这样不够过瘾，不够帅气，你很想像福尔摩斯那样有范儿。别急，这样也可以。

找一个安静的夜晚，拿起一本《悬疑故事》，静静地阅读。当你进入角色，是不是很快就会觉得故事悬疑环生、惊心动魄、谜团迭起？宏大的故事场面，一浪高过一浪的悬念，让你在紧张的悬疑氛围中，随着情节变化起伏而荡气回肠，感受到了惊魂故事带给心灵的极度震撼。你甚至因为紧张而出汗，而透不过气来。但是，你还是下定决心要以科学来解释这些神秘的悬疑，打算将谜团层层剥开。这期间，你惊悚，你敬畏，你恐慌，你疑惑，然而你不放弃探疑，仿佛有一种神秘的力量激励着你的探秘热情，激励着你破解悬疑的热望。

伟大的科学家爱因斯坦曾言："我们经历的最美妙的事情就是神秘。"揭开世界的神秘面纱，探求可怕事件的真相，揭开重重悬疑谜团，感受不一样的惊险阅读刺激，体验一种超乎想象的极度冒险，是一件多么刺激的事啊。最重要的，你竟然像福尔摩斯一样，解开了一个悬念故事。多棒啊，为自己鼓掌吧，大侦探。

美好人生，就是顺从本心去生活

一个人跳舞

我一个人跳舞，从清晨到日暮。散了算了吧，再也不想他，就回到最初

我一个人跳舞，从清晨到日暮。散了算了吧，再也不想他，就痛到完全的盲目

——张惠妹《一个人跳舞》

人生的境遇难以预料，有些人可能生而富贵，但难求一生平安顺利；而有些人可能生而贫贱，但不代表一生潦倒困苦。我们总是为将来和未知充满了恐惧，也会为过去和今天而感到懊丧。天气晴朗，但是坏情绪总是挥之不去。

也许你此刻心情沉重，也许你被某个在意的人气得抓狂，也许你伤心欲绝，甚至对未来感到绝望。如果真是如此，没有什么比来一个独舞派对更能安抚你的心灵了。

找一个夜晚，能够看到月亮和星光的痕迹，周遭是宁静的，放着让你有所触动的音乐，亮出你的招牌动作，一个人翩翩起舞。

不用害怕自己的舞姿太难看，觉得难为情，谁也看不到你的样子，只有你自己。你既是舞者，也是观众，你觉得优美，全世界都觉得优美；你欢呼，整个世界都充满掌声。此刻，你是最绚烂的舞者，也是最贴心的观众。评委？当然没有，没有人对你说三道四、指指点点，你不需要违心的赞美，也不需要严苛的点评。顺拐了能怎样？自己踩到自己又如何？

向寂寞午夜说BYE BYE。

音乐、星光，样样都浪漫；烦恼、忧愁，都与我无关。

跟着我尽情摇摆，跟着我不要伤怀，跟着我散发光彩，照亮天空的阴暗。

啦啦啦啦，尽情摇摆。啦啦啦啦，尽情摇摆。

就让所有坏情绪都散尽，再也不去想。此刻，抛开一切，伴随着逐渐熟悉的节奏，闭起双眼，暂时忘记跳舞必须要掌握的规则和章法，不用顾忌别人的眼光，不再挑剔自己，只凭感觉和听觉，尽情舞动起来，直到大汗淋漓。其他的都不重要。

你也可以关掉灯，在黑暗中，你看不见自己的样子，可以随意地跳，甚至可以边跳边唱。即使你的歌声被淹埋在音乐声中，但是你可以尽情地发泄，那种感觉既惬意，又坦然。

谁都有独自在家的时候，偶尔纵情摇摆，放松解压，是人生中的一件乐事。所以，还等什么呢，锁上门，拉上窗帘，音乐响起，属于你一个人的摇摆舞会已经启幕！

听到的歌是曾经打动自己的那首

生活中不能没有音乐，音乐不仅能陶冶情操，更重要的是它是一个时代的见证。有些歌声是直指人心的，也许是一段旋律，也许是一句歌词，它是那样完美地表达了你的心情，当你听到它的时候，你甚至怀疑它就是为你而写的。

有一天，你如往常一样，也许嘴里还咀嚼着没吃完的早饭，外套还没穿好就忙着出门，匆匆忙忙的一天又开始了。你遇见和你一样的上班族，都是行色匆匆，和你的生活一模一样的开始。你们甚至挤上了同一辆公交车，奔向同一个方向开始新一天的追逐。

公车堵在一个路口，人们纷纷看表，咒骂这个城市的交通。就在这个时刻，随风飘来了一首老歌，恰好就是打动过你的那一首。仿佛触电般，所有的动作、所有的声音都戛然而止，默默地、安静地听着这首歌。你一定是在想那个年代的事情吧，

　　怀念那个时候的自己，回想当初听这首歌的心情。那时的自己永远洋溢着青春的气息，有理想，有抱负，畅想未来；那时的爱情是纯真的，率性的，带着美好憧憬的；那时的自己有点叛逆，却也血气方刚……

　　你不禁沉默，在心底默默地哼唱这首老歌，因为它见证了你的风华正茂，也见证了那段火热的青春。它带着你回到往昔，那些曾经模糊的梦想变得愈发清晰，你的心底轻易就被这首老歌勾起了阵阵涟漪与共鸣。你不再忙着赶路，很想就在这里下车，也突然来了兴致，看似麻木的脸庞终于泛起了悸动。你不再对这拥堵的交通心生厌恶，反而希望能再多停一会儿，直到把这首歌听完……

　　笑起来吧，随着歌曲轻轻摇摆。向前冲，向着梦想的方向，继续耕耘，一直努力不停步。

清晰记得梦中的美好

　　每个人都会做梦，或多或少，醒来后，或清晰或模糊，我们都会记得一些梦里的情节，当你在第二天醒来时重温一下睡梦中的美好，是不是很有意思呢？不一定要你研究自己，也不是让你想起多么有参考价值的东西，把心态放轻松。这是一件非常有意思的事情，与胡思乱想比起来，感受一下梦境的神秘会更过瘾吧？

　　伸一个懒腰，在你醒来时，不必急着起床，认真地回顾一下你的梦境。

　　也许当你醒来的时候，已经记不清自己的梦了，又或者出现记忆断层的情况。这些都没关系，不要去在乎它的完整性，大多数人是不可能记录下完整的梦的。所以想起什么就是什么，一个美好的小细节，也会让你拥有一天的好心情。

　　这些梦的内容是什么不是重点，重点是这件事是你一个人私有的，因此值得你花一小段时间去回顾。闭上眼睛，回想梦境，也许就会勾起你的一点回忆，或者让你开怀大笑也未可知。在梦中总会出现一些和我们曾有过关系的人与事情。也许一觉醒来，昨晚的梦会给你带来灵感，让那些棘手的问题变得很容易搞定。也许你梦到了许久不见的老友，梦到了你们在一起时的美好时光。梦醒后，细细地回味，感受一下梦里的那份朋友之情，你也可以重新回顾一下你们曾在一起的日子，然后拨通对方的电话，诉说你的想念之情。你自然会在清晨得到朋友的问候和祝福，这是该多美好！

　　从现在开始，每天回顾你的梦，你会发现并留住梦中的美好。有时候，你甚至可以准备个本子，记录你的梦境。记录多了之后，哪天拿出来翻看时，也许会勾起你很多的回忆。这样做，还可以更好地了解自己的内心，丰富自己的生活。何乐而不为呢？

我梦到自己生出了翅膀，在城市的上空飞，飞过田野，飞过草地，飞过森林和大海……我一直飞呀，飞呀，看到了孩子们在嬉戏，看见袅袅的炊烟，看见相爱的人们，看见人类的家园。从高处，我可以看见地面上的所有街道和房屋，能看清房屋中每个人的脸。

　　我飞了很远很远，感觉很累了，想找个地方停下来。这时候我才发现，我没有办法停下来。也许我就是传说中的那种鸟，一生当中只有一次能够停留在地面。我又累又绝望，正飞过一片荒原，多么希望能有神灵出现。

　　就在这时，我看见地面上站着一个男人，他伸出双手，说：来吧，你是安全的。于是，我终于可以停留。这里居然有名字，叫孔雀原。当我脚踩陆地之时，眼前的景色再也不是我在空中所见：清澈的流水，丰饶的草原，成群成群的孔雀或慢慢踱步，或振翅而飞……我徜徉在林荫小路，地上有五颜六色的石头，捡起来才惊奇地发现，竟然都是熠熠生辉的宝石……

　　我高兴地跳啊，笑啊。笑着笑着，竟然笑醒了。

　　原来这是一个梦。可是，这是个多么美好的梦啊。

迷失时俯瞰城市灯火

你有多久没有睡过一个好觉了？又有多久没有真正放松下来享受午睡醒来后的阳光了？仔细算一算，你是不是也有很久没有从事自己喜欢做的事情了？在繁重的工作和巨大的精神压力之下，你是不是很久都没有感受到真正发自内心的开怀和踏实呢？这个时代就是这样，人们无望地看着GDP和房价同时疯涨，却渐渐丧失了想象力和对生活的热情。冗长乏味的饭局，醒来就忘的荤段子，娱乐八卦和各类绯闻是仅剩的娱乐。欲望无休无止，生活枯燥乏味，我们都迷失在自己的城市里。

"披星戴月地奔波，只为一扇窗。当你迷失在路上，能够看见那灯光。"这个时候，可以尝试在夜晚的时候俯瞰自己熟悉而陌生的城市灯火，从不同的角度看这个世界的缺憾与不完满。夜幕降下来，看着城市中的灯火一点点的，仿佛倒映在人间的天上的星星，甚至脚下那一片一望无际的灯火使星空也为之逊色，仿佛大地之灯。人生如戏，你能看到舞台上的大戏上演，那谢幕之后的黑暗呢？伴着夜里的灯光，你是不是能认出你每天走的那条路呢？

别再问了，我只能说

我从未有过什么信仰

但我也从未，背弃过生活

回望阑珊处，这些辉煌或卑微的闪烁

仿佛灵魂，今晚

我一一经过，我一一经过

那一刻，你一定能够感受到万家灯火的魅力。意识到经历了许多颠沛流离之后，累了倦了之后，还是要找到起点，重新上路。

想哭就哭

你为什么不能哭？哭泣是我们的本能，是我们来到这个世界的见证。为什么要活得那么累？为什么要那么在乎那些不相干的人和事？为什么不大大方方地流一次眼泪，管它什么场合，什么规矩？

不要担心哭过之后的后果。没有人会觉得你是脆弱的，或是虚伪的，因为你只是表现出自己最真实的一面而已，甚至恰恰做了他们也想做的事。那些真正爱你的人只会从你的眼泪和抽噎中，生发出更多对你的关爱和疼惜，就像心疼孩童时代那个偶尔任性的你。至于那些不爱你的人，又何必去在意他们怎么想。

如果你累了、倦了、痛了、想哭了，那就大方地放声哭一次。咸涩的眼泪会溶解掉那些虚伪的面具，痛快的号啕能够冲破现实的藩篱。它会帮助你释放出所有的毒素，不管是心理上的还是身体上的。我们有时需要这种自我调整，不要在背叛自己内心自然的心意，想表达什么，找个时间实现它。

拥有一个美好的信仰

听歌时，发现总有一句百用不厌的歌词——爱是唯一的信仰。不禁要想，把爱放在信仰的位置上，是不是真的就可以一直支撑意念去等待、去信任、去学会幸福？

"信仰"这个名词很容易让人联想到"崇拜"这个动词，极端的崇拜成为极度的信仰，所以刻骨铭心。我们不妨想一想，自己是否怀揣着一个信仰呢？这信仰与宗教、主义、政策无关，来自于我们看世界的眼光，我们的人生观、价值观、世界观。

没有信仰的人是可怕的。当你发现你已经完全适应社会人际，对任何现象都无动于衷，对任何的改变都毫不在意，当你无所谓自己是否进步，当你无所谓周围人们的看法，你开始停留于当下的生活，你开始满足于任何的平庸。那么，很悲哀，你将一直是一个无所作为的人。

我们不妨审视一下自己，每个人都应有一个美好的信仰，可以是一句话、一首歌、一个抽象名词、一种人生追求，重要的是，其意义是积极的、乐观的，它催人向上，给人鼓舞，让人坚毅。每个存活于世的人都是分离的个体，应当学会的最基本的生活能力就是精神上的独立，没人可以依赖别人一辈子，也没有人可以在软弱的状态下获得成功，所以能帮我们的只有我们自己。

相信每个人都会有这样的境遇吧，能够一路走来，从失意的泥淖里爬起来，始终是需要勇气的。"最想要去的地方，怎么能半路就返航"。这未必不是一种信仰。

关于"信仰"主题的电影

《接触未来》

这部电影讲一个女科学家的故事。她怀着要去外太空寻找生命迹象的决心，虽然只得到很小部分人的支持，但最终凭借着超凡信念收到了来自外太空的信号。影片中有一句话反复出现3次，"I'll tell you one thing about the universe, though. The universe is a pretty big place. It's bigger than anything .Anyone has ever dreamed of before. So if it's just us……seems like an awful waste of space. Right？" 凭借这句话的鼓舞，怀着"相信自己做的一切都意义重大"的信仰，埃莉在别人质疑的眼光中一路走到最后。

《阿甘正传》

这是一部获过奥斯卡奖的经典作品，是一部不朽的激励人心的作品。

从一个智商75的残疾小孩到巨富，从双腿装上支架到不断奔跑，阿甘的故事虽然有些误打误撞，却孕育了不可抗拒的力量，每一遍回顾都能让人心头一热。大多数人都会记得，阿甘拿着巧克力盒，说："Life is like a box of chocolate, you never know what you are gonna get."（生活就如一盒巧克力，你永不会知道你将会得到什么。）但是大多数人都忘记了，在他很小的时候，那个小女孩对他说："Run！ Run！"他一生都信仰着这简单的一句话，并时刻努力着。

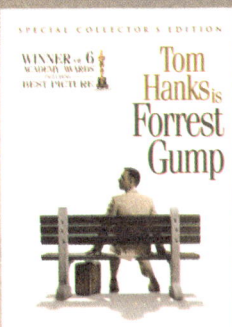

《楚门的世界》

这是一部相当老的片子了，但最后的一幕总是在脑中存在着，因此说到信仰，就想到当时楚门坐着那艘船，在波涛汹涌的海上痛苦又坚决地寻找边缘的情景。这画面让人内心震撼，他拿着那个女子的相片，怀揣着回归现实自由生活的信仰，毅然走向远方的自由之路。

学会在对的季节，吃对的食物

爱情的幸福是什么？也许就是在对的时间、对的地点，刚好遇见那个对的人。那么关于身体的幸福又是什么？也许就如爱情一样，也是在对的时间、对的地点，做着对的事情，比如在对的季节，吃着对的食物。

抛开心里的浮华与躁动，静下心来想一想，我们就会发现，幸福其实很简单，无关乎金钱权势和地位，只是简简单单的三个字"刚刚好"。"刚刚好"是时机的恰到好处，是选择的合乎时宜，是内心温度的37℃。也许爱情的"刚刚好"是我们无法控制的，你决定不了那个人什么时候出现，是在这一个转角还是在下一个咖啡店。但是想要让自己的身体健康，我们却是能够起到决定性作用的，在什么时候吃哪种事物，我们当然可以自己掌握，这个"刚刚好"其实很简单。对于饮食来说，最有利于我们身体的就是在对的季节，吃对的食物。

饮食是一门很大的学问，有很多方面需要注意。比如说炎炎夏日，就不宜吃太多的荔枝、龙眼等水果，它们虽然含有丰富的营养，但是吃多了却容易引起上火、燥热。而在寒冷的冬季，黄豆制品却是不应多吃的，因为黄豆制品虽然蛋白质丰富，但是氨基酸不足，多吃不利于人体消化，在冬季本来人们活动就减少的情况下，更会加重肠胃的负担。还有，哪些食物适合在上午吃，哪些食物适合在下午吃，这些养生方面的学问已经受到了越来越多人们的关注。

在对的季节，吃到对的食物，在享受美食的同时，做到刚刚好，享受健康，享受人生。

春季养生食物

　　蜂蜜、大米、红薯、芋头、红枣、土豆、春笋、韭菜、西洋参、党参、黄芪、鸡肉、鸡蛋、瘦猪肉、猪肝、樱桃、龙眼、苹果等。

夏季养生食物

　　苦瓜、莲子、百合、芹菜、西红柿、莲藕、黄瓜、冬瓜、南瓜、紫菜、菠菜、海带、绿豆汤、银耳汤、葡萄、西瓜、鸭梨、杨梅、草莓、桃子、山楂、绿豆、赤小豆、小米、鸭肉等。

秋季养生食物

　　大麦、黑豆、芝麻、豇豆、荸荠、萝卜、莲子、银耳、人参、沙参、麦冬、海带、糯米、鸭子、梨、柿子、甘蔗、菠萝、香蕉、杏仁等。

冬季养生食物

　　白萝卜、山药、大白菜、红薯、香菇、核桃、板栗、松子、花生、葵花子、芝麻、黑豆、黑米、羊肉、辣椒、大枣、枸杞、木耳、梨、甘蔗、橘子等。

忽略身材大吃一顿

生活中总会有太多的束缚，让人无法随心所欲，有时候这些束缚其实是人强加给自己的，是在压抑自我的本性。找一个空间解放一下，偶尔的放纵换来快乐无穷，何乐而不为？

不管身材如何，也不管是出于什么目的强制自己减肥，不去理会减肥减到了什么程度，总之，今天给自己的味觉放一天假，尽情尽兴地满足一次自己的食欲，想吃什么就放开肚子去吃吧。让"减肥任务"见鬼去吧！

美食带给我们的享受是色香味俱全的。菜还没上桌，就已经闻到了那令人垂涎欲滴的香气。不论是谁，当闻到美食的香味时，一切压在身上的、心上的包袱似乎都放下了。这香味是可以让人安心的，就好像大雪纷飞的冬夜里，从街头巷尾悠悠飘来的烤红薯的味道带给人的感觉一样，那种香香甜甜的温暖，仿佛给仍旧在寒冷中奔波忙碌的人们套上了一层小棉袄。总之，现在终于可以安安心心地坐下来，等着美食上桌了。看着每一道菜的颜色，或许金黄，或许雪白……不论怎样的色泽，都好像是从心里走出来的颜色。迫不及待地夹了一大口放进嘴里，所有的味道都变成了脸上的表情，先是惊喜，再是满足，然后是回味。

美食的存在是人生的一大乐趣。那么，去痛痛快快地大吃一顿吧，这份虽然平凡但又巨大的满足怎么可以错过？身材？ Who care！什么"身上的每一块肥肉都是向生活妥协的罪证"，见鬼去吧。今天就是要彻底体会一次没有设防的进食乐趣，就是要享受一次不顾身材的饕餮大餐。

人生苦短，唯有美食永恒。把品尝美食当成偶尔的一次发泄和放纵，你因此得到了快乐，这不是一件很美好的事情吗？准备好，给自己放一次假。别顾虑太多了，偶尔一次不会让你长太多的肉，带着美好的心情去大吃一顿。不过，要记得至少要吃得开心、健康。一定要照顾一下胃的承受能力，别满足了嘴，伤了胃，那就得不偿失了。

开怀畅饮，尽情尽兴地醉一次

　　酒，不能果腹，难以止渴，却是美的催化剂，是天地间灵气的聚集。自古以来，酒就是我们表达感情的最佳方式之一：亲友聚会，必要用酒来展现彼此思念的热烈；丧葬祭祀，亦是清酒一杯，聊以安慰；婚姻嫁娶，不能少了美酒助兴；个人独酌，也有"举杯邀明月，对影成三人"的情致。

　　酒，能够让人们解除心灵的戒备，展现自己最真实的一面。或开怀大笑，或痛哭流涕，或呼呼大睡，或展现孩子般的淘气与顽皮……所谓"人生得意须尽欢，莫使金樽空对月"。如果能够省却言词烦琐，只用一杯酒就能沟通世界，那将是多么完美。友情，不过是轻碰杯沿，一饮而尽；爱情，也只是杯中的琥珀婆娑，以及杯外的流光一转。当酒静静地流入喉咙，我们就领悟了一切，世界开始变得简单，变得亲密，也变得正确。

　　不论开怀畅饮之后有着怎样的状态，都请你尽情尽兴地醉一次，卸下心里的防御与伪装，做一次真真正正的自己。

　　酒醉之后，你可以和知己做一次推心置腹的交谈；可以尽情放开喉咙唱出心里的歌。这样做或许可以让你从平日的种种烦闷与困境中走出来，豁然开朗，超脱达观。其实，醉酒的又何止是人的身体，还有那颗放松下来的心。

　　村上春树有一本旅行游记，叫作《如果我们的语言是威士忌》，记录了他和妻子村上阳子在苏格兰和爱尔兰的威士忌胜地的所见所闻。翻开这本书，就好像闻到了威士忌的醉人醇香。原来酒带给人的不只是一种舌尖上的享受，更是一份来自内心的感动。开怀畅饮，让自己尽情尽兴地醉一次，学会以最真实的自我好好享受生活。

放下车窗兜风

你是否记得上学时骑着单车迎向对面吹来的风，兴之所至时把外套的扣子解开，让衣襟被吹向后面，假装自己正在飞翔？那种感觉很自由自在！

在这个夏日的夜晚，把车窗摇下来，夏夜独有的温润之风迎面吹来，和那时的感觉如此相似，你忍不住微笑起来。

在你的心上自由地飞翔
灿烂的星光永恒地徜徉
一路的方向照耀我心上
辽远的边疆随我去远方
——凤凰传奇《自由飞翔》

享受此刻

　　人们之所以总是觉得自己的生活疲惫忙碌，没有时间和精力享受美好的人生，是因为我们总是担心时间不够，把所有的注意力都放在了追求未来上面，不断地提醒自己要有紧迫感。把自己逼得太紧，只能适得其反，还不如学习停下脚步，享受现在已经拥有的时间、金钱与爱。学会放松下来享受此刻，是我们生活中重要的一课，我们可以叫它：活在当下。

　　有人说，人一辈子不过有三天，即昨天、今天、明天。昨天是作废的证票，是过去的历史，是无法改变的；明天是未到期的证票，是未兑现的事实，是无法预测的；只有今天才是可以把握的，是最现实的。活在当下，就是要把握今天。对于现在拥有的一切，在每一个生命的片刻，都要带着爱、带着欣赏、带着觉察去全身心地品味。保持这样的生活态度，必然会在生活中体会到许许多多别人未曾发现的美妙滋味和人生领悟。

　　可惜的是，生活中的此时此地总是被忽略，我们无意中预支了"此刻的生活"。要充分享受你的生活，就一定要学会放慢脚步让自己停留在一个没有过去，也没有未来，只有现在的地方。当你停止疲于奔命时，你会发现生命中未被发掘出来的美；当生活在欲求永无止境的状态时，我们永远都无法体会生活的简约之美。

　　正如罗丹所说的："生活中不是缺少美，而是缺少发现。"不会欣赏每日的生活是我们最大的悲哀。其实我们不必费心地四处寻找，美本来就是随处可见的。对于我们而言，也许就是一杯酒，一壶茶，一句问候，一个微笑，仅此而已。

　　好好享受此刻吧，这个世界原本是美妙的，让人快乐的人和事也有很多，这些都需要我们去发现、去把握。抓住现在，善待自己，善待家人，善待朋友，那未来留给我们的，即是幸福，是快乐！

告诉别人：其实我是一个演员

几乎每个人都曾经有过演员梦，希望自己能够在银屏上一展风采。现在，机会来了！

你出现在一个宏大的战争场面中。竟然被淹没在人群中，你可以站在人群的前面，穿着颜色醒目的衣服，面对摄像机以不合情理的方式死去，真是夺人眼球！

你甚至还获得一个讲出一句台词的机会。这不但会让你过足表演的瘾，还将得到更多的报酬，而且能在电影末尾出现的职员表中居于更前的位置。多么美妙！

临时演员？跑龙套的？何必在意别人的眼光，最重要的是你对表演的那份热爱，是你圆了自己的表演梦。你甚至可以像电影《喜剧之王》中的尹天仇那样正色地告诉每一个人："其实我是一个演员。"

成为电影临时演员

当你完成这件事情时，
将成功之星涂上颜色并填写表格

你看见自己在电影中露面的日期和时间

| d | d | m | m | y | y | y | y | : |

电影的名字是什么？

你在哪里看电影？

电影拍摄了多久？

☐ 天　☐ 星期　☐ 小时

有关你的镜头花了多长时间？

☐ 小时　☐ 分钟　☐ 秒

你是如何被挑中的？

如果你扮演的角色有名字，名字是什么？

你扮演的角色是否有台词？　y/n

如果有，写出你的台词

你碰到了哪些有名的人物？

在下面附上你在电影中惊鸿一瞥的镜头

这部电影是否在你的家乡进行拍摄？　y/n

你的名字是否出现在职员表中？　y/n

跟最难拒绝的人说了"不"

　　面对生活中形形色色的人和事，开心的也好，不开心的也罢，一直以来，大多数人都学会了接受，无条件地、不做任何选择地接受。有时候，父母会强迫我们做一些自己不喜欢的事情，比如选择什么样的职业；有时候，朋友会勉强我们做一些内心不愿意的事情，比如要在一定程度上牺牲自己的原则来帮他们某个忙；有时候，老板会迫使我们做很多令我们无奈的事情，比如周末放弃陪在家人身边的时间去办公室加班……谁是你生命中最难以拒绝的人，家人、朋友还是你的上司？当他们提出各种各样要求的时候，你是不是宁愿委屈自己，宁愿让自己身心疲累，也要满足他们的要求？可是，生活说到底是自己对自己负责。爱的对象除了他人，还有自己。不妨改变一直以来全盘接受的做法，学会说一个字："不。"

　　从小到大，父母、老师都教育我们要热情善良、乐于助人、舍己为人，还要学会服从、学会接受、学会忍耐。是的，这些是一个人应该具备的优秀品质，但是它们不该成为我们丢失自我以及失去幸福的原因。每个人都应该有自己的选择和底线，一个人云亦云、别人让做什么就做什么的人，真的很难体会到成功的滋味，因为他总是在为别人的事情忙碌，总是因为别人的选择而改变自己前进的方向。对那些最难以拒绝的人说"不"，不是要你变得自私自利或者斤斤计较，只是希望你能让自己的生活属于自己。

　　其实，对最难以拒绝的人说"不"，也是要我们学会如何对生活说"不"。我们要享受生命的赐予，也要学会拒绝生活的附加，从肩膀上卸下那些多余的东西，让自己在生命的旅途中，可以抬起头来，享受蓝天、享受原野、享受最自在的呼吸。

尽情摇摆

结束了工作，下班后的时间完全属于自己，这时候的你，有没有感觉工作时的沉重感还在跟随着你？回到家里反而生出一些寂寞无聊的感觉？你需要发泄剩余的负面情绪，就像把没喝完的茶全部倒掉，你需要重新在茶壶中放入新茶、注入新水。和同事或者朋友相约去跳舞吧，让一身的负面情绪在摇摆中烟消云散。

忘了矜持，放开自我，让身心得到一次彻底放松。彻底放松，多么奢侈昂贵的境界，很多人都在渴盼，却又难以做到。想想看，你的生活是否充满了挣扎与奋斗？你是否随时准备出发，随时准备应付你的上司、你的家人，甚至你的朋友。这样的生活是否已经让你疲惫不堪？如果是，何不趁今天放开一切，找个地方狂欢一把。

不一定非要去酒吧或者舞厅，你们可以自己找一个场所，如果那里只有自己和朋友，那样玩起来也许会更放松、更惬意。如果没有合适的地方，到公园里的广场上也可以，带着音响，最好再带一点啤酒，少量的酒精会让你更容易放松。在这个狂欢的时刻，你们可以尽情歌唱，尽情舞动，甚至尖叫，在这里没有人会在意你像个疯子。当激越的音

乐响起，脚步伴随着开心的舞曲，带来最热烈的气氛。

如果你是第一次跳这种快节奏的舞蹈，不要紧张，其实很简单，关键是要踏准节拍，一般人都能听出一首乐曲中的节拍。如果你没有自信，可以跟随身边人的节奏，很容易就可以找到感觉。

跳的时候，只要随着节拍踏出脚步就行了，开始时先一步一拍：一条腿略微抬起，同时支撑腿稍稍弯曲，接着将抬起腿放下并轻蹬地板，顺势绷直双腿，此时正好一拍结束；然后交换成另一条腿重复上述动作，即完成第二拍的动作，依次反复，双手可以垂下或略微抬起，随节奏轻轻舞动。等熟悉节奏后，就可以随心所欲地即兴发挥了。如果实在感觉不行，就找一个节奏最明显的曲子，然后随着你听着最明显的那一拍走路，依每一拍，一步步走下去。

跳这样的舞蹈没有什么固定动作，主要是即兴，目的就是放松。熟练后上半身及双臂还可以加一些（小幅度）动作。慢摇也一样，就两步，左右左右，轻轻随旋律挪动脚步。

在高分贝的音乐里，在快节奏的舞步中，种种堆积的烦恼在那一刻宣泄。那种淋漓酣畅的释放后的轻松，像欣赏灿烂的夏花使人心情惬意舒爽。

穿一条棉布
裙子，娉娉
婷婷地走过
长长的雨巷

撑着油纸伞，独自
彷徨在悠长、悠长
又寂寥的雨巷，
我希望逢着
一个丁香一样的
结着愁怨的姑娘。

她是有
丁香一样的颜色，
丁香一样的芬芳，
丁香一样的忧愁，
在雨中哀怨，
哀怨又彷徨。

——戴望舒《雨巷》

不去探究诗人戴望舒原本的创作背景和目的，单纯是他所营造的浪漫唯美的意境，就让人沉迷其中。你不需要结着愁怨，只需要悠悠地漫步在那"悠长、悠长又寂寥的雨巷"，就能融化其中了。

丁香作为中国古典诗歌的传统意象，以其美丽、高洁、忧郁的象征，被文人墨客们在诗词中传唱不已。所以，中国文人的丁香情结由来已久，特别是在戴望舒先生的《雨巷》面试后，"丁香一样的姑娘"这一形象就成了很多女孩的期待和向往。

在繁忙的现代生活庸庸碌碌了太久的你，是否也有一种属于自己的雨巷情怀？青石板铺成的巷道，两旁是白墙黛瓦的古典民居，一个宛如水墨画中的江南女子撑着油纸伞盈步轻娜，在细如发丝的绵雨中演绎着一个让人如痴如醉的梦。

这一次，把钢筋水泥的世界抛在身后，重新激发那有些麻木的神经，找回品味浪漫的味蕾，再次欣赏这个世界和自己的美。带着古典的意境，走进雨中，来一次心灵的旅行吧。

穿上一条棉布裙子，因为棉布是亲切柔和的，它深知你的心，当你穿上它的那一刻，你就自然而然地卸下了心底所有的防备，返璞归真，回到了最初的自己。然后，轻轻地走出门去，步入那绵绵细雨中。"淅淅沥沥"的小雨如泣如诉，原来天地间还有如此不伤人的情谊，它需要的只是你的倾听而已。一步一步走进那条"悠长、悠长又寂寥的雨巷"。撑着伞，慢慢地走着，没有时间的追赶，没有工作的重压，你只是静静地走在浪漫里，走在自己的心里。要知道，你是美丽的，在这世界上独一无二的你有着这个世界独一无二的美。

这时候的你，不必非要求自己"哀怨又彷徨"，你可以拥有自己独特的清润和温情，在美景中忘记尘世的种种纷纷扰扰，任凭神思在这一份宁静的浸润中飞得很远……

失联一整天

　　家人会找我，单位领导会找我，同事会找我。我要从那里读今天的报纸，看昨天足球比赛的比分，知晓朋友的动态，收取客户的邮件……手机，本该是时代赋予我们的信息便携工具，结果却成了一把无形的大锁，锁住了我们迈向理想的脚步。你跟它一刻也不能分离，电量即将耗尽都会让你没有安全感；它操纵了你的思维，限制你的思想，让你失去了自我。

　　手机一响，你便马上进入"备战"状态，即便是在半夜。上司又突然给你安排工作任务了，客户又有需要你解决的难题，朋友想让你陪他醉生梦死……终于有一天，你对手机铃声充满了恐惧，你甚至总是会幻听铃声响起，你快要透不过气来。你需要身体的休息、心灵的放松！

　　还等什么？关掉你的手机，和这个世界彻底失联。然后，躺在柔软的草地上，安安静静地等待时间的流走，踏踏实实地做你该做的，不要着急去看时间，阻断外界的纷纷扰扰，让这一整天的时间完全属于你自己。在这一整天的时间里，你想做什么都可以，只要能让你彻底地放松下来，你所做的一切都是有意义的。

　　关掉手机，"消失"一天吧。不要担心别人找不到你事情就没法完成。你终于可以看自己喜欢的书，写自己喜欢的字，拥有自己独立思考的空间和时间。总之，在这一天里，你可以做好多好多的事情，当然都是你自己喜欢的，也可以什么事情都不做。你释放压力，你放松自我，你点燃激情，你热爱生活。没有恐惧和期待，当然，也没有铃声突然响起。

整日宅在家里

难得的假期，你想好好放松一些，如果实在不想出门，不想去忍受嘈杂的人声车鸣，那就待在自己的小窝里，享受做一天宅男宅女的自由自在吧。早上可以睡到自然醒，伸个大大的懒腰，算是向阳光问好。不用在脸上涂脂抹粉，让皮肤自由地呼吸，也不需要西装革履地搭载公车。待在家里，就可以放下平日在外奔波的劳累，让自己的身心安静地休息，可以和家人享受天伦之乐，也可以一个人自由自在地随便做点什么。

你可以带着微笑环顾一下生活的环境，再泡上一杯喜欢喝的咖啡或者清茶，慵懒地躺在沙发上，看看电视、看看书，真是自在又惬意。

待在家里，你可以趁机收拾一下房子，是不是很久都没有整理了？来一个彻底的大扫除也是可以的。如果你只是想好好休息，那么可以在房间里开着美妙的音乐，坐在沙发上看看小说，渴了吃几口西瓜，兴致来了，哼几首小调，随意地舞动一下身姿。当然，如果觉得一个人闷得慌，可以找几个同样闲得无聊的朋友，煲煲电话粥。

晚上不用参加什么聚会，也不需要为了应酬而假装豪迈，做个面膜便可以早早地上床睡觉了。你也可以在月光柔柔的阳台上，靠着躺椅，静静地享受月光的温柔，在这迷人而浪漫的氛围中，在想象的世界里徜徉，没有人打扰你的静思和美梦。也可以在朦胧的灯光下，用被子将自己包裹在卧室的大床上，微闭着似醉非醉的双眼，让视线变得迷离模糊。

你可以选择一整天只是待在家里，一动不动，看着窗外天空的颜色发生变化。自己的心情自己做主，自己的生活也可以自己休整，如果你愿意，你完全可以拥有这种美妙。

一个人爬到山顶，说出心中的郁闷

　　真正懂得生活的人，不是没有烦恼，而是懂得如何将心中的烦恼及时地排遣，会给自己的心情排毒。

　　面对面的倾诉，不一定非要对着某个具体的人，如果找不到一个帮你收拾心情垃圾的人，就假想身边有一个人一直在耐心倾听，或者对着一堵墙，对着一面镜子，哪怕只是对着空气，大声说出你心中的郁结。最好的办法是周末的清晨，一个人去爬山，等到了山顶时，对着远处，大叫几声，把心中的郁闷全都喊出来，那种感觉真的不错。

　　到了山顶，想象在你的面前就是一个垃圾桶，你可以把你的苦水全部都倒出来，不用担心它是否承载得动，放心吧，它的容量大得很。你想说什么就说什么，不用担心它听了你的倾诉之后会有什么样的反应。等你的声音叫嚷得嘶哑了，身体变得疲乏不堪了，你塞得满满的心似乎一下子被掏空了，烦恼也就被你赶跑了。

找个山上的寺庙，认真听法师开示

忙碌的生活，总是让我们丢失很多重要的东西，特别是精神上的，一旦缺失，心灵就不自主地感到无所依靠，长久处在一种不安宁的状态。如果你也在试着寻找一种让自己内心安宁的方式，那么就去找个山上的寺庙，去认真地听法师开示一下吧，也许一切的问题都会迎刃而解了。

我们不一定都有自己的宗教信仰，也许对宗教里的各种言说抱着怀疑或者可有可无的态度，但是，有时候我们又无法否定在法师的言说里有着让我们浮躁的情绪沉淀下来的东西。有这样一个故事：有一个人心情不佳，倒了一杯茶，又倒了一杯酒，一起放在桌上。看着桌上的茶和酒，他迟疑着不知要喝哪一杯才好。他心里想：心情不好时候应该喝酒，因为喝了酒，一醉解千愁，正可沉沉睡去。但是随即又想：心情不好时应该喝茶，因为喝了茶，人清醒了，可以观照情绪的起伏，情绪一清明，烦恼自然就消散了。在远离尘嚣的山上，环境清幽如泉水，人的内心自然就会少一些不安。而法师的开示就像那杯茶一样，在被慢慢泡开后，舒展清透，让人在大得大失、大盛大衰面前，依然保持着一份淡然的心境。

佛家说要和一切众生和睦相处。佛教导我们放下，是要我们放下自私自利之心，不是把什么事都放下。听听这样的开示，能让我们避开消极的生活态度。虽然，佛家的开示里有点宿命的味道，却给我们浮躁的心带来了安慰，能够让人处于闹市而拥有出世之思，无视功名与他人和睦相处。

找个山上的寺庙，去听法师开示吧，去领悟生活中的这些常理，让自己变得淡定，暂时放慢生活的节奏，给自己的心灵煲一道安宁的养生汤。

修补旧物，修补旧时光

进入 21 世纪之后，所有的事物都在追寻一个"快"字。火车一次又一次提速，高速公路不停地在修，人们的生活在不停歇地向前跑，生怕被时间甩在后面，甚至总希望超过时间。小时候希望能比其他小朋友的学习成绩都好，希望能跳级，能尽早上高中，上大学；长大了，没工作多久，就希望赶快升职。生活中也总是充斥着"一次性"的物件：一次性筷子，一次性碗，一次性杯子，用完了就扔。

时代在变迁，不管物品如何更新换代，但总有那不变的一点"珍贵"值得保留，那就是——节约与环保。而且时代越是更替得快，越要被重视起来。

提到节约与环保，总感觉要没完没了地废物利用和节省，也许是我们把这个问题看得过于狭隘，节约没错，过上高品质生活也没错，但偶尔做一点废品利用，不仅锻炼了自己的才智，你也会发现在自己手中的"废品"居然变成了"宝"；也许还可以为你的生活带来另外一种新鲜感，不失生活中的情趣。

所以，如果你有时间，修补一件旧物，你会发现其中有很多乐趣，同时也节省了一些开销，两全其美的事情，何乐而不为。刚开始可能会有点无从下手吧，其实可以静下心来想想，生活了这么久的家，一定有很多东西已经旧了，再去想想你最近是不是有说过要换掉某样东西，那就先从它们开始"下手"吧，不管是大件还是小件，都可以经过你的巧手去"改头换面"一番，比如衣柜用得旧了，或者嫌它过于小了，那么你可以在柜面上贴上你喜欢的图案，又或者放几个整理箱子在柜子上面或里面，分类明确。此外你可以借鉴一下大师们的设计，让他们的创意带给你灵感，让这些旧物"改头换面"。

赶快行动起来，好好发挥你聪明的脑袋，顺便也挖掘一下自己创意才能的潜质吧。

牛仔服做包

一般女士的外套质地和颜色都不错，选个没有接缝的地方，剪下两块，先缝成个圆桶，再把底部缝上。然后剪两根 5 厘米宽、30 厘米长的带子，分别缝成两指宽的包带，再钉在包口。也可以钉在包外面，用东西加以装饰。你还可以做成你自己喜欢的形状。这样我们就可以用这个包去买菜了，既好看又方便，不用大袋小袋拎那么多，又为环保作了贡献，减少了白色污染。

套头衫做收纳袋

剪掉套头衫的袖子和领子，把有洞的地方缝起来，再钉上带子就成了一个包，可以放换季的衣服或袜子。

棉质衣服做抹布

把衣服剪出你需要的大小，厚的将 1 ~ 2 层缝到一起，薄的用 4 层缝，再在角上钉上一根绳子，不用的时候挂起来，可以用来清洁家具，最好不要用来洗碗。

袖子做护袖

把旧衣服的袖子剪下你需要的长度，在两头缝上松紧带就成了一个护袖。

旧领带做雨伞套

雨伞套不小心弄丢了，没有"衣服"的雨伞很容易变脏，找条旧领带做个雨伞套就解决问题了。找一条旧领带，量一下伞的长短，剪断领带。打开领带中缝，把伞放在拆开的领带上量"肥瘦"，再将领带由窄而宽缝合起来。把做好的伞套内里翻出来，套入伞。看一下，呵，大小正合适。这下就不用担心雨伞被弄脏了。

为自己拍微电影

你是否想过让自己成为某个故事的主角，或者把自己的生活拍成电影，只为给自己欣赏？最简单的办法就是为自己拍一集微电影，把它想象成你的"单人show"，你想怎样表现都可以。当你回放这集微电影时，你一定会有别样的感觉。

如果你有时间和心情，在为自己拍微电影之前最好写一个简单的剧本，以自己日常的生活为脚本，把它浓缩成一个简短的故事，然后设计几个衔接的情节。在这个以你为主角的故事里，也可以有其他角色的存在，比如你的亲人和朋友，这样的你，也许会更加丰满一些。

把最让你有感触的事情重演一次将其珍藏，就像你珍藏一件心爱的物品一样。

剧本的工作完成以后，就开始拍摄吧。请一个人来帮你拍，这个负责拍摄的人最好能有一点专业水准。这个拍摄师不仅负责拍摄，实际上还担任了导演的角色。

你在表演的时候，要尽量表现自然。这些都是你平时做的事，真实、平淡，所以根本不需要刻意地表现，忽略掉正在对着你的镜头，即使决定要作为收藏，就是要展示你最真实的一面，这样拍出来的短片才有意义，才有收藏价值。

平凡生活的剧本

自编自导自演一出特别的戏，生活中这样的机会很多，比如难得的假期去郊外参加一次篝火晚会。热烈、激情四溢的狂欢对身心是绝妙的放松，当熊熊烈焰燃烧起来，你的每一个神经和细胞都变成了跳跃的因子，颓废和疲乏都逃之夭夭，也相信这样的"剧本"能让你在心情舒畅之余，发挥得更淋漓尽致。

不如和家人朋友在一起去导演一部生活浪漫剧，这其中有平凡中的浪漫，也有激情中的悸动。篝火晚会是一个很好的选择，在户外找一个合适的地方，召集一群朋友，大家合计一下，要带些什么东西，要策划出一些娱乐项目。地点的选择最好在靠近水的地方，也可以在山脚下，景色的映衬会给你的片子增色不少。

点燃篝火后，可以在火堆上架起支架，烤一些肉、红薯之类的食品，或者熬粥熬汤，在野外烧出来的食物你会觉得特别香，关键是过程的享受。

在篝火旁唱歌跳舞是最快乐的事了，大家可以有组织地对歌，跳集体舞蹈，还可以讲故事、说相声，其乐无穷。

火变小了，可以继续添柴，直到你们玩得尽兴为止。或者你们想来个通宵狂欢也未尝不可，累了可以选择在火堆旁躺下呼呼大睡，这也是你可以享受的自由。

梦里面空气开始冒烟
朦胧中完美的脸，慢慢地出现
再见丑小鸭再见，我要洗心革面
人定可以胜天，梦想近在眼前
今天，新鲜，改变，再见
美丽极限，爱漂亮没有终点
追求完美的境界，人不爱美天诛地灭
别气馁，旧观念抛到一边
现在就开始改变，麻雀也能飞上青天
——蔡依林《看我72变》

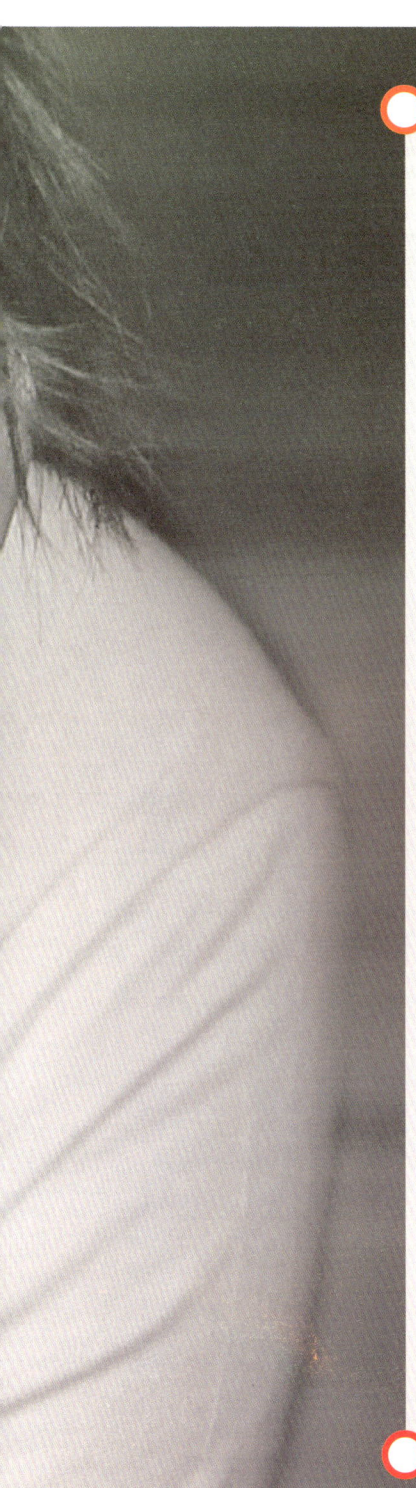

出门时画个美美的妆

风华正茂的女孩子，不管怎么样都是美丽的，充满活力的，不需要任何装饰打扮就能将美丽展现得一览无余，但是，也正是这个时候的女孩，对化妆有着强烈的好奇。而一旦过了这个年龄段，她们或者对化妆很执着，或者已经无所谓了。无论你是处在哪个阶段，选一个很空闲的时间，坐在梳妆台前，认真地画一个美美的妆吧，然后带着满满的自信出门去，保持着这个完美的妆容，直到事情办完回到家来。

也许你没有娴熟的化妆技巧，对于化妆的了解也不多，没有关系，打开一个化妆教学视频，选择适合自己的妆容，一边学习一边实际操作。首先对化妆品必需的种类、化妆品的用法、化妆的程序和化妆的重点，有一定程度的正确认识。要不然，就很有可能"画虎不成反类犬"，自认为化妆的水平甚佳，却会贻笑大方。而且，要对这件事抱着严肃认真的态度，不要以为化妆一学就会，随便化化就可以，也不要以为这只是简简单单的举手之劳，要把它看成一种艺术。

先来个底妆，让肤色变得无瑕，然后再用粉底来个立体妆，通过妙用腮红改善脸型，再画个迷人的鼻妆让眉毛与脸型完美搭配，用眼影给眼睛增加点电力，刷出动人睫毛，用唇彩打造出完美唇型……看着镜子中的自己，一步步改变着样子，你的心情是不是突然变得很明朗？

定期为自己写小传

每一个人，最初的梦想总是十分美好的，但随着年龄的增加，现实的残酷总是会悄无声息地耗损我们的梦想。等长到该立业的年龄时，梦想也许早已经失去了最初的模样。

其实我们每个人都是这样度过的。一些成长中的事成了我们人生岔路口的转折点，也许积极也许消极，所以我们应该过一段时间就对自己的过往进行审核，比如我们每 3 年、5 年为自己写一个小传，总结经验教。也许你人生路上这三五年一直一帆风顺，那就写写体会与感悟，还有对未来的期待。也许这些手记将来真的能为我们的梦想导航，为我们的人生导航，让生命的每一个阶段都过得充满意义。

在这样的小传里，我们只需真实地面对自己的过去，就像小时候写周记那样，对曾经走过的日子进行真实的总结和评价。等到回首翻看时，我们能找到年幼时的纯真、中年的稳重，也可以在生命的曲线上找到走过的起起伏伏，会发现生命的痕迹是那么清晰可见。

每 3 年、5 年为自己写一个小传，用一种严肃的态度对待自己的经历，它不需要太多繁杂的构思，也不需要费尽脑汁寻找华丽辞藻，因为自己对自己人生阶段性的解读并不需要修饰。

无论你的人生路是一帆风顺还是崎岖不平，属于自己的经历，在多年后都会以温暖的形式出现，提醒着我们怎样对待自己的人生。

名人传记节选

老舍自传

舒舍予，字老舍，现年四十岁，面黄无须。生于北平，三岁失怙，可谓无父。志学之年，帝王不存，可谓无君。无父无君，特别孝爱老母，布尔乔亚之仁未能一扫空也。幼读三百千，不求甚解。

继学师范，遂奠教书匠之墓。及壮，糊口四方，教书为业，甚难发财；每购奖券，以得末彩为荣，示甘于寒贱也。二十六岁，发愤著书，科学哲学无所懂，故写小说，博大家一笑，没什么了不得。

三十四岁结婚，今已有一女一男，均狡猾可喜，闲时喜养花，不得其法，每每有叶无花，亦不忍弃。

书无所不读，全无所获，并不着急。教书作事，均甚认真，往往吃亏，亦不后悔。

如是而已，再活四十年也许能有点出息！

富兰克林自传

我一向爱好搜集有关祖上的一切珍闻逸事。你也许还记得当你跟我同住在英国的时候我曾经为了那个缘故跋涉旅途，遍访家族中的老人。目前我正在乡间休假，预料有整整一个星期的空闲，我想你也许同样地喜欢知道我一生的事迹（其中有许多你还没有听过），因此我就坐了下来把这些事迹写出来。除此以外，我还有一些别的动机。我出身贫寒，幼年生长在穷苦卑贱的家庭中，后来居然生活优裕，在世界上稍有声誉，迄今为止我一生一帆风顺，遇事顺利，我的立身之道，得蒙上帝的祝福，获得巨大的成就，我的子孙或许愿意知道这些处世之道，其中一部分或许与他们的情况适合，因此他们可以仿效。

当我回顾我一生中幸运的时候，我有时候不禁这样说：如果有人提议我重新做人的话，我倒乐意把我的一生再从头重演一遍，我仅仅要求像作家那样，在再版时有改正初版某些缺陷的机会。如若可能，除了改正错误以外，我也同样地要把某些不幸的遭遇变得更顺利些。但是即使无法避免这些不幸的厄运，我还是愿意接受原议，重演生平。但是由于这种重演是不可能的，那么最接近重演的似乎就是回忆了。为了使回忆尽可能地保持长久，似乎就需要把它记下来。

开列一份需要舍弃的清单

在乐观豁达的人看来，生命其实很简单，只要追求自己真正喜欢的有价值的东西，不被金钱、权力、地位所奴役，就可以活得很轻松，很快乐。而被外物蒙蔽了双眼的人，则会苦恼于生活的复杂、混乱和忙碌。有那么多的东西要去追求，有那么多的人要去应酬，大部分时候都周旋于各种利益纠葛之中，渐渐迷失了自我。

我们都知道，人的精力和时间都是有限的，所以才应该把它们花在更有意义的事情上，可偏偏有的人要用这有限的精力和生命去填补无限的欲望黑洞。不管是他的时间，还是心灵的空间都被占得满满的，哪里还会有地方留给生命中真正重要且美好的人和事呢？

为什么不尝试用减法原则去生活？拿张纸出来，好好想想哪些东西是你生命里真正需要的，然后把那些不需要的或者可有可无的，从你的生命清单里剔除掉，列出一份关于舍弃而不是争取的清单，让自己获得一个足够宽敞的空间来好好享受生活。

在这样一张清单里，你可以先从身边最实际的列举起。每次早上出门前是不是都会在衣柜里找好久今天要穿的衣服，一边找还一边纳闷衣柜怎么就被塞得这么满？既浪费了时间，又影响了心情。干脆找个空闲的周末，拿出清单来，打开衣柜重新整理整理。再看看家里还有哪些是需要清理的，写在清单上，比如一些过期很久的报纸杂志、用完了的沐浴露瓶子、不要了的鞋，等等，然后计划个时间给家里来个大扫除。清理完之后，屋子里似乎一下子干净了很多，也宽敞了很多，心里顿时也舒坦了。

其实应该被清理的还有你的过去、你的回忆。何不也找一个晴朗的好天气，悠闲地坐下来，梳理一下自己的记忆。脑海里那些令人不愉快的人和事，忘记吧。清除记忆中的那些不愉快，才可以轻装上阵，大步流星地迈向充满阳光的未来。

学会用减法原则去生活，舍弃外在的负累，你才能够更好地享受人生中不可错过的，珍惜真正值得珍惜的。

给自己催眠一次，获得精神的享受

如果你经常看电视剧，你肯定见过心理医生给病人催眠的情景，被催眠的病人进入的就是一个想象的世界，却可以让人感觉到很真实。其实，如果你想让自己的想象力驰骋，完全可以自己给自己催眠。

想象的世界，走进去之后，美妙得让人不想走出来，在想象的世界里进行一次浪漫的旅程，可以把想象的美妙发挥得淋漓尽致。

选择一个安静温馨的环境，很舒服地或躺或坐，闭上双眼，深沉而缓慢地呼吸。慢慢地捕捉自己呼吸的节奏感，当你感觉非常平静、非常和谐时，让大脑放松，让思绪自由飘飞。在这个神游的世界里，你和你最想在一起的那个人，去你最想去的那些地方，一路上你们手牵手，肩并肩，欢声笑语传遍你们足迹到过的每一个地方。在茫茫草原上策马奔腾，在蔚蓝的大海边追逐嬉戏，海风吹着海浪轻轻拍打着沙滩，在险峻逶迤的高山攀岩，阳光映照着额头的汗水闪闪发亮，高喊一声，空旷的山谷回荡着你们的声音……

浪漫的都市之夜，仿佛白昼的延续，走在风月无边的大街上，华灯如锦，游人如织，逛逛那些精美的商店，看看那些街头艺人的夸张表演。走得累了，便和你的同伴，偎依着坐在街边的长椅上，观赏过往行人，也是一种温馨的享受。

这个世界是你创造出来的，是一个精神享受的世界，是一个你来去自由的世界，今天，就让你的幻想游历整个世界吧。

这一天，只是做一个看客

　　这一天，自己一个人走出家门，走在熟悉的街道上，什么都不要参与，只是做一个看客。如果是晴空万里，你正好可以晒晒快要发霉的心情。一边悠然地拂过街道两旁那些年久日深、岁月斑驳的旧墙，一边把记忆拿出来翻晒翻晒，该忘记的就让它随风而逝，只记得应该记得的就好。如果这一天有些阴雨绵绵，你也恰好可以体会一次雨中小巷的情致。你可以想象自己撑着的是一把油纸伞，可以期待一次浪漫的邂逅，可以自己创造着只可意会不可言传的诗情画意。雨没有打在身上，却飘进了心里，滋养了有些干涸的心田。其实，这一天的天气晴朗也好，下雨也罢，无关紧要，本没有什么好坏之分，关键在于你的心情。人的心情才是对生命最有意义的天气预报。开心也是一天，不开心也是一天，那为什么不让自己开开心心地度过弥足珍贵的每一天呢？

　　走在熟悉的街道上，请认真地观察周围所有的一切，并且保持沉默，细细去品味那

种悠然自得的心情。生活在这里的人们是你所熟悉的，你清楚地知道，他们懂得如何享受生活。他们的步子是从从容容的，他们的表情是坦然满足的，他们的内心是脚踏实地的。这里的人们，不好高骛远、追名逐利，不像好多人那样总是渴望着去创造一个关于财富、地位的传奇。早上起来，哼着小曲养养花种种草；黄昏时分，和朋友相约，或和爱人相伴，或干脆只身一人，在公园散散步，遛遛鸟儿。小孩子们则三个五个地你追我打，疯疯闹闹。热闹的仲夏夜，摇着把用旧了的蒲扇，坐在院子里的树下，心满意足地啃着西瓜纳凉；秋冬时节，一家人吃着热气腾腾的饭菜，围炉夜话。作为一个看客，请不要打扰这些画面，如果要感慨要艳羡，只在心里默默地欣赏就好。

不要小瞧这些柴米油盐的幸福，它们才是一步一个脚印地为你的生命留下最持久的美好，也只有它们才经得住漫漫岁月的无情侵蚀。在这里，岁月，一世静好……

在电影里找回自己

每个人都会带着不一样的心情看电影，不同的心情看不同的电影，看不同的电影产生不一样的感受，不同人有着不同的电影心情……无论是哪一种，电影，都会带给你最初的悸动。

不管是哪一部，观看一部让你完全放松的电影，就像是和一个突然造访的老朋友促膝而谈。

当结束一天的劳累，安安静静地蜷缩在沙发里，为自己斟上一杯酒，欣赏和体味别人演绎出的一种人生，欣赏之余，有时候也会引起内心的震动或是思考。给自己一个机会被荧幕上的光影细节所触动，跟着剧情黯然神伤或者怒发冲冠。电影本身是一种艺术的表现方式，但是它源于生活，于是我们容易被牵动，被启发，被感动。说不定我们的人生也许会因此而得到一种启迪，让我们反思自己，学会更好地生活。

一个人看一部深刻又经典的电影，不光会被剧情震撼，你还会在银屏中找回自己。又或者你想哭就哭，想笑就大声地笑，没什么是你必须要顾及的。

一个人看一部电影，你会认识到只有经历离别，才能积淀成长。你将学会坦然面对过去，继续憧憬未来。因为你明白，每个人都会向现实妥协，以一种与世界和解的态度，过着随遇而安的生活。

每个人都有软肋，但是每个人都身披盔甲。一个人看一部电影，你也许就会发现无论人生路上多么熙熙攘攘，有时难免会孤身一人：总有一条路，只能一个人走；总有一首歌，要一个人唱；总要一些风景，要一个人路过；总有一些事情，需要一个人扛。

不要畏惧孤单，它是奔向美好的催化剂；不要恐惧黑暗，它是黎明的前奏。生命会给予你最公平的答案，学会一个人的浮沉清欢，享受一个人的细水长流。一个人看一部电影，短短的数小时，你也许能从中找回那个曾经的自己，也许会体味整个人生，重拾我们年轻时的梦想。

把自己想象成天平，减少包袱的砝码

人之一生，背负的东西太多，钱、权、名、利，都是我们想要的，一个也不想放下。这些东西压得我们喘不过气来，为什么不放下一些呢？

整天被名利缠身，哪会快乐？整天陷入你争我夺的境地，快乐从何而言？整天心事重重，快乐又在哪里？整天小肚鸡肠，心胸如豆，无法开豁，快乐又何处去寻？

一切的一切，都让我们背负得太累太累，想要快乐其实很简单，"放下就是快乐"，放下这一切，你会发现，它是一味开心果，是一味解烦丹，是一道欢喜禅。只要你心无挂碍，什么都看得开、放得下，何愁没有快乐的春莺在啼鸣，何愁没有快乐的泉溪在歌唱，何愁没有快乐的鲜花在绽放！

也许生活对你很不公平，充满了辛酸与坎坷，但你不要气馁。其实保持平常心比什么都重要，因为它可以使你战胜一切困难与险阻，最终迎来胜利的曙光。

只有努力塑造平常心，才能达到精神世界的完整。这样，我们才能勇敢地面对自己能力的局限，不因失败而气馁，即使失去一切，也能勇敢地面对生活，以平常心跨越人生的障碍。

平常心，实不平常。事事平常，事事也不平常。要想获得良好的平常心态，有一个很好的方法，那就是让心灵留下一片空白，将忧虑、憎恶、不安、罪恶的情绪彻底消除。

认真检查一下自己肩上的负担，掂量一下自己实际的负荷，自己到底能承受多少，又是什么让我们压得快喘不过气来？把那些太沉重的东西扔掉吧，放弃那些根本不可能实现的梦想，放弃那些太辛苦的追求，留下那些真正对自己的生活有意义的东西，然后认真对待；在心灵呈现空白的同时，立即注入积极、健康的想法。这样，那些负面的想法将无法对你造成影响。久而久之，那些注入脑中的新想法将在你的思想中生根，而且能击退任何负面的想法，届时你的心灵将波澜不惊，你将会永怀平常心。

情绪保健操

第一节：每天早晨推开窗户，对自己说"太阳每天都是新的"，然后，伸伸脖子、踢踢腿，满怀信心地开始新的一天。

第二节：平时多与人交流。聊天、谈心能扩大信息量、开阔眼界，在有意无意间化解心结；而倾诉本身就能倒掉情绪垃圾。

第三节：多读书。古人曰："腹有诗书气自华。"找时间读一读或翻一翻你喜欢的书籍和杂志，能分散心思，改变心态，冷静情绪，陶冶情操。

第四节：多笑。笑是心理健康的润滑剂，它有利于驱走烦恼，消除心理疲劳。不妨常来点幽默，找点笑料，一笑解千愁。

第五节：种花赏花。每天到阳台上看看花，给花浇浇水，或在花园之中散步，调整一下情绪，放松一下心情。

第六节：知足常乐。多想高兴的事，常怀一颗感恩的心。时常练习，就会让你的心态归于平静，永葆快乐心情。

为自己的人生写"剧本"

人生如戏，有很多事情都非常戏剧化地发生在真实生活里，令我们猝不及防。当我们还没回过神来的时候，那些还没来得及珍惜的就已经失去。到头来再看看，自己手里的所剩无几。后悔？伤心？都没有用。倒不如自己做生活的导演，为人生写一个"剧本"，该怎么演，由你自己决定。有了剧本，便是有了安排，有了预料，以后即便失去，也不会再追悔莫及。因为，在拥有的过程中，你已经足够珍惜。

有一天当你终于在某个转角遇到了自己的真爱时，你是否有勇气抓住这份稍纵即逝的幸福？如果没有，你要知道，也许这次错过了就是一辈子的遗憾。人的生命只有一次，哪里有那么多胶卷让我们一遍一遍地 NG，再一遍一遍地重来？给自己写一个剧本，告诉自己，当那一天真的来临时，你将会以怎样的方式把爱告诉那个令你心动的人。你会非常珍惜对方，好好把握两个人在一起的每一分每一秒，一起享受烛光晚餐，一起去旅游，一起看日出日落……一点一滴的爱，你都写进了剧本里，就是为了不让自己错过生命中的每一道风景。

你深爱自己的父母，尤其是看到岁月的痕迹逐渐爬上父母的额头，父母用尽一生的力气来爱我们，无论我们做什么都无法报答他们的奉献和牺牲，但是很多时候，我们竟然连周末陪陪他们吃个饭、聊会儿天都不做到。你不禁觉得于心有愧。所以，趁一切都还来得及，把你要对父母说的话、做的事都写进剧本：记住父母的生日，记住他们爱吃什么水果，记住他们喜欢的衣服样式……因为有爱，你人生的剧本才更有意义。

你当然也可以把自己的奋斗写进剧本，因为那也是人生不可或缺的一部分。关于理想，关于拼搏，关于挫折，你是否都有了自己的打算和准备？没有计划的人生，就像不知道航向的小船，整天把光阴耗费在没有目的的漂荡上，同样付出了时间和精力，却永远也到不了该去的地方。

一份剧本就是一个计划，它能为我们的远航指引方向。做你自己人生的导演，从此不再渴望天堂，因为你的现在已经过得足够幸福。

给自己写信

如果，你偶尔会对友谊持怀疑态度，或者只想一个人躲起来，恢复好了，再走出去，把最好的一面留给别人，那不妨就给自己写些东西吧。写给自己的话，没有任何的顾忌，只要把心里的话都说出来，就全是最真实的自己。用最真的心写，用最认真的表情去读，写的时候记得畅快淋漓，不吐不快。读的时候记得要小心翼翼，一丝不苟。当周遭没有一个人可以理解你的心情时，至少你自己读得懂自己。

读完信，再给那个悲伤的自己写一封信，像是安慰一个令人心疼的好朋友一样，努力写出安慰人的温暖句子来。然后再认真地读那封回信，这时候，你是不是忍不住会心一笑了？心里的话都倾吐出来了，也就不那么沉重。能够自己温暖自己，也就可以重新站起来。生活也是一样的，怎么活，全看你自己。

做一份自我弱点调查问卷

很多人一面感叹社会的冷漠，感叹人与人之间的隔膜，一面又在朋友面前刻意掩饰自我。殊不知，社会是人的社会，想让社会变得温馨融洽，那就先从自己做起吧。

人与人之间需要的是真诚相待。真诚、坦率、机智是人生的三大法宝，恰当地运用它们，不仅可以打破困窘，而且能够真实地表达自己的诚意，成为事业和生活取得成功的得力武器。

对朋友，不用刻意掩饰，哪怕是你脆弱、窘迫的一面。你自己可能总在苦恼如何克服自身的弱点，那么，跟朋友一起认真探讨一下，也许站在旁观者的角度，他会有更好的建议。也许你对自己的弱点认识得还不够，你应该诚恳地请求朋友对你做一个客观的评价，作为朋友，他应该对你的弱点了解得比较清楚。当朋友指出之后，你首先必须对照一下自身，是不是真的有这种情况呢？对朋友的批评要虚心接受。

对于怎样克服自身的弱点，你应该也有自己的见解。对朋友说出你的想法和决心，让他帮忙分析一下可行性。然后，再请求朋友给你出出主意。你也可以针对朋友的建议提出自己的看法，因为这是个探讨的过程，目的是为了最后能达到一个最佳的可行方案。

定期做心理体检

　　随着生活节奏的越来越快，人们形色匆匆地穿梭于人群中，几乎遗忘了自己也有空闲时间。其实，我们可以用这些总被我们忽略或者遗忘的时间去做想做的事情，做任何可以令我们放松的事。但忙碌的人们并没有利用这段光阴，却一直在期待和抱怨中被日子推搡着往前走。

　　生活里不如意十有八九，当这些不良情绪找不到宣泄出口时，就会在心里慢慢堆积，久而久之，会影响我们的健康。

　　平日里我们由于工作和生活中的压力，得不到及时的排解，便给了"心情毒素"一个很好的生长环境，于是处于"亚健康"状态的人越来越多，焦虑、恐惧、自我强迫甚至抑郁的病症已见怪不怪，由心理疾病引发的各种不良后果也屡见不鲜。可是，焦头烂额的工作不是成功的代名词，它只诠释了一个人在工作中的心理状态，一种无法享受工作的心理。在繁忙的工作中我们总会忽略健康，尤其是心理上的。如果你想过上高品质的生活，除了必要的身体锻炼，还应该有一个固定的心理医生，保证每天都有好情绪。找心理医生聊聊，倾诉一下你的忧虑，你的苦恼，甚至你的悲伤，专业人士会帮助我们找到合理的解决方法。

每个人都有追求健康心理的权利。生活就是这样，它像一面镜子，你对它笑，它才会对你笑。不要因自己心理的不舒服去打坏照不出笑容的镜子，经常给自己做个心理体检，把紧皱的眉头展开，这样才能让我们在忙碌中保留一份灿烂，在喧闹中保留一份淡然，在风雨来临时，镇静地面对世事的变换。

心理疾病当前所存在的问题

心理疾病年轻化

心理疾病在各地都是普遍存在的，在不同年龄的人群里也是普遍的现象。越来越多的人成了心理疾病患者，很多是轻微的，没有引起人们的重视。但现在，心理疾病人群的高度集中也着实让人担忧。歌星、影星、公务员、学生等人群里由于心理问题导致的悲剧时时发生，给我们敲响了警钟。

2008年10月10日是第十七个"世界精神卫生日"，将关注的目光投到儿童和青少年身上，青少年的"心病"成了被关注的对象。而调查结果显示学生已经成为心理疾病的高发人群，其中"90后"渐成高发人群，上网成瘾、厌学、人际关系障碍等心理问题尤为突出。

对心理疾病的重视程度不够

心理疾病越来越多地被人们认识，但我们发现很多人也只是停留在认识的程度上，特别是谈起心理疾病对人造成的颓废、抑郁、自杀时人们会用到"心理疾病"这个词，但是总觉得自己离它很远，即便是有一点症状也觉得无关紧要。

对心理疾病存在误解

误解一，心理疾病都是由于心理和环境引起的。其实也不全是，据世界卫生组织报告，60%以上的抑郁症属于生物性疾病，和环境和心理的关系不大。误解二，心理疾病只需调节心情就可以。其实，药物治疗也是很有必要的。误解三，精神病和神经病等同。其实，前者是心理疾病，后者是神经系统的病变。

创建自己的微博

微博这个词来源于"网络日志"，允许用户将自己的最新动态和想法通过互联网或者移动电话中的短信息发布。所有的微博消息都被限制在 140 个字符之内。你可以在微博上记录自己的想法、感受和每天的生活，这是一个世界上任何人都能浏览的网上日志。有些人每天都会更新他们的微博很多次，有些人则要一个月才更新一次。写微博的频率由自己掌握。

创建微博的一个十分简便快捷的方法是进入 Twitter、饭否、新浪、搜狐等提供微博客服务的网站主页直接注册。它是免费的，你可以在短短几分钟内便创建起属于自己的微博！而所需要的仅仅是一个电子邮件地址。在填写了一张关于用户名、密码的简单表格后，便可以直接开始设计并布置你的微博了！

你可以在微博上写感兴趣的话题。譬如，可以写写你的爱好，最喜爱的足球队、电影、朋友与家人。或者任何想要与这个世界分享的事情以及你对生活的点点感悟。说出你的想法，做你自己。

你还可以浏览他人的微博。看看别人正在干些什么，写些什么。对他们感兴趣的话，可对他们进行关注，这样你可以在一个页面上就能读取他们发布的信息。若他们也很喜欢你的微博，也会关注你的。

想一想，你能获得最新的书讯、影讯，能跟美国总统互动，看贝克汉姆吃早餐，知道你最关心品牌的动态，有全世界各地的"吃货"向你推荐美食……这一切，是多么美妙。

创建自己的微博

当你完成这件要做的事情时，
将成功之星涂上颜色并填写表格

创建微博的日期

| d | d | m | m | y | y | y | y |

你的微博网址是什么？

你是否在微博上用自己的真名？ y/n

你的微博有定期读者吗？
若不是，用的是什么名字？ y/n

大约有多少读者浏览了你的微博

……第一个月？

| 0 | 0 | 0 | 0 |

……第一年？

| 0 | 0 | 0 | 0 |

你在微博上写些什么内容？

唠叨的父母	朋友们	宠物和动物	吵闹的兄弟姐妹	节日	学校
□	□	□	□	□	□

你经常浏览别人的微博吗？ y/n

在这儿写下一些经常联系的微博主人的名字

体育	书	电影和电视	电脑游戏和玩具	随便什么事，任何一件事	其他
□	□	□	□	□	□

若是其他，请详述之

你多久写一次微博？

每天	一星期2~3次	一星期一次	每隔两星期一次	空的时候就写	其他
□	□	□	□	□	□

若是其他，请详述之

父母是否认为你在微博上花了过多的时间？ y/n

是否觉得自己在微博上花了过多的时间？ y/n

是否因为上网时间太长而被责骂？ y/n

若是，估计一下你一星期大约在微博上花多长时间？ 0 0

说实话，你写微博是否已经变成了一种痴迷？ y/n

给 10 年后的自己留言

　　有时候忍不住会想 10 年后的自己会是什么样子，和现在的自己比起来，是不是更成熟、更稳重、更幽默？而假如真的到了 10 年之后，回忆起 10 年前的自己又会是什么感觉，是揣着时光荏苒、韶华不再的郁郁寡欢，还是尽力打拼后无怨无悔的心满意足？不管 10 年后的自己是个什么样子，人人都会很乐意收到 10 年前自己写给自己的那封信。

　　这封信，其实是对这 10 年的一个印证。没有谁的聪明能够高过时间，它用足够的耐心教会我们人生的真相和意义。10 年之后，打开那封信，也是对这 10 年的一次回顾。看看当初的想法有哪些是对的，又有哪些是由于生活经验的缺乏而形成的管窥之见。然后，便可以重新整理一下行囊，以更开阔的眼界、更豁达的心胸，踏上另一个阶段的人生之旅。

　　其实你明白的，在经过了 10 年之后，你再来看此时此刻的自己，会发现，现在没看见黑暗中隐藏的美丽？ 10 年之后，你将惊喜地看到自己的坚强。

　　可能你最想告诉那个自己的是此时正在经历的爱情。你和恋人有甜蜜得如胶似漆的时候，也有激烈争吵以致冷战了好久的日子，把这些写进信里，既是为了 10 年之后的回忆，也是为了镌刻下一个"执子之手，与子偕老"的诺言。10 年之后，你将幸福地发现爱情的真谛。

　　你还可以告诉自己，亲爱的爸爸妈妈这么多年来为你付出一切并且始终无怨无悔，告诉自己一定要抓紧时间来孝顺父母，让他们安享晚年。10 年之后，你会欣慰自己并没有"树欲静而风不止，子欲养而亲不待"的遗憾。

你还可以告诉自己现在工作中的顺心或烦闷。在岁月的流逝中，你的理想是正在一点一点变成现实，还是相隔得越来越远？10年之后，来一次验证，看看你是实现了理想，还是改变了初衷。

你可以写进信里的东西有很多，但这些都源于你的生活、你的内心世界，不一定能够感动别人，却肯定能够打动自己。10年之后，读着这封信，你将再一次感受到当时的激动或者平静。可是或疼痛或幸福的感觉已经不如深陷其中时那么强烈，但这并不是说你的心灵变得迟钝，而是因为你终于有了宠辱不惊的从容和气度。你完成这封信，其实终极目的只是要告诉自己，不管是现在还是未来，都要过得幸福。

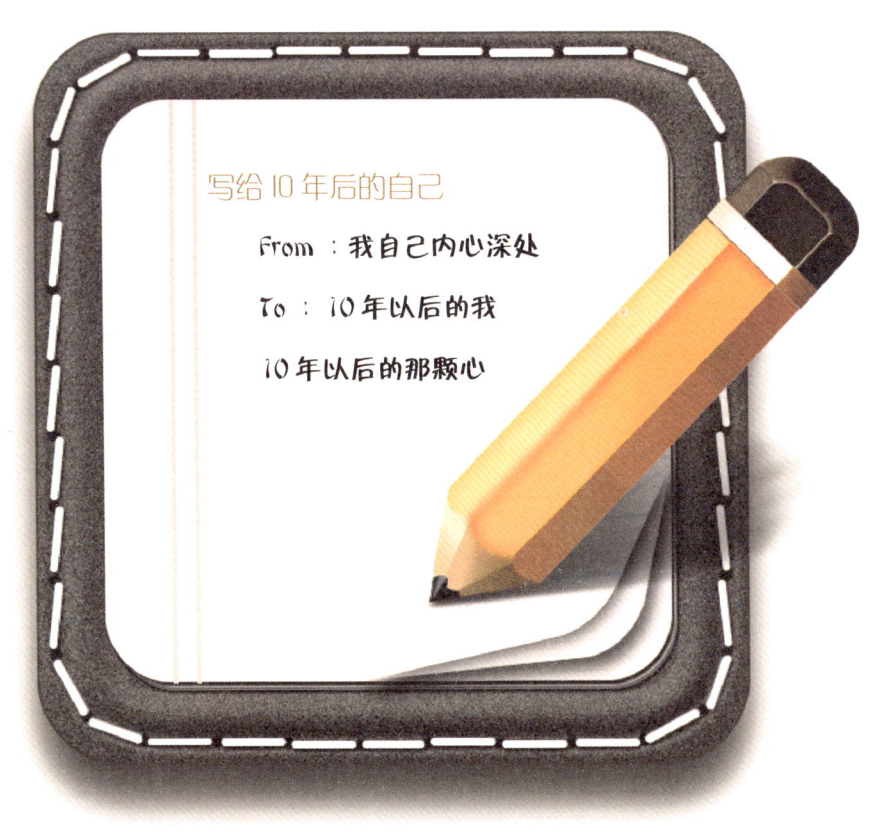

多看几部纪录片

　　时代在不断地进步，我们的物质生活得到极大地丰富与提升，所以人们对物质的依赖程度也更加强烈，在琳琅满目的物质的包围里，我们也显得更加无助，方便之余的慌乱让人们的不安全感越发的明显，所以，许多不真实的东西成了人们追捧的对象，以期待在不真实里实现自己的想象。可是，倘若我们想实现自身的回归，就得去面对世界的瞬息万变，去看清真真假假背后的东西。在现在的众多的影视艺术里，纪录片就是这样相对的真实，它以真实生活为创作素材，以真人真事为表现对象，并对其进行艺术的加工，以展现真实为本质，并用真实引发人们思考影视艺术形式。

　　纪录片不仅让我们在满足视听愉悦的时候，也能让自己对过去的事件有所了解，从而引起我们对社会更多的关注。它涉及的方面繁多，可以是一整个历史事件的讲述，可以是历史人物的英雄事迹，又或者可以重现一个少数民族的历史文化，也可以记录一个古迹的变迁，还可以是一个普通人的记录。它记录的内容或大或小，可张可缩，但真实性会贯穿始终。让人们在了解真实的同时，对所了解的内容进行深入的思考；这就是纪录片带给我们生活的感受，因为真实，我们更容易陷入深刻的思考或者鼓起积极生活的勇气。

　　如果你有空，多看几部纪录片，我们会了解到更多的关于历史的和现实的真相，至少影视内外都是真实的。所以，纪录片给予我们的不单是内容的真实，更是让我们感到了自己的真实。去找找你喜欢观看的类型，让你的生活多一些深思，多长一份见识，多了些许成长的提示与确认。

《汉字五千年》

　　《汉字五千年》以汉字的起源、发展、嬗变与创新为主要线索，并在广泛旁及中国历史文化与社会民生的多维演进和剧烈变革中所形成的大量史实与事实的基础上，科学而形象地勾勒了汉字发生发展的内在动因、外部条件与历史必然性。全片包括"人类奇葩、高天长河、霞光万道、内在超越、翰墨情怀、天下至宝、浴火重生、芳华永驻"八集。该片用讲故事的方式，借助 32 个富有代表性的汉字，将隐藏在文字背后的历史文化内蕴充分展示出来，生动地描绘了一幅中华文明五千年的历史长卷，具有很强的史料性、权威性和鉴赏性。

МИНИСТЕРСТВО КУЛЬТУРЫ СССР
МЕЛОДИЯ
ВСЕСОЮЗНАЯ ФИРМА ГРАМПЛАСТИНОК

СТЕРЕО   ЛЕНИНГРАДСКИЙ ЗАВОД   ∞ 33

ГОСТ 5289-73
С10-06383

вторая гр.
1-20
Сторона 1

Георгий Свиридов (р. 1915)
ВРЕМЯ, ВПЕРЁД!
Сюита из музыки к кинофильму
1. Уральский напев 2. Частушка 3. Марш
4. Маленький фокстрот 5. Ночь.
6. Время, вперёд!
Большой симфонический оркестр
Всесоюзного радио
и телевидения
Дирижёр В. Федосеев

《西藏纪行》

　　西藏自治区位于中国的西南边陲，在这片被称为"世界屋脊"的土地上，有着悠远的历史，灿烂的文化，神奇瑰丽的自然风景，淳朴浓郁的民族风情和各族人民共同创造的现代文明。2001 年是西藏和平解放 50 周年，为了向海内外观众介绍西藏 50 年的发展变化，中央电视台从 2001 年 5 月开始陆续派出记者赴西藏各地调采访，在此后的 5 个月时间里，记者们走过西藏的山山水水，真实记录了雪域高原上发生的故事。

读到一本让内心平静的书

读一本好书，像乘上一艘万吨巨轮，载着我们从狭隘的心的小溪，驶向永远波澜壮阔的思想的海洋。读一本好书，像擎起一炬熊熊燃烧的火把，即使在没有星光也没有月色的黑夜里，你照样能够信步如飞而绝不迷途。读一本好书，可以指明一条道路。读一本好书，有如与一位绝好的友人在一起待上几个时辰，即使一语不发，只默默感受文中那无声的宁静与温柔，心里也能踏实熨帖。

一本好书，一杯清茶，一分静谧心情，一桌一椅，静心坐下来，和书中的人物互换心情，和高尚睿智的作者喁喁私语。这种生活，只怕连神仙也不会再挑剔什么了。难怪罗曼·罗兰要说："和好书生活在一起，我永远都不会叹息。"原来，这也是一种修炼，借助书的力量，修炼我们的心绪。

你拿起一本好书，认真阅读，你会感觉仿佛进入一个绚烂多姿的缤纷世界。有沉思、有感叹；有激昂、有欢笑；有火山爆发、有狂飙倏起；有淙淙细流、有洪波万里；有云卷云舒、有潮起潮落；有飞流直下三千尺、有一行白鹭上青天……你也许还会跟着书中的情节紧张、愤恨，甚至读到情致浓时赔上自己的泪水，跟着主人公一起动容，你在书中可以过另外一种人生。

你更会觉得读好书的感觉就仿佛徜徉一段经典名曲。托尔斯泰的博大精深一如贝多芬的深沉多思；欧·亨利的诙谐幽默仿佛海顿的轻松明快；福楼拜的精致入微恰似巴赫的婉转细腻；鲁迅的辛辣犀利正像瓦格纳的奔放不羁……不觉间，音符翩飞，旋律起伏，节奏纷沓，书人合一；一忽儿，白雪阳春，水清月朗，天高云淡，心若止水。这时候，世界不再喧嚣，内心不再浮躁。

听完一首古典音乐

　　一提到古典音乐，很多人就会想到它的高雅、内涵丰富、关于人类和命运的思考，等等，由此会觉得它高深难懂，不是一般人能走进、能欣赏得了的艺术，所以会望而却步。其实，古典音乐带给人们的不仅仅是优美的旋律，充满意旨的沉思，还有最真挚的情感，或宁静、典雅、闲适，或震撼、鼓舞、不屈，或欢喜、快乐，或悲伤、惆怅、叩问……虽然不是每一个人都能欣赏得了它的典雅奥妙，但每一个人都可以欣赏它反映的情绪，所以，古典音乐其实离我们很近，它一直在谱写着我们内心深处的乐章。

　　每天会听到那么多的声音，有多少，是非听不可的呢？失聪的爱迪生没有发明助听器，而是留声机。被人问起时，这个问题就是他的回答。

　　一个人在家的时候，打开留声机，来一点儿古典音乐吧，不必正襟危坐，穿着T恤也可以。听古典大师用一把古典吉他吟唱一座明媚天堂；看弗拉明戈在尼龙琴弦上飞扬裙摆，如阳光般炽烈火热；在春风醉人的夜晚体会与小提琴相遇的刹那悸动……当旋律响起，如同恋人絮语般时而热烈时而低诉的《夜晚的马拉加》，自由奔放的《卡门》，仿佛地中海阳光在琴弦上轻盈跃动的《缪斯女神组曲》，有时如飓风般铺天盖地叫人热血上涌，有时只是春日雨后路遇一位长发姑娘。而你知道，巴赫、莫扎特、贝多芬、肖邦、勃拉姆斯和柴可夫斯基也有过相似的悸动，怎能不心生欢喜？

交响乐相关知识的介绍

由于不同的人对交响乐的了解程度不同，为了便于大家选择适合各自欣赏的乐曲，在这里将根据交响乐表现的内容和是否有故事情节来区分欣赏难易，具体介绍如下：

音画：交响乐中的一类，这类交响乐以描写自然界及生活的景物为主要内容，比较通俗易懂。如俄国的作曲家莫索尔斯基的《展览会中的图画》德国大作曲家贝多芬的《田园交响乐》，都可以说是这一类作品。欣赏这些作品，只要有丰富的想象力，跟随着音律，可以得到漫无天际而又有规可循的联想——大自然的美好、生活的丰富，万物生生不息。

舞曲：舞曲的民族风格极浓，乐曲非常短小，感情相对单纯，旋律也比较清楚，大多描写带有民族色彩的节日庆祝活动，载歌载舞、轻松欢快。也有从舞剧中剪取片断成为单独的器乐曲。此类交响舞曲，易于理解，所以很快地就得以普及起来，如德国勃拉姆斯的《匈牙利舞曲》，奥地利的约翰·施特劳斯的四百余首圆舞曲，法国拉威尔作的《波莱罗舞曲》，捷克作曲家德沃夏克的《斯拉夫舞曲》，我国作曲家的《瑶族舞曲》等等，都属于此类交响乐作品。

有故事情节的乐曲：在交响乐曲中，有一类有故事情节的乐曲，一般均有标题或每乐章有小标题。此类乐曲大多取材于在民间广泛流传的戏剧、诗歌、传说、神话、小说、故事等，如法国比才的《卡门组曲》并不像戏剧、文学、诗歌、曲艺、电影、电视那样，从视觉上、语言上为欣赏者提供具体的人物形象或情节，而是发挥音乐的功能，以抒发人物内心的细腻情感为主要手段，让听者从心灵上去感受故事的跌宕起伏。

无故事情节的乐曲：在交响乐中，有一类无故事情节的，但它通过音乐的手段，展现了人们非常细腻的、丰富的、变化多端的感情波澜。此类音乐一般无标题，反映的是某一个特定的社会历史中，人们对社会的看法和希望。如贝多芬的《英雄》《命运》《合唱》交响乐，柴可夫斯基的《第五交响曲》《悲怆》交响乐等等。欣赏这类交响乐，听者必须对作曲者所处时代、环境、经历、遭遇、身世等等有所了解，同时还要了解他写作此曲时的动机以及乐曲的基本内容。这样，听者才能随着乐曲感情的起伏变幻而变换自己的心境，和作曲者达到共鸣的境界。并由此，将引发人自身对社会、对命运的理解，并将这种理解提升到哲学的高度。

由此，我们可以看出，没有故事情节又简单自然景物和民族风俗的乐曲相对容易欣赏，初学者可以先听听这样的乐曲。而带有故事情节或是表现人的复杂的情感的就难欣赏些，适合懂得基本的音乐知识，又了解作曲者的命运变换的人欣赏。

每天冥想一小时，自我反省

　　这个世界缺少很多东西，比如足够的水源、成片的森林还有人与人之间的交流，等等。但唯一不缺的就是不完美。没有什么事物能够是完美的，也没有任何人能够是完美的。所以在成长的过程中，我们每一个人都会不可避免地犯很多错误，付出许多惨重的代价。但不是每一个人都能意识到自己的错误，并且敢于面对自己的不完美。其实犯错对于我们的生活是不可或缺的，我们正是因为一生中各种各样的不完美才成长起来的，成为一个面对生活终于能够处变不惊的人。

做错了事情并不可怕，可怕的是不愿意承认自己做错了，不去吸取经验和教训，以至于一而再再而三地犯同样的错误。这样的人将会很难成熟起来，也很难取得成功。每一天我们都应该抽出一个小时的时间静坐和冥想，仔细想想自己这一天都做了哪些事情，有没有达到自己的心理预期。做得好的地方自然值得高兴，你甚至可以给自己一个小小的奖励，但是更重要的是好好反省一下自己这一天有没有做错什么事情，有哪些应该改正的地方，在错误中成长，让自己有一种不断向上的进步感。

　　像孔夫子那样的大圣人尚且说"吾日三省乎吾身"，更何况还有很大发展空间的我们。要是你觉得一日三省没有时间，那就一日一省吧，只需要每天短短一个小时的时间，你先静下心来冥想，然后自我反省，你就有可能不断缩短与成功的距离。

　　在反省的时候，保持一颗谦虚的心，能更好地认识到自己的错误和别人的优秀。茫茫人海，芸芸众生，无论你做什么工作，从事什么专业，也不管你身处多高的地位，有多渊博的才学，一个人的力量和知识总是有限的，总有别人知道而你不知道的东西，总有别人到达而你不曾到达的地方，也总有别人领略过你未曾领略的风景。谦虚地学习别人的长处，查找自己的不足，然后才能做到真知，才能完善自我。然后，越来越自信，越来越接近理想的终点。

这一个小时的冥想时间，是我们与自己的内心坦诚相对的珍贵时刻。坦然地面对自己的对与错、是与非，然后有则改之无则加勉，过去的就让它过去，未来会是更美好的生活。

冥想的好处

冥想是一种改变意识的形式，它通过获得深度的宁静状态而增强自我意识。在冥想的时候，人们集中在自己的呼吸上，采取某些身体姿势（打坐就是一种），排除外部刺激对自己的影响，从而产生特定的内心安宁、无所思的状态。

1. 冥想对健康的好处：一能提高大脑的感应能力，二能提高大脑的思考能力，三能提高自己的健康水平。冥想时大脑处于自在放松的状态，也就是由刻意地什么都不想进入到自然的纯净状态，此时人们既不同于平常的清醒，也不同于睡眠，它是另外一种状态。冥想中的人无忧无虑，内心非常释然。经常进行冥想，对于修身养性非常有好处。所以，医学界研究发现冥想能缓解疼痛，集中注意力，增强免疫力，降低血压，抑制焦虑，改善睡眠，甚至可以防止抑郁。睡眠变好了，反应变快了，语言变丰富了，思维变敏捷了，所以，冥想是一项锻炼大脑的有益活动，对人的健康有积极的作用。

2. 冥想对确认自己的好处：冥想的时候，是我们和自己在一起的时候，我们摆脱了他人和尘世琐事的干扰，静静地感觉生命的气息在身体中流淌，这个时候，我们找到了生命的入口，进入其中洞察到生命的真相。在冥想的过程中，我们不再努力地去接受外部信息，还要对其进行加工，以此来完成我们的工作任务，而是进入一个空灵清透的境界，我们自愿地去接受信息，去搜索关于生命的真实，我们是自己生命的创造者，此时，我们感觉自己，发现自己，享受自己，创造自己。冥想中我们只属于我们自己，我们清楚地感觉到自己的存在，我们找到了生命的无限。

试着自己制作一个幸运符

"心中装着美好的愿望，幸运之神才会光顾你，相信自己，你就是那个幸运宠儿。"虽然我们不能宣扬唯心主义，但是不可否认，有时候心理作用和精神力量对人成就某件事的作用是非常大的。一个美好的愿望加良好的精神状态，是我们成功的前提。

试着自己制作一个幸运符吧，相信它能给我们带来好运。幸运符其实就是一个有着象征意义的小玩意，一串项链、一副手镯、一个戒指，甚至只是一个书签，都可以成为幸运符，只要它被你赋予了某种象征意义。你可以运用日常生活或者童话故事、神话故事中的象征物，当作幸运事务的主题。譬如你可以制作一个西方女神的头像，或者其他有着神灵象征意义的头像。当然，你也可以自己设定一些幸运的符号，比如，你觉得某些东西跟你特别有缘，某个数字，某种小动物，某种花卉……这些东西都可以成为你幸运符的主题。

这个幸运符最好是你能经常携带的，比如，可以天天挂在脖子上的项链。让这个幸运符天天伴随着你，想象它保佑你，让好运时时伴随你，当你这样想着的时候，说不定好运真的在某一天就会降临。抓紧自己的幸运符，为自己做一次祈祷，感觉妙极了，不是吗？

自制幸运符，最主要是收获它所带来的好心情，不管它是不是会灵验，只要是自己制作并送给自己的，它的意义就比随便买来的物品重要许多。上面还可以写上你最想听到的祝福语。别人的祝福也许总是不尽如你意，你可以自己动手满足自己。因为是给自己的，这样也会少了很多顾虑，大胆地进行设计和发挥，只要是你能想到的，都可以尝试一下。

找个无人处大声地歌唱

唱歌不一定是要给别人听，也不一定非要外人来欣赏，我们完全可以为自己而歌唱。歌声不在于有多优美，而在于你的心情有多放松，有多么愉悦。

找一片空旷的草地，或湖边的小树林，或者就是自己的房间，只要你认为安全且私密的环境，只要是你的视线里没有别人，你就可以放声为自己歌唱。为自己歌唱，你觉得现在的心境适合唱什么歌就唱什么歌，不要敷衍自己，即使想唱一首小时候的童谣也无妨，不用去刻意地牢记歌词，你可以很随意地去唱，甚至可以自编自导，唱一些不知名的歌曲，不成曲调，也没有人会取笑你。你对着镜子里的自己唱歌也可以，欣赏自己的眼神、状态。你还可以把一些想对自己说的话，用歌曲唱出来，哪怕是心中积聚的苦闷和牢骚，把满腔的怨言大声唱出来，也是一种很好的发泄方式。最好能唱一首激动人心的鼓励之歌，或者是一首充满了祝福和期许的希望之歌，唱出自己对生活的美好愿望，唱出自信，唱出激情和勇气来。

如果你有雅兴，不妨把自己的歌声录制下来，以后任何时候都可以拿出来回味一下，自我欣赏一番，那一定很好玩。你甚至可以为自己专门制作一盘专辑，就像那些明星一样，只不过这个是用来自我收藏的。如果可以，把它送给你的好友，这么好玩的礼物，你的朋友一定会很喜欢。

不论你在哪，不论你的环境如何改变，你都可以歌唱生活，找个无人处，唱出动听的乐曲，连心情也会跟着飞扬起来。

敢于实践自己浪漫的想法

很多时候，在别人不认同的眼光中，我们提不起勇气做自己想做的事情。比如，你喜欢下雨，从小就渴望能够痛痛快快地享受一次雨的洗礼，觉得那是天使最美丽的眼泪，雨中漫步或跳舞一定很浪漫。可是，别人总是告诉你，你也总是这样告诫自己：淋雨不好，会生病的；身边的人都打着伞，就自己一个人不打，大家可能会觉得很奇怪；还有，衣服打湿了，穿在身上会不舒服，何必多一件麻烦事……总之，你总是有很多理由来扼杀掉自己浪漫的天性。可是事实上，一般人是不会淋一次雨就感冒的。当别人都在雨中狼狈地打着伞，拥挤不堪时，你不正好可以从从容容地走回家吗？

其实，这是一个很容易实现的梦想，只是需要一个下雨天而已。既然你已经期待了那么久，干脆就在下一个雨天，勇敢地、淋漓尽致地享受一番雨的爱抚。

太在乎别人的眼光，会让自己束手束脚，变得小家子气。何不把这件你想了很久的事情变为现实，让浪漫不再停留在你的想象里，而是在现实生活中带给你真正的幸福。

浪漫的事有很多。大多是把平凡的事演绎得唯美了些，诚恳了些。而浪漫并不是某一件事情本身，而是置身其中的人从内心深处产生的一种愉悦和陶醉。所以，就算你所期待的只是一种非常平凡的浪漫，比如冬日雪天里捧着爱人的手，或者就是夕阳西下时的携手漫步，只要这是你真正期待的，那就行动起来去实现它。也许这种平凡的浪漫更容易带给你幸福，只因为有你们的参与，也只因为它是那么触手可及。

大胆地去实践一次自己的浪漫想法吧，就让勇敢多一点，顾虑少一点；行动多一点，空想少一点；幸福多一点，遗憾少一点。等到最终走到了生命的尽头时，你总算可以了无遗憾地对自己说，你没有辜负自己，至少没有背叛自己内心自然的心意。

给自己颁一次奖

你有没有特别想要的东西，可是却出于某种顾虑而犹豫？那就选择曾经做过的一件值得称赞的事情，来给自己颁一次奖吧，然后就把想要的东西当作一份奖励颁给自己。这样，你就会感觉很幸福。

在生活中，当你取得了成绩，你为自己颁过奖吗？面对这样的问题，很多人都摇头，甚至觉得好笑。因为在他们的生活中，只有为别人鼓掌、为别人颁奖的时候，从没有想过哪一天也为自己颁一次奖。其实，人活着是需要一点精神的。我们都有过这样的经历：当很久没有人为我们喝彩，或者是没有人称赞我们的工作做得不错时，我们往往就会感到情绪低落，甚至觉得做起事来没有干劲。这是为什么呢？答案很简单，因为人就是要不断地听到褒奖，才有勇气和热情继续奋斗下去。事实上，我们不但需要来自外界的褒奖，更需要来自自身的褒奖。当我们学会为自己喝彩、为自己感到骄傲时，我们将会更有激情去面对人生。不过遗憾的是，很多人都忽略了这一点，他们只知道为别人喝彩，却忘了给自己一点掌声，不懂得自己所做的每一件小事同样值得自己骄傲与自豪。

当你给自己颁奖的时候，你不仅仅得到了一直渴望得到的东西，你更是给自己很多的安慰、鼓励、信心和勇气。即便你没有什么非常想要的东西，也要记得在取得成绩时给自己颁奖，每一次奖励自己之后，你就能够在奖励自己的乐趣中很快建立起继续奋斗下去的勇气和信心，也会收获更多的幸福感和成就感。

每个人都应该让自己过得幸福，那么给自己颁一次奖吧。**学会爱自己**，尽情享受获得奖励时的那种愉悦和满足。

一个人的时候爱幻想

　　每个人都会期待自己的梦想可以实现，在没有变成现实之前时，我们会不停地幻想，甚至幻想过它实现的各个细节，因为我们急切地渴望。多年之后，说不定我们还会记得这个梦想，即使那时候它可能已经实现了。

　　找一个安静的独我的空间，才能保证幻想的过程不会被人突然打断，美妙的幻想戛然而止，那样会让人很扫兴，大煞风景。所以，最好是当你一个人在家的时候，拔掉电话线，关掉手机，这时没人会打扰你，你可以把心情放飞，任意支配你想幻想的事物，甚至任何一个细节都不要放过。

　　只有独自一人安静地幻想，你的思想才能得到升华，不过不一定只是安静地坐着或者躺着，你可以做许多事情。不管你手边做的是什么，一定要保证旁边没有人打扰你。

　　如果能放一段舒缓的音乐，那感觉会更棒。就像电影里，当某一些令人激动的场景出现的时候，总是伴随着跟主题相关的音乐一样。所以，挑选一段和你的梦想主题相关的音乐，让梦想随着音乐的流动而慢慢展开吧。

　　不要把梦想实现的那一天当成一个概念在心里晃一下，而是把它当作一个完整的故事，在心里就像放一场电影那样，把整个过程都默默地演绎一遍，包括每一个细节。想到美妙处，想笑的时候就尽情地笑出来，因为，此时此刻，你真的以为你的梦想已经实现了。

　　你也可以假定一个人，他站在你的心灵深处，让你可以心不设防地畅谈你的爱好、追求、梦想，这样比跟朋友聊天会更加无所顾忌，你可以毫无保留地袒露你的心迹。

　　也许你的梦想不止一个，但是，都是你最热切的渴望，或者，这里面还有你最近特别想实现的。期盼得太久，心都有些累了吧，给生活来一点幻想吧。

太多的故事被你带走
太多的留恋围绕左右
一个人在记忆里守候
忘了现实几度度春秋
城市的霓虹我看不透
街上的恋影家家多愁
撕开心中的那道伤口
谁能为我编制一场梦
我只是一个幻想家
幻想的画面太多时羞
......

——庄心妍《幻想家》

265 ⟩

寻找自己天才的一面

每个人都有可能成为天才。在某一个特定的领域表现出与众不同的才能，超越多数人成为顶尖人物，你就可以被称为这个领域的天才。你可以做个创造性的天才，在书法、音乐、绘画上——甚至在厨房里或足球场上！哪怕你仅仅是对数字或者文字有着独特的记忆，最擅长做数独或者填字游戏。天才有无数种。找出你自己的优点来，将它们发扬光大，你就是这方面的天才。

如果你是左撇子，也许拥有一个比别人更容易成为天才的脑袋。因为他们较多地运用富于创造性的右脑，反应比别人要快，逻辑思维能力也略胜一筹，而每 10 个人里面只有 1 个人是左撇子。

你可能因为聪明而使你在同龄人中不受欢迎。很多在某些领域的佼佼者在自己的同龄人中显得很孤独，很早就表现出其不合群的特征。

你在思想被偶然的想法搅乱时，能够及时理清头绪。这样的人遇到什么事情都很冷静，几乎不受外界环境的影响，所以他很专注于自己从事的领域并变得很专业。

如果你从很小的时候每天都要进行头脑练习，进行创造性地思考，那你也有成为天才的可能，有些人天生比其他人更具注意力、纪律性和创造性，然而这三项能力是可以在后天获得与培养的。起步越早，越坚持练习，你就比别人更有优势。

如果你用 IQ 测验来测试智力水平时，数值在 130 或以上，那么你天生就是一个智商很高的人。这样的人是总人口中最优秀的前 2%，可以加入聪明人集结俱乐部了。

不管你在哪个方面拥有独特的优势，哪怕是很微小的领域，你都可以自诩为这个领域的天才。善于发现自己天才的一面，对于人生的成功有着很重要的作用，你的自信心会爆棚，会比平常发挥得更好。当然，发现自己是天才的感觉也棒极了。

为自己画一幅肖像画

　　如果掌握了基础的绘画知识，就可以在生活里亲自勾画简单的生活图画，这未尝不是一件值得高兴的事情。如果能够画得一手好画，尤其是画出一张完美的肖像画或人体写生，不仅能给平时的生活增添不少情趣，还能不时在家人朋友面前露上一手。试想，如果自己能为家人或朋友画像，那该多么有意义啊！也许你要说，你不精通画画，你不会那些复杂的线条，你也不知如何处理色彩，所以你画不了一幅画。但你要知道，人是多面立体的存在，在每个人的眼中，其实你都是不一样的，都区别于你所看到的那个自己。尝试一下拿张普通的白纸，一支铅笔，不需要看着镜子临摹，仅仅把你内心的自己画出来。你也可以闭上眼睛回忆，你心里总会有一个真实的自己，不论那个自己是什么样，都是独一无二的存在。

　　世界著名的写实主义画家萨金特，尤以肖像画著称于世。他曾说过这样一句话："一幅肖像画，就是那个嘴巴稍微画的有一丝小小的偏差的图画。"由此可见，要画好一幅肖像画，并不是要求你把对方的眉眼口鼻都画得一丝不差。即便每一个部位都精准了，组合起来可能就是觉得这幅画有什么地方感觉不对。其实想要画好肖像画，不只是要掌握好人脸部各器官的比例，更要抓住神韵以及从那眼神里不经意透露出的灵魂。这样的要求虽然有点高，但也不是达不到的。画出来以后，再自我审视一番，大概能笑上一笑。那个就是你，真实的存在的那个自己。

　　为自己画一幅肖像画，真正认清内心中的自己，外表不像也没有关系，那就是你。

逛宜家家居

　　家，是每个人一生中最重要的地方。不管外面的人如何评价我们，也不管我们将作出怎样的决定，家永远都会无条件支持我们，为我们提供温暖安稳的怀抱。除了自己的内心世界，我们盛放灵魂的另外一个地方就是自己的家了。虽然也会有熟络的亲戚朋友到家里来做客，但是家仍然是我们的私密空间，也许就是一盏小小的台灯，或者就是某一个不起眼的角落，都有着我们自己精雕细刻的创意在里面。这些创意带着只属于我们的风格。而这些精致的地方是别人不容易看到的。家的私密之处就在于，我们把自己内心深处对于安宁、幸福的理解搬了出来，以各种家具的搭配、色彩的组合展现在自己和他人面前。只有懂得你心的人，才能懂得你的家。

　　如果家里的每一件家具都是你经过了千挑万选才选出来的，各种家具的空间位置都是你自己设计的，整体效果是欧式还是中式都是按照你喜欢的来办的，那么你对这个家一定会更加满意，因为大到卧室的床，小到一只茶杯都是你精挑细选的。

　　不妨挑个周末，亲自去宜家家居看看，为设计自己的私密空间寻找灵感。也许有人会问为什么要选择宜家家居？其实，选择哪个品牌并不那么重要，重要的是它的家居产品是不是深得你心。宜家的动人之处就在于，它不是简单地在卖家具，而是在为每一个到宜家的人搭建一个关于家的梦想。它的设计理念里透露着欧式的自由平等精神，并不是生硬地把某样产品、某种风格强加到顾客身上，它只是用温暖的微笑和敞开的怀抱来迎接每一个走进来的人。而且宜家家居的产品种类非常丰富，搭建一个梦想所需要的所有材料几乎都能在那里

找到，客厅家居用品、厨卫用品、儿童玩具，还有阳台花卉等，应有尽有。

宜家的设计也许并不是时下最流行的风格，但是却始终不会落伍，实用主义者可以看到它的简约而经典，浪漫主义者能够发现它的唯美和情趣，它所代表的那种清新、健康的生活方式，是所有人都会喜欢的。

总之，周末去宜家看看肯定会为你带来不少的灵感。

宜家的故事

宜家的创始人是一个名叫英格瓦·坎普拉德的瑞典人。坎普拉德从小就表现出极高的商业销售天分。5 岁时，他就做成了第一笔生意。那时，他的一个小伙伴不想到老远的地方去买火柴，宁愿多花些钱也不愿意这样来回奔波。坎普拉德想起了小伙伴要的那种火柴自己家里正好就有，于是，他和小伙伴一拍即合地做成了这笔买卖，轻松地赚到了他自己人生中的第一笔钱。虽然只是很少的一点零花钱，但是这一次初涉商业的行为，让他从此迷上了销售带来的乐趣和成就感。后来，他想到村里的小商店是没有火柴卖的，而村民们的生活又离不开它，于是决定自己在村子里推销火柴。后来，在年仅 17 岁的时候，他就萌生了自己开公司的念头。并且在叔叔的支持下，注册了一家自己的公司。于是，宜家诞生了。最开始宜家并没有自己的设计，但是来自竞争对手的压力促使供货商停止向宜家供货，这成为宜家开始自主开发设计的主要原因之一。这一次的危机与转变反而为宜家今后的发展奠定了良好的基础。问题的背后其实隐藏着机会。后来，宜家的影响力越来越大，它的市场逐渐扩展到瑞典以外的国际市场。早在 1974 年，宜家就在德国开了全球最大的家具市场。现在的宜家早已跻身世界 500 强企业之列，成了不少人购买家居用品的首要选择。

工作之余赚到外快

　　每天朝九晚五地上班，面对的都是同样的工作、同样的同事、同样的环境，很多人都比较容易感到或多或少的厌倦，毕竟大部分人都喜欢新奇，喜欢追求不一样的惊喜。这本来就无可非议。还有些人下班之后，竟会突然不知所措，因为下班之后的时间都是属于自己的自由时间，在这段时间里真的不知道自己该干什么。时间就这样一天天地浪费掉。

　　何不把工作之余的时间利用起来，做一些和平时不一样的事情，比如赚一次外快。除了现在在做的这份工作，你是不是也想过从事其他的职业？每个人心里的梦想都不止一个，可是谁都不可能像齐天大圣那样有分身术，所以在有限的时间和精力里，我们只能去实现一个梦想，但是我们的内心又从来没有放弃对其他梦想的渴望。所以，在工作之余去做一份兼职，倒是不错的选择。

　　也许你是一家大公司的白领，但你就是很喜欢家居店里那种家的感觉：各种不同的装饰风格，有着欧式的简约雅致，也有着中式的古色古香；有大人的衣柜，也有儿童的

玩具。那里充满了生活的气息。你曾经幻想过自己就在那家店里做一名普普通通的员工，你很开心很努力地工作，也很细心地感受着每天到这里来采购家居用品的人们脸上洋溢的幸福。就在工作之余去做一次这家店里的员工吧，不需要你辞掉那份白领的工作，但是又可以实现自己的一个小小梦想，多好。

　　你心里还有各种各样的想法，想去体验好多种不同的工作和生活，那就不要再把工作之余的时间浪费在那些没有意义的事情上了，赶快去做一份兼职，赚一次外快。当一个月结束的时候，内心的充实感和满足感不是你所赚外快的多少可以衡量的。回首这段时间，你也一定觉得很累，毕竟把平时休息的时间拿来做另一份工作了。但是，身体的疲累在心灵的满足面前根本算不了什么。

　　你看重的不是这次赚了多少外快，而是去努力实现了关于职业生涯的另一个梦想。这样的人生岂不是非常多彩多姿？

花时间培养团队意识

小时候大家一定都听过三个和尚喝水的故事：一个和尚挑水喝，两个和尚抬水喝，三个和尚没水喝。人手越来越多，劳动力越来越充足，可是最后三个人却都落得一个没水喝的可笑下场。这其中的原因有很多的道理可以解释，其中之一就是这三个和尚作为一个共同生活的小团体，没有团队意识，互相之间没有进行同心协力的合作，结果连挑水这样一件简简单单的生活小事都做不好。韦伯曾经说过这样一句话："人是社会性的动物，只有在集体中才能更好地体现出人的价值，脱离了群体的人是没有任何社会意义的。"任何人与他人都有着千丝万缕的联系，是群体和社会赋予了我们的行为以价值判断。在共同生活与工作中，这种联系体现得更加明显和紧密，所以更加需要我们相互之间戮力同心，完美合作，只有这样才能在处理生活和工作中出现的各种问题时，表现得得心应手、游刃有余。

合作无处不在，无时不需。在职场中，没有人是十项全能，没有人能够不在他人的协助下完成一项工作。团队合作，取长补短，是汇集众人智慧的最好方法，是实现共赢的最佳途径。要和同事进行完美的合作，你们首先要学会的是信任彼此。有一个游戏是这样的，一个人站在高处，背对着下面的人倒下来。这样做其实是非常危险的，因为他失去了所有自我保护的能力，完全把自己的安危交给了下面接住他的那些人。如果没有彼此间的相互信任，他们是难以安全地完成这个游戏的。由此可见，信任能够让人们更好地完成一项工作。其次，在合作的过程中，你要学会用大度的心胸来调和人与人之间的合作关系。你们可以尽情讨论各自对工作的意见或者想法，会有激烈的辩论甚至发生小小的争吵也不无可能，但是争吵之后，必须学会取他人之长，补自己之短，该放弃自己见解的时候就要大度地放弃，不能够固执己见。并且，当需要牺牲掉自己的部分利益来维持团队合作、满足工作需要时，也请你做出适当的让步。因为最后的成功同样属于你。最后，沟通对人与人的相处十分重要。如果你们连对方在说着什么都无法理解，又怎么可能完成好一项任务？当你们之间出现矛盾的时候，更加需要有效的沟通来化解分歧，实现团队的融洽统一。

现代社会分工越来越精细，与同事合作已经成了我们每天都在做的事情之一。与他们来一次完美的合作，你收获的不仅是工作上的成功，更多的是自我能力的提升。你会发现原来合作的魅力让成功更美丽。

偶尔换个发型

是时候给头发换个新造型了，只要能让自己变得更漂亮，你一定不会拒绝做出改变吧？你可能烦恼于不知道自己适合什么样的发型，或者近期流行什么样的发型，没有关系，把这些交给你的发型设计师就好，跟他提出你的要求，最后肯定能找到一款个性前卫、精美、细致而又有个性，最重要的是特别适合你的发型。

如果你是鹅蛋脸、长脸、菱形脸的大学女生，发型师会建议你试试浅棕色长刘海蓬松卷发：完全遮住额头的长刘海，配合脸颊两侧蓬松卷发，塑造可爱的鹅蛋小脸，微卷的发丝，随意的蓬松以后，造型立即让你变得青春动感。如果你想做具有灵性的年轻淑女，红黑色梨花卷就是你的最佳选择：刘海和内卷发丝，都会收缩脸型。自然的黑色秀发上漂染几丝红色，让文静温柔的你也能时髦潮流。卷发永远都是最具时尚感的发型，看似快要直掉的大波浪卷发，蓬松有型，展现出性感魅力的小女人的味道。蓬松自然的小卷发，让造型更洋气时尚……

短发的女孩一样可以有自己的特色。恬静而温柔的梨花头，显得柔顺乖巧，柔顺的中长发，表现出温柔细腻的女人味。中分刘海凸显知性的女人味，二八分的长刘海，呈八字形覆盖在脸颊上，起到很好的修饰脸型的效果，适合各种脸型……

头发颜色的改变将使你整个人看上去完全变了样。颜色染得好也可以使周围的人们大吃一惊。酒红色的秀发，有一种喜庆的感觉，也让你显得特别活泼热情。选择一种与你的肤色相匹配的颜色：如果肤色偏红，不要选择红色。如果脸色苍白，慎重使用黑色之类会突出苍白的深色，它会使你看上去更加病怏怏。

当你拥有一款独特的发型时，会受到大家的关注和赞美，它就像一张抢眼的时尚名片，让大家一眼就记住时髦的你。

有些事现在不做，一辈子都不会做了

在自己精心布置的房间里求婚

　　爱一个人，不是要给她世界上最好的东西，而是要给她你所能给予的最好的东西。有一天，你突然觉得再也忍受不了每一天和恋人分别时的难舍难分，再也忍受不了在等待见到对方的那段时间里度日如年的感觉，再也忍受不了见面时只能匆匆相聚，然后各自回去工作或者回家的无可奈何，那么就大胆地向心爱的人求婚吧，以你能想到的最佳创意和能做到的最好方式。而家，是最能让我们感到安宁的地方。父母的家写满了我们前半生每一个日日夜夜的幸福，而未来和另一半的家则会承载着你们时时刻刻的浪漫与满足。在自己精心布置的房间里向心爱的人求婚，给对方一个家的承诺，家的温馨也许就是打动她的最佳理由。

　　并不是说你要把这个房间装饰得多么豪华，再华丽的日子都要回到柴米油盐的平淡和简单。你只需要让这个房间里的每一个角落都透露出你对她的爱和珍惜，对真心爱你的她来说，这些就已经是无价之宝了。不需要多么奢华的东西，没有自然生长的蓝色妖姬，普通的红玫瑰也可以；没有价值连城的钻石戒指，一般的戒指也可以；没有豪华游轮上的浪漫求婚，在自己精心布置的房间里面求婚也可以。最重要的是你的心意和诚心。

　　在精心布置的房里求婚，是在向对方许下一个婚姻的誓言，也是在为自己争取一个幸福的机会。因为你的精心、诚心和爱心，不论对方如何回应，生活都会在下一个转角给你幸福。

挑战极限运动

　　蹦极、攀岩、高山滑翔、高空跳伞、激流皮划艇、滑板的 U 台跳跃赛……说到这些极限运动的时候，大多数人都会瞪大了双眼，显出既恐惧又好奇又佩服的神情。我们总是能够从那些极限运动的爱好者身上，看到无限的勇气和激情，感受到生命的活力与张扬。虽然极限运动是对人的体能的极大挑战，但它在挑战人们体能的同时，也考验着我们的心智，看看我们在面对困难危机的时候，是否足够果敢。

　　一个人最大的敌人其实就是自己，最大的恐惧源于自身的胆怯，而成功最大的障碍也是源于自己的优柔寡断、不敢挑战。不少人在面对挫折困难时，总是由于胆怯和惰性而轻易地对自己说，这已经到达了自己的极限，所以不得不放弃了。其实，没有经过长时间坚持不懈的努力，我们是不应该轻易放弃自己的，毕竟成功来之不易，自然要用极大的努力和坚持去换取。

　　离开了果敢，一切都将无法实现，成功是果敢的人才能攀到的高峰。果敢就是这样一种素质，它在运动员的眉宇间淡定，它在鲜花和掌声的舞台上沉着，它是一种风景，一种伴随着上帝恩赐的风景。成功时可见果敢的影子，失败时它又是你重新启程时掌握方向的舵。

　　当你站在蹦极台上时，请你果敢地往下跳；当你攀爬在陡峭的山岩上时，请你果敢地踩在每一个支点上；当你玩高空跳伞时，请你果敢地体验一次飞翔的快感。每一次的挑战，释放的除了对生命的激情以外，还有对梦想的热爱。兰斯顿·休斯说：要及时把握梦想，因为梦想一死，生命就如一只羽翼受创的小鸟，无法飞翔。所以，请你果断地张开翅膀，去尝试一下极限运动。

　　去玩一玩极限运动吧，它既能够给我们带来运动的乐趣，又能够帮助我们释放压力、放松心情，在不断挑战自己体能的同时，激发我们对成功的自信和勇气。

不可错过的极限运动

攀岩

关于攀岩还有一个美丽的爱情传说。传说，在阿尔卑斯山区的悬崖峭壁上，生长着一种珍贵的高山玫瑰。只要获得了这种玫瑰，就能拥有最完满的爱情。于是，无数勇敢的小伙子们为了获得心爱之人的芳心，都争相勇敢地去攀岩摘取这朵玫瑰。攀岩的主要装备：安全带、下降器、安全铁锁和绳套、安全头盔、攀岩鞋、镁粉和粉袋、绳子、岩石锥、岩石锤、岩石楔等。这项运动对攀岩者的耐力、柔韧性、平衡能力和体力都有较高的要求，所以，不妨先选择难度较小的路线开始，由一名经验丰富的同伴陪同保护，处理好身体与保护绳的关系。享受运动乐趣的同时，不要忘了安全第一。

激流皮划艇

这项运动是桨手们乘坐在一架特制的小艇上，在水流湍急之中共同体验乘风破浪的快感。它最基本的装备是划艇和划艇桨。对划艇的宽窄、长短、最低重量都有严格的规定。划艇桨是一头有桨叶的铲状桨，一般的材质是木材或玻璃钢，近年来又发展为碳素纤维了。

高空跳伞

1979 年 10 月 22 日，法国人加勒林在巴黎 100 米左右的上空从热气球上跳下来，成了世界上第一个跳伞成功的人。高空跳伞的魅力在于跳伞者既可以从飞行中的各种飞行器上跳下来，也可以选择陡峭的山顶或者高地，自由控制开伞时间，把刺激值提升到最高点。

择一城而终老

你可能会迷恋上数百个地方。出去度假的众多好处中最显而易见的一个，就是逃离一直待着的那个地方，在途中尽情领略各处美丽的风光和风土人情。

年华向晚，不过岁月沉香。终于有一天，我们会两鬓斑白，步履蹒跚，那时我们将不能再走千山踏万水。为什么不永远地逃离那个待了一辈子的地方呢？辞掉你已经厌倦了很多年的工作，打包带走你的私人物品，寻找阳光、大海和火热的天气，在你喜欢的地方生活，择一城而终老！

在漫游世界的途中，穿越了形形色色的镇子、城市，总会有一个地方让你对它魂牵梦萦。找一个青山绿水的地方，寻一处幽静的茅舍，或是云水禅心的庭院，那里有晴朗的阳光和静谧的悠然，还有你明媚的笑脸。甚至可以搬到一个无人问津的荒凉小岛上去，在那里搭建一个小吧台。终极的荒芜小岛应该是这样的：头顶着蓝天，被绿水和黄沙包围着，岛上一无所有，除了绿油油的树、坚硬的岩石、可口的啤酒和吧台小点心。

这样的生活该是多么无忧无虑啊。

择一城而终老

当你完成这件事情时，
将成功之星涂上颜色并填写表格

你移居到钟爱的地方的日期

| d | d | m | m | y | y | y | y |

如果第一次没有实现，写下你第二次搬家的日期

| d | d | m | m | y | y | y | y |

请在地图上标上两个"×"，其中一个代表你曾生活的地方，另一个代表你后来搬去的地方

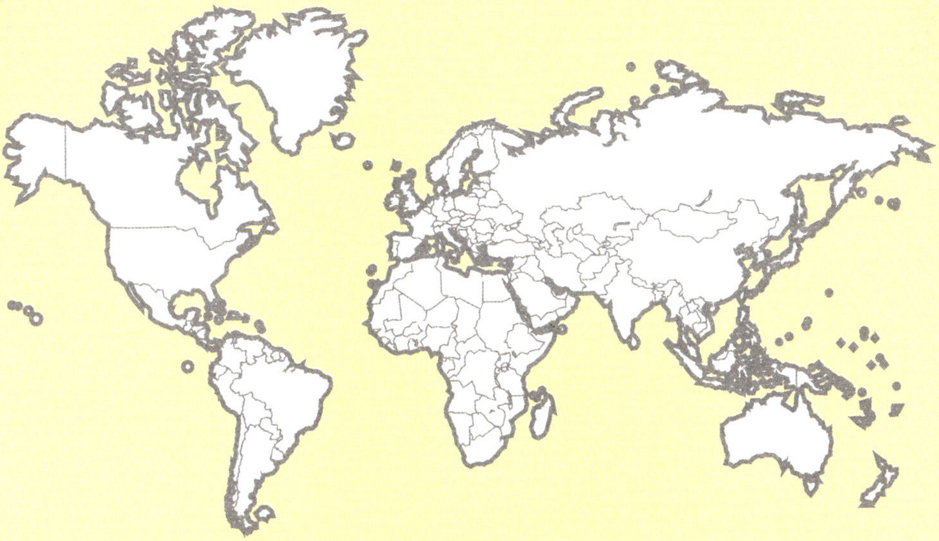

你钟爱的地方在哪里？

你是从什么地方搬过来的？

你搬家的理由是什么？

| 家庭原因 | 新生活 | 新工作 | 退休 | 逃避法律 | 其他原因 |
| □ | □ | □ | □ | □ | □ |

如果是其他原因，请具体说明

你是跟谁一起搬家的？

它是否与你所设想的一样？ y/n

如果不是，请描述一下为什么它不能使你满意？

你是否曾考虑过生活到任何另外的地方？ y/n

在你所钟爱的地方你已幸福生活了多少年了？ 0 0

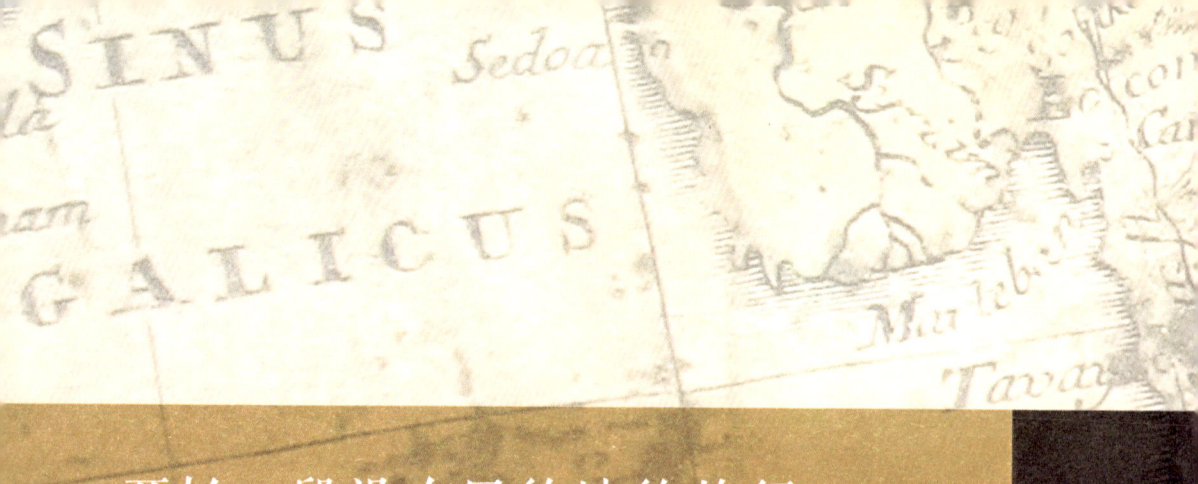

开始一段没有目的地的旅行

　　趁着自己还年轻，趁着还没有完全麻木，经历一次没有目的地旅行。把它当成一次冲动的逃跑也好，放飞也罢，总之要让身心重获自由。既然想要体会身心的自由，那这次旅行就不要制订什么目的地，没有非到不可的地方；没有非看不可的风景，也没有非做不可的事。到了某个地方，看到车窗外那蓝得似海的天空下绿草如茵，繁花似锦，你想下车了就可以下车。你会发现，原来自己可以把生活的节奏掌握得如此恰到好处。这个地方是偶然发现的惊喜，有着正合你心意的亲切感。再也没有无处不在的恼人的事情，自由的灵魂激动得就像那匹驰骋在草地上的骏马，要冲破你的胸膛。

　　这是一次完美的邂逅。没有事先深思熟虑的计划，也没有必要去担心以后的结果。享受此刻，才是你对大自然最好的报答。而且，在这个不是目的地的地方，你可以有好多时间去慢慢邂逅那地方的浪漫，比如那儿的人、那儿的歌、那儿的美食、那儿的温情。此时此刻，此情此景，你再也不是那个浑浑噩噩的自己。

　　灵魂的翅膀是任何东西都不能绑住的。你终于明白了自由的重要，终于懂得了要怎么保护自己独立的人格。寄情山水之间，翱翔于九天之外。在这次没有目的地的旅行中，你最惊喜的邂逅是发现了一个更好的自己。

© Alina
photog

Pracel
DESERTUM
Siam
Bankok
Pulo Condor
TRAVEL
OCEAN
SOUTH AMERICA
AUSTRALASIA
I. Banca

写下遗嘱，去世后捐献有用的器官

　　一个人怎样才能让自己的生命更有意义？有的人说拥有财富的多少，就决定了一个人的价值；有的人说，自己的鼎鼎大名有多少人知道，自己的生命便具有多大的意义；也有的人说，大权在握才是生命存在的目的。其实，金钱、名誉、权势都只是过眼云烟，我们出生的时候带不来它们，死亡的时候，更是无法带走一星半点。说到底，它们都是虚空的东西。那么，究竟什么才能赋予生命真正的价值？这个问题的答案很简单，就是爱！我们是因为爱才来到这个世界上的，离去时，也是亲朋好友的爱陪我们走完生命的最后一程。在终于要向这个世界所有美好的人和事说再见的时候，不妨把自己的爱留下，让生命更有意义。如何留下？写下遗嘱，把自己有用的器官捐赠出来，让有需要的人因为你的善良和慷慨重新品味到健康、幸福的滋味。

　　有统计数字显示，全世界需要器官移植的病人数量是目前人们捐赠出来的器官数量的 30 倍。仅仅以角膜为例，全世界有 4600 万人失去光明。有的人是从一出生就失去了看见的能力，也有的人是在生命的途中遭受了这个无情的打击。这是一件多么不幸的事情，把他们的生活推入了无法穿越的黑暗的深渊。他们看不到天空的蔚蓝，也欣赏不到鲜花的多姿多彩，连自己的亲人朋友长什么样子，都只能靠手去触摸，凭感觉去记忆。但是，只要有足够的角膜，就能让他们重见光明。你一定不愿意放弃一个改变他人命运、为他人创造幸福的机会。

也许是残酷的竞争、过大的工作压力让我们的心灵变得越来越麻木。不仅对他人的苦难越来越漠不关心，很少主动帮助陷于困境中的人们，就连对自己的内心也是越来越无暇关注，以至于难以感觉到踏实、幸福和自己活着的意义。那么我们应该怎么做才能让自己的内心感到幸福，才能让这个世界变得更加美好？

当你决定在死后把自己有用的器官捐献给有需要的人时，你的内心就已经因为那个人可能获得的新幸福而倍感欣慰和满足。

重走来时路

　　有一种美好，永远停留在过去的某一个地方，因为已然逝去而弥足珍贵，因为怀念而更加难忘。过去的已经无法回头，但也许还可以循着曾经的足迹，寻找回忆的斑点，在心里久久珍藏。

　　重走来时路，会是如此美妙，因为你可以将那些看上去毫不相干的事情重新分类，从而获得一个全新的、足以用来宽慰自己的过去；在于可以不断改变自己曾经扮演的角色，以求获得不一样的经历和人生体验；在于尽可以任凭思想这匹野马随意四处驰骋，甚至不顾廉耻，荒诞离奇。

　　然而，重走来时路，终究不是为了沉迷过去，不肯醒来，而是让过去的欢笑和快乐重新充盈心间，体味生活的美好与幸福，尤其当你感觉到生活的苦闷和无奈的时候，回

顾一下过去，曾经的故事总会勾起你对往事美好生活的怀念，总会激起你找回幸福与快乐的信心和勇气。

　　每个人都可以安静下来，进行这样的寻路之旅。傍晚，你坐在书桌边冥想，手捧一杯香茗，彻底放松下来。你乘上了记忆的马车上路，循着自己曾经走过的路又走了一遍——你的生活重新开始了。理所当然地，你和自己的过去重逢，和过去的生活重逢，和你过去生活中的人们重逢……

　　重走来时路，其实就是要告诉自己，有些事无法逃避，只能面对。也许你曾经犯错，才与美好擦肩，但不要过多地纠结和追悔，勇敢面对，让过去点燃今天行进的路灯。已经逝去的，如果可以，就选择放下，轻装上阵，你会比昨天走得更好。

做一个被试者

　　为了抵御威胁着人类生命的各种疾病，我们发现了形形色色的疫苗，而这和那些实验者勇敢无畏的付出是分不开的。如果你想利用自己的生命做件有意义的事情，那么就做这件事吧！这也是试验一种新药的好方法，只是尽量不要被施以安慰剂，同时要确保自己没有生命危险。

　　有一些大学迫切地需要一些志愿者来开展各种医学实验。你可能被施以电击，被剥夺睡眠，被迫接受众多心理学测试，却得不到一点回报。你也可以去药物公司和医院试试。

　　这些实验种类不一，从问卷调查到药物测验，不一而足。有些实验在一个下午可以结束，而有些将要持续数年。在你报名前要先确定你参加的到底是怎样的实验。

　　你可以在互联网上浏览需要这类实验者的广告，但是你必须确定该单位是正规的。

　　经过漫长的循环实验，在你身上得出的结果将会造福数百万的人类。想想这件事该有多么美妙。

做一个被试者

当你完成这件事情时，
将成功之星涂上颜色并填写表格

临床试验的开始日期   临床试验的结束日期   试验名称

d	d	m	m	y	y	y	y

d	d	m	m	y	y	y	y

试药

药品名称是什么？

你是否一定要每天服药？ y/n   你需要服几个星期的药？

在下面的表格里填上你每天需要服用的药片数量

你服用的是哪种药片？选择相应的形状

S	M	T	W	T	F	S

是否有副作用？ y/n   如果有，有什么副作用？   你被施以安慰剂了吗？ y/n

心理测验

是什么样的测试？   你从中学到了什么？

生理实验

用到电极了吗？如果有，在下面的人体图中标出电极所安放的位置

女性背面   男性背面

女性正面   男性正面

结果

实验结果对他们是否有帮助？ y/n   结果对你是否有用？ y/n   你是否为实验结束而感到高兴？ y/n   你是否会再次尝试？ y/n

登上长城，回眸历史

　　长城是一个奇迹，它是国人的骄傲，是受世界瞩目的宏伟古迹。长城的伟大举世瞩目，那绵延六千多公里的建筑，至今屹立在那里，见证了历史的变迁，王朝的兴衰荣辱。

　　你有没有站在长城上思考过历史呢？像古时的文人一般，咏上一首诗，感叹一番。身在此处的你多少该有些思绪吧。站在壮观的建筑之上，你想起当年的烽火，想起红颜祸国的历史故事，有没有些触动呢？

　　历史上很多的文人墨客，爱咏史怀古，心怀天下；天下有许多的人，学贯古今，造诣深远。不如也跟着那些足迹，回眸一次历史，听听古音的号角、铁马的蹄声。

做一个美丽的"白日梦"

下班了，放假了，当你拖着疲惫不堪的身体从拥挤的地铁里出来时，感觉很累很无奈，突然发现自己已经期待这一刻很久了，就是这次的休息机会一直支撑你坚持到现在的。

回到家中，外面依然光照充足，似乎白天永远也过不完一样。回想这段时间的忙碌，有一种劫后余生的感觉。此刻，安慰自己：一切都结束了，放下沉重的包袱吧，让自己过得轻松一些。不如尝试做一个美丽的"白日梦"，这个梦如羽毛般轻盈，带着你一起飞离地球表面，远离现实的烦闷与苦痛。

这个白日梦可以是天马行空的。你可以幻想自己拥有鹰的眼睛、狼的耳朵、豹的速度、熊的力量，使你非凡超人，为了维护和平与安宁，同邪恶进行不懈的斗争。还可以想象自己像巫师一样拥有预知未来、改变命运的法力。既然这只是一个白日梦，那么就可以没有任何负担地想怎样就怎样。在如此这般疯狂的梦境中，你一定能够感受到彻底的放松和随心所欲的痛快。

你可以幻想自己遇到了梦寐以求的王子或者公主，然后在浪漫的邂逅中开始了一段童话般美好的爱情故事，你们经历种种风雨终于走到了一起，从此过着幸福快乐的日子。

你可以幻想自己成了一个国王，你的臣民对你爱戴有加，在你的英明领导下百姓安居乐业，过着世外桃源一样的神仙日子。

你可以幻想自己……

不要觉得做白日梦就是浪费时间，偶尔做做白日梦不同于沉溺在幻想里。一旦你失去了做白日梦的能力，生活也就会缺少很多梦幻般的绮丽色彩。做一个美丽的"白日梦"吧，让自己插上想象的翅膀，像羽毛一样轻松地飞起来吧。

自己做童话故事的主角

小时候，最喜欢听童话故事，《海的女儿》《天鹅湖》《格林童话》《阿凡提的故事》……故事里的好人都是勤劳善良又聪明的，时时都有好运气；坏人都是懒惰邪恶又愚蠢的，时时都会交厄运。童话的结局都是好人最终战胜坏人，坏人受到惩罚。

听着故事，我们常常对故事中的主角充满了羡慕，羡慕他们拥有智慧与美貌，羡慕他们获得了周围人的肯定和爱戴，羡慕他们超乎常人的非凡经历和传奇，羡慕他们从此"过上了幸福快乐的日子"。羡慕到了一定程度，总是偷偷期盼着自己能够取而代之。所以，小时候，每个人心中都有一个童话，渴望自己能变成里面的主角。长大后，虽然我们不再迷恋童话，但是心中仍然还会想起那个梦，还有想变成童话主角的渴望。

其实，只要你愿意，完全可以一偿凤愿，当一回童话故事中的主角。那就是自己写一篇童话，以自己为主角，按照自己的愿望写就自己的传奇人生，让自己在童话故事里过足瘾。

你有什么样的愿望，都可以在这个童话里一一实现。但是不要把自己塑造得过于完

美，也不要让自己的经历一帆风顺，因为童话也要有跌宕起伏和曲折离奇的情节，正如生活中也有坎坷波折一样，太顺利只会让人觉得单调。童话是对现实不圆满的一种弥补和填充，也是对生活的希望的一种寄托和激励。所以，你这个主角也不能完全脱离现实，身上必须有现实中的你的影子，这样写出来的故事才是有意义的。

自己做童话故事的主角，你会变得更加坚强，因为你知道童话中的结局，你最终会克服所有的困难和苦痛，你会对生活充满信任，对人生充满信仰。童话里的美好会激励你继续努力。

自己成为童话的主角，那就认真地扮演好这个角色。现实中也记得要抛开犹疑和困惑，怀着对生活满腔的热情和信仰，认真写就你自己的童话故事。

Merry Christmas

写份创业计划书

为自己的梦想画下蓝图，是为了证明自己的聪明才智，更是为了用一种无懈可击的理由来说服自己为梦想付出。对初创的风险企业来说，创业计划书的作用尤为重要。一个酝酿中的项目，往往很模糊，通过制订创业计划书，把正反理由都书写下来，然后再逐条推敲，就能对这一项目有更清晰的认识。可以说，创业计划书首先是把计划中要创立的企业推销给了创业者自己，待经过多次修改之后，你想问题会越来越客观，越来越全面，这对项目的正常启动和运行起到了至关重要的作用。

需要注意的是，创业计划书，不是随便写写自己的畅想就算完成任务，那些既不能给投资者以充分的信息，也不能使投资者激动起来的创业计划书，其最终结果只能是被扔进垃圾箱里。

计划书的几点建议

关注产品

在创业计划书中，应提供所有与企业的产品或服务有关的细节，包括：产品正处于什么样的发展阶段？它的独特性怎样？企业分销产品的方法是什么？谁会使用企业的产品，为什么？产品的生产成本是多少，售价是多少？企业发展新的现代化产品的计划是什么？

了解市场

创业计划书要给投资者提供企业对目标市场的深入分析和理解。要细致分析经济、地理、职业以及心理等因素对消费者选择购买本企业产品这一行为的影响，以及各个因素所起的作用。创业计划书中还应包括一个主要的营销计划，计划中应列出本企业打算开展广告、促销以及公共关系活动的地区，明确每一项活动的预算和收益。

展示你的管理队伍

把一个思想转化为一个成功的风险企业，其关键的因素就是要有一支强有力的管理队伍。在创业计划书中，应首先描述一下整个管理队伍及其职责，然而再分别介绍每位管理人员的特殊才能、特点和造诣，细致描述每个管理者将对公司所做的贡献。创业计划书中还应明确管理目标以及组织机构图。

创一次业，无论成功与否

每个人都有自己的理想，可并不是每一个人都有勇气和魄力为实现自己的理想而打破现状，不再唯唯诺诺地追寻别人的脚步，而是自己去创业，开辟一片属于自己的天地。你身边的朋友是不是时常抱怨工作中的不顺心，总是说这不是自己理想中的工作？甚至你自己偶尔也会对现状厌恶不已。可是，大部分人只是一味地抱怨，谁都没有想着去改变现状，即便有人想了，也仅限于想法，迟迟不见实际行动。于是，理想和成功就在口头的抱怨与行动的迟缓中搁浅了。

也许，大家不敢创业的原因是过分看重结果，抱着一种只许成功不许失败的心态，心理压力这么大，当然不敢冒险创业了。其实，创业看重的不应该是成功的结果，而是为理想而努力奋斗的过程。成功与否并不那么重要，重要的是我们打破了自己性格上和人生上的局限，替自己开辟了更广阔的人生天地。而且，总算为自己的理想打拼过了，人生也就没有遗憾。

创业，不在乎成败，因为这个过程教给你的东西远比结果带给你的收获多。当你终于不再保守，不再停留于空想之中，有了创意又有了行动时，你的人生将会有更加广阔、更加绚烂的新天地。

关于创业者的往事

1. 华人首富李嘉诚步入社会后的第一份工作是做一家茶楼的跑堂。

2. "松下电器"的创始人、被誉为"经营之神"的松下幸之助在少年时代只接受过 4 年的小学教育。

3. 哈兰·山德士上校创建肯德基时，只是一个领着 105 美元救济金的退休军官。

4. 年利润雄踞世界最大旅馆榜首的希尔顿大酒店的创始人唐拉德·希尔顿归纳出的六大成功要素：要有远大的志向；善于发掘自己与众不同的才智；热忱、执着；不要过分担忧；不要留恋过去；理智。

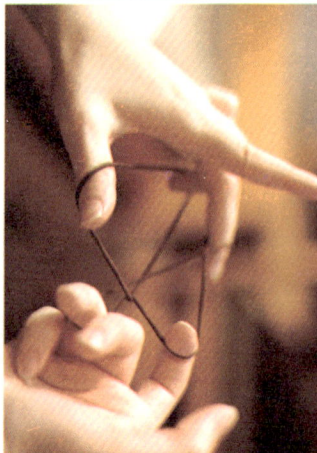

找回童心，发现自由如初

那时候我们看着《大风车》看着《动画城》，收集着神奇宝贝，看着《哆啦Ａ梦》《猫和老鼠》一路走来。喜欢一个动画人物，就把文具盒、书包、铅笔，统统换成它的样子……

每一个人的内心深处，都有一片美好又短暂的记忆，那是独属于童年的美好回忆，那种记忆永远无法取代。虽然我们习惯了成长过程的苦涩，习惯了每天回顾过去又展望未来的无奈，也终会慢慢等来变成熟、变老的那一天，但是每个人心中都依然存有一份童真。其实，每个人都程度不同地怀有童心，只是平时各种"枷锁"让我们不得不故作正经，让我们不能随心所欲。

童心不能失去，这是做一个真性情人的需要，也是做一个健康、快乐之人的需要。因此，莫让失落的童心搁置，在这个纷繁复杂的世界中，请把你那颗心，深深地根植在童趣的沃土里。这时，你的肩膀不会再如此沉重，你的生活将不再苦痛。

去找找失落的童心吧。丢在海边？丢在旷野？丢在当年的小屋子？人生道路漫漫，时刻能找回那颗童心自我劝慰，才能够让自己随时调节，随时修整，用最好的心态和最纯真的笑容去面对生活中任何琐事。你可以做些疯狂的事情、幼稚的事情，可以嘲笑自己的不理智，但是你的心情是明朗的、没有负荷的，那才是真的解脱和放松。

当我们流连之时、沉溺之时、无奈之时，内心都还有个本初的自己——那个怀揣童心的孩子，在回忆里对自己微笑。只要我们拥有一颗童心，也就拥有了一双重新审视生活的眼睛，拥有了一份纯真的快乐，拥有了一种闪亮的永不服输的精神依托。想想当年，你就坐在那里笑，难过的时候就放声大哭。没人给你随时评分，也不用随时自我审视。自由如初，童心最美。

联络久违的朋友

　　一路遇到过很多人，走失的人走失了，相逢的人再相逢。是不是偶尔也要回头，找找那些走失的人，看看他们现在过得好不好？

　　每段时期必定有着不同的生活，也许换了地点，也许换了心情，于是周围的人群也会变得不一样。随着我们的成长，那些能够陪伴的、能够倾诉的、知心的、也跟着我们的变化而变化着。当你与一些人渐渐失去联络时，也就同时意味着你已经与过去的某一个自己脱了节。

　　生活越来越忙，路越走越远。回头看看当初的起点，无限感慨惆怅。老朋友们都有了自己的生活了吧？对工作还是像老情人一样又爱又抱怨吗？ 这时候，你翻起通讯录，也许看到某个久违的名字，曾经你们也许一起坐在教室里说过知心的话，曾经也许你们一同唱过歌、流过泪、开过玩笑，只是这些年没有联络。你很想知道他们过得好不好。那么就用你的方式，发个短信，或者打个电话，哪怕只是一封邮件，一条留言，问声好。

　　这一回联络也许是激动不已的唠叨，互相倾诉这些年发生的苦与乐，一同回忆过去点点滴滴的欢笑和哀愁。也许能让你找回些什么。那时的你更简单，那时的你更开心，那时的你更放肆，那时的你更无所顾忌……人是应该向前走，可是偶尔退回去嘲笑嘲笑当初的幼稚也不错，或者，抛开现实的压力，回到学生年代去疯闹一回也未必不可啊。

　　当初能够一起经历一段时光的，能够称之为"朋友"的人，都是有缘之人，感恩不能忘，记忆不能抹。走失了还能再找到，这本身就是一种幸福。

看望老师

自从我们踏入校门的那一刻起，"老师"这个称呼就一直陪伴我们度过了所有的校园生活。即使在当时，你偶尔会对这个称呼有些许的抵触，因为他们不停地在约束你，在指出你的错处，然后监督你必须做出改正。你凭借你的小聪明和他们斗智斗勇，在屡战屡败之后也不甘认输。但是，"老师"这个称呼给予你更多的感觉却是温暖，他们在你受伤的时候呵护你，在你受挫的时候鼓励你，在你无助的时候更是无私地给你支撑。所以，即使在你离校别师很多年之后，你还念念不忘师恩，计划着时常去看望当年的老师。

那就去吧，不要觉得近乡情怯，不要觉得不好意思，更不要因为现在的你还没有取得辉煌的成就而无颜见老师，只要你能不忘师恩，想着去看望他们，就是对他们最好的回报。

看望老师，并不一定要带多么贵重的礼物，一束康乃馨就能代表你心中的感恩，因为老师从来没有想着能从你身上得到什么，所以，代表着祝福和感激的鲜花反而让他们更愿意接受。

在去看望老师之前，可以事先给老师打个电话，送上你的问候，并表示你想去看望，约好具体时间。一定记住约好的时间，按时到达，无论你有多少理由，都不要让老师等待。如果你能约上几个同学一起去拜访，相信老师会更高兴，场面也会更热闹。见到老师后，如果可以，给老师一个热情的拥抱，问老师身体好，然后报告你现在的境况，工作和生活各方面都可以谈。可以回忆一下老师当年对你的教诲、对你的帮助，感谢老师的育人精神，并询问老师现在的工作情况。

多年之后再见到老师，你是不是有种见到亲人的感觉？看到昔日的容颜已经老去，头上的乌丝早已变成了白发，你是不是有种很心酸的感觉？那就经常去看看老师吧，虽然说师恩难报，但是有你的关心和探望，相信你和老师的心里都会觉得暖暖的！

偶尔回归小时候的心情

当我们用稚嫩的双手折出并不算精致的纸飞机时，当我们缠着长辈要去游乐园的时候，在马路上舔着棉花糖的时候，成长的最初过程都是纯洁无瑕的。就这样，风风火火，度过寻常又独一无二的童年生活，然后与外界有了关联，成为现在的我们。多年以后，当我们回忆这些纯洁无瑕的时光，也就不免感叹那时年少无知的可爱，也就不免留恋那些可以肆无忌惮又随心所欲的欢愉情绪。

若是不愿仅仅在脑海里怀念，那么，找一天换上大短裤，穿上宽松的大T恤，跑到海边，跟能疯能闹的朋友们一同去垒一回沙堡吧，也许能回想起童年的小秘密也说不定哦。也许你会回想起来，曾经有和一大帮的小孩一起在沙滩上踩下深深浅浅的脚印，把好脾气的男生埋在沙子里，也曾经挖了大大的洞，一直挖到洞里都有及膝的海水。海水咸咸的味道，海风轻柔的声音，仍旧没有改变，可是孩童时代已经过去很久。这样想，恐怕是有些惆怅吧。那么看看广阔的大海，捡起贝壳想起当年唱过的歌，听海浪拍着沙子的清脆声响，心情是不是又回归到当年呢？

做小孩是件幸福简单的事情，只需要简简单单，考虑长大要成为一个什么样的人，把能够玩的游戏都尝试一遍，把一切能唱的歌都学会，就可以了。仿佛只要摇着脑袋背背诗词，偶尔给大人们表演一个节目，听他们的话，就是个乖孩子，就能够被认同，被宠溺。不似如今，付出巨大的努力，花费过多的时间，兴许也不能让自己满意。所以，偶尔能够回归到小孩时候的心情是件多幸福的事情。压力太大的时候，心情压抑的时候，感到孤寂的时候，或者不知所措的时候，多给自己一些这样的释放，也很好。

若是心总保持着孩童般的纯净，那么人也便活得安然而满足了。经常让自己重现童年时的心情，抓住这种美好的感觉，便会觉得，我们还正年少，还有很多美好可以期待。

珍藏一件值得你一生回味的物品

人的一生说长不长，说短也不短。我们或许有足够的时间去经历，或许才刚匆匆一瞥便不得不离去，唯一能够肯定的就是，任何东西都抵不过时间——人会老，情转淡，心易衰。所以，我们需要时刻提醒自己，不要忘记那时的真、那时的爱、那时的痛彻心扉、那时的喜极而泣。人生因为有了记忆，才不致苍白。你的心也会因为那些铭记，更容易时刻保持年轻与鲜活。很多时候，我们都会把自己的感情凝聚在某件物品中，因此这件物品对你来说具有不同寻常的意义。你会在那里面寄托着自己或者他人当时的感受与情谊。这件物品，值得你珍藏，因为那些已经成为过去的岁月值得你回忆。珍藏的是一份过去的记忆，珍惜则的是一段即便疼痛也很美丽的人生。

也许是你学会走路那天，妈妈兴奋地给你拍的照片；也许是爸爸不顾妈妈的反对，偷偷给你买的武侠小说；也许是祖母去世时留给你的那只银镯；也许是你童年的某个玩具；也许是好朋友在你生日那天送给你的一本相册，里面贴满了你们在一起的点点滴滴；也许是恋人送给你的一枚戒指，不在乎戒指是否贵重，只在乎和它一起放在你手心里的那颗真心；也许是……一生中有那么多值得回味的人和事、景和情。亲情、友情、爱情……它们赋予了某件物品别样的意义，你珍藏着这件物品，其实是在珍藏着那一世美好的感情。

这件很有意义的东西不一定非得是实物，它同样可以是一首表达你喜怒哀乐的歌，一幅别人充满诚意地送给你的画，一场你和某个重要的人去看的值得纪念的电影。这件物品是什么形态并不重要，重要的是它里面盛放着你的真情实意。

随着时间的流逝，你可能会因为工作的繁忙、生活的琐细而暂时忘记了曾经的某个人、某件事。但是，当你不经意间看到自己珍藏的那件物品时，当时的人、当时的景便仿佛都穿越了时空，微笑着朝你款款走来。于是，往事一一浮现。你想起当时一些人的好与不好，想起当时自己正经历着的悲欢离合，想起当时那段生活的五味杂陈，内心依然会悸动。可是现在的你在经历了沧桑岁月的洗礼后，已经不再年少轻狂，不再愤世嫉俗。此时此刻，重新想起曾经的点点滴滴，会变得更豁达，变得更懂得感恩。情感，因你的珍藏而历久弥坚；岁月，因你的纪念而刻骨铭心。当从记忆中重新拾起过往，只会感觉一切是那么值得珍惜。

约儿时的伙伴爬一次树

在我们忍不住回首往昔的时候，有一个角色肯定不会缺席，那就是童年的伙伴。他们就像是一道永不尽兴的风景，在我们疲惫的时候，带给我们无限温存。

小时候，我们在院子里玩各种稀奇古怪的游戏，不管天气如何，在院子里嬉闹已经成为我们最大的乐趣了。小时候，我们曾经盼着长大，想象着长大后做什么，想象多年后我们相见的情景……

当我们还没来得及做好真正长大的准备，或许刚刚准备好面临严峻的社会考验和现实的人生时，岁月已经从我们身边悄悄流过，皱纹也一点点爬上额头和眼角，不经意间，我们已与儿时的伙伴许久都没有见面了。也许是因为工作的忙碌没有闲暇，也许是因为家庭琐事分身乏术，也许是离开家乡，在外拼搏，相隔万里，即使想要面对面安静地叙叙旧也是力不从心。纵然如此，儿时纯真的感情依然还在，无论何时何地，儿时伙伴都会让你感到安全。长大了，工作了，结婚组建家庭了，在这个漫长的过程中你有很多朋友，可是很少能有与儿时的伙伴那样的轻松和平静。工作的压力和生活的烦恼，可能很难让你开怀大笑了吧，可是每次回忆起小时候一起玩耍的朋友，你都会由衷地微笑，心里顿时轻松起来。

如果能抽出一些时间，如果可能，约儿时的伙伴，再爬一次树。你一定会感慨自己的身手已没当年那么敏捷，但你可以感受曾经的欢笑。

其实现在想想，小时候我们的满足来得多么简单，可是长大后的我们，总是有诸多的苦恼，好像总是会听到那些永远不知满足的话。如果现在的我们还能因为简单地爬上了树、摘到了想吃的果子而露出满足的笑，那样多好！

参加一次小学同学会

　　很多人在收到小学同学会邀请的时候，总是会生出犹豫：想起孩提时光，小伙伴的无邪，放学后的嬉戏，虽然那时候的我们淘气调皮，打打闹闹，但依旧笑容满面、兴致勃勃，好像每个日子都像是镀了金边，即使被弄哭一回，被批评一次，也总会破涕为笑。那个时候。欢笑多于忧愁，就像是歌里面唱的"单纯的小美好"。可是——，权衡再三，还是觉得应该婉言推托。想想那个时候，年龄太小，到如今，许多人恐怕早已连名字都叫不出来了。加上如今时隔那么多年，记忆早已模糊不清，哪还有话题可聊呢？与其在人群中呆呆地坐着尴尬无比，还不如相见不如怀念，保留记忆中的那点美好印象。

　　翻翻小学毕业照来看看吧，回味一下那些年你们一起经历过的事情：迷恋玩具手枪，还是变形金刚？是洋娃娃，还是过家家？是跳皮筋，还是拍洋画？那些年，你跟哪几个小朋友比较要好，你们又做过些什么游戏？这孩提的时光，真是纯粹得美好如初。而现在呢？照片里、记忆里的每一个小孩子都已经勇敢长大，当年那些稚嫩的面孔，如今都变成了什么模样？难道你一点都不好奇吗？

　　去参加一次小学同学会吧，看看现在的面孔，与当年印象里的脸对照一下，也许能够认出几个来。尤其是当年交情比较深的、曾经同桌的、划过"三八线"的、总是跟你比较学习成绩的、吵过架的……看每一个人的变化，你一定会感叹岁月蹉跎。当年的矮个子男生现在成了英俊的"高个子"，昔日的小女孩现在成了女强人……一晃眼，时间过得真是快。

　　没有什么能取代孩提时代在你心中的地位，与其在以后的时光里对着老照片凭空想象、后悔不已，不如现在就连接上过去，让回忆与现实对接，重新找回那时候的美好体验。

故地重游，寻找逝去的美好

有一个地方，似乎永远都停留在那里，任凭时间怎么飞逝，人事怎么变迁，它都一如往昔般扎根在记忆的角落里。有一种美好，永远停留在这一个地方，因为已然逝去而弥足珍贵，因为怀念而更加难忘。过去的已经无法回头，但也许还可以循着曾经的足迹，寻找回忆的斑点，在心里久久珍藏。

故地重游，让过去的欢笑和快乐重新充盈心间，体味生活的美好与幸福，尤其当你感觉到目前的生活不如意的时候，便越发地怀念过去，而故地重游，总会勾起你对往昔美好生活的怀念。回忆总是美好的，回忆的内容也是愉快的，虽然往事总伴随着开心与伤悲，但每当回忆时，我们总会习惯性地把悲伤淡化，因为曾经的这些故事，总会激起你找回幸福与快乐的信心和勇气。

故地重游，循着记忆的足迹，尽管已经物是人非，找回的仍是过去的那种感觉，感觉还如昨昔那般美好。故地重游，让你现在更懂得珍惜身边拥有的，不要让今天的美好转眼又成云烟，为了你在乎的人，过好眼前的每一天。

黄昏的时候，坐在书桌边冥想，沏上一杯热茶，身心彻底放松，回想当年的点滴，这种感觉就好像傍晚时分偶然抬头望月，月光偷偷窜进你的视线，虽不刺眼，但却拨乱了你的心弦。所以，再次重游故地，其实就是想要告诉自己勇敢面对曾经犯下的过错，但不要因为这些事过多地纠结和追悔，当美好在心中重新演绎的时候，仔细想想你错在哪里，你该如何去纠正和弥补。勇敢面对，积极更新你的人生。认错改错不是让你把过往的痛苦久久在心里缠绕，而是让过去点燃今天行进的路灯。已经失去的，如果可以，选择放下，轻装上阵，你会比昨天走得更好。

故地重游，同样的地点，却已是不一样的姿态。故地重游，让我们放下包袱，重新出发。

重回童年生活过的地方

越是成长，越是远离家乡，就越是常常回想当年玩过的游戏、一起回家的小伙伴、干过的傻事、闯过的祸……一遍一遍的回忆像电影似的在我们的脑中播放，甚至在午夜梦回的时候突然闯进来。尽管那些年月已经再不会重来，就如我们再也找不到童年时候的一朵小红花一样，但是承载回忆的环境还能够重新被找寻，所以，重回童年生活过的地方，说不定能试着让童年归来。

到小时候居住的地方再走一走，已经上了年纪的小屋子就像泛黄的照片一样，是那么有历史感。看着那曾经种满花草的小院，树下曾放着夏天乘凉用的摇椅和凉席，矮小的一桌一椅是放学后写作业的固定场所。这时候会一下子记起，小时候穿着简单的小褂，趿拉着鞋子在房间里跑来跑去；那个院子是和邻家小孩玩闹的场地；那个门框上还有当年记录身高的刻痕……重回童年生活过的地方，可能当时居住的旧房子已经被新建的大楼所取代，那么就在原来的地址前面静静地站一会儿吧，就当作是拜访好朋友却正赶上对方外出，没有见到面。

曾经就学的老学校现在已经改变了模样，可是每次回到这里时，也总是会在那门前站立一会儿，当我们回到这里时，记忆的匣子就会自动开启了。仿佛还能看到当年我们背着书包，从那里蹦蹦跳跳地走进去，然后拍完毕业纪念照后从学校的大门走出来的情景。

重新回到童年玩耍过的地方，就会忍不住想起儿时的好友，想到不知什么时候大家开始中断了联系，如果能在这个地方重新联系上对方，那也是一大快事吧。

重回童年生活过的地方，有失落、有感伤，但更多的，应该是一种淡淡的怀旧的温暖。

池塘边的榕树上
知了在声声叫着夏天
操场边的秋千上
只有蝴蝶停在上面
黑板上老师的粉笔
还在拼命叽叽喳喳写个不停
等待着下课
等待着放学
等待游戏的童年

——罗大佑《童年》

尽情玩雪吧

雪，给我们的印象，除了白茫茫一片的静谧世界以外，最难忘的恐怕莫过于童年时代堆雪人、打雪仗的欢乐了。现在，孩提时代尽情玩雪的欢乐似乎随着年纪的增长一去不复返了，但是当雪花大朵大朵地砸下来时，童心再次萌发，整个人早已经在屋里坐不住了吧？那就把自个儿包裹得暖暖的，走出房门，尽情享受冰雪带来的乐趣吧。

作为冬季雪天最常见的一项活动，打雪仗一直以来都是许多孩子十分热衷的游戏，好几个孩子分成两队，不需要特别训练，一旦接触到这项活动，自然无师自通，技巧娴熟。把雪球捏得紧紧的，掷得又快又远，又准又狠。但是在此之前要检查清楚雪球里没有包着其他坚硬或锐利的东西，以免弄伤人。

一个人堆雪人没意思，人多才热闹。趁着雪要下得够大，气温够低，呼朋引伴共堆雪人。一个人负责滚一个大大的雪球作为基座，再来一个稍微小点儿的雪球放在上面。有的拿来胡萝卜做成鼻子，有人贡献出树枝、松果、石头、瓶盖、纽扣等，给雪人打扮起来。看着雪人在自己的手下慢慢成形，成就感油然而生。尽管寒风吹得脸颊发红，冰冷穿透手套刺激着双手，但是每个人脸上堆满了笑容，笑声里没有了一丝压力和烦恼。

我们有多久没有像这样尽情、尽兴地玩耍了？似乎成年之后，这种快乐就离我们而去。现在，让心底仍保留着童心的人，在享受白雪的柔软与飘逸、品味雪天的清新与芳香中，重拾小时候的游戏，重新回到快乐、单纯的本真年代吧！

建起一座沙子城堡

　　小孩子是最容易满足的，即使只有一个小沙堆，他们也能够高兴地玩上半天。还记得小时候和伙伴们一起在沙滩上建起的沙子城堡吗？那上面寄托着孩子美好的梦想，直到如今仍是让人那么怀念。今天就让我们和孩子一起，用铲子和手再堆一座沙滩城堡吧。别感觉难为情，当人们见到了你那令人惊叹的作品之后，他们的笑容会让你觉得仿佛回到了童年一样。

　　湿的沙子比较好处理。将沙和水在桶里混合均匀，调至一定的紧度。桶满时，将它倒扣，轻轻拍打桶底四周，以出现一个完整的沙堆形状。先用带来的小铲子将湿湿的沙子拍平，撒上一层干沙，再用小铲子一下一下地挖出房顶等形状，筑上城垛。建构好城堡的基本框架后，就可以用各种工具进行雕刻了。刻上窗户、门、楼梯、滴水嘴和石制品，用贝壳、海草、木头或塑料装点城堡。用双手把弄湿的沙子搓成四个长方体，把它们首尾相连围在城堡周围，填一些沙子把连接处的空隙堵住，掏一个小洞儿做城门，一堵城墙就砌好了。四角可以插上一些树枝充当旗子。

　　最后，在你的城堡四周挖一条护城河，灌上水。

　　沙子柔软的触感，被晒得暖暖的温度，阳光下闪耀的沙子城堡，都带着记忆里童年的味道。为孩子准备好玩沙土的工具，和他们一起开心地玩吧。在这个沙子城堡上，附着了你和孩子的梦。

打水漂成功，水面上留下一圈圈涟漪

相信很多人都玩过打水漂的游戏，特别是小时候，经常和小伙伴们相约在河边进行比赛，成绩以石头在水面上弹跳的次数多少为依据，次数越多越好。即使现在长大了，如果经过河边，还是可以重拾往日的乐趣。在河边散步，兴致一来就可以随手捡起旁边的小石子，调整好角度，运用手腕的力量把石子撇出去，看着石子在水面上连续弹跳数次，高兴得直想吹口哨。

据说打水漂是人类最古老的游戏之一，从石器时代就开始了。这很有趣，也不用花钱，全部的必需品不过是一些小石子。但是，别小看这个简单的小游戏，里面包含的学问大着呢。

首先要选择合适的石子。要找适合在水面上跳跃的石子——越平越光滑越好。海边或河岸上很容易捡到椭圆形的石子，这是被水长久冲刷而生成的形状。三角形的、平平的石子跳跃性最强。

其次是姿势，身体向后倾斜，手臂与身体大约呈 45°。半蹲，瞄准后用臂膀力量发射出去。用拇指和中指捏住，食指在后，扔出去的时候轻轻转动手腕，让其旋转着扔出，掷出石子时，使石子与水面越接近越好，因为高度会影响速度。速度比力量更为关键。

再次，为了得到最佳效果，水越平静越好。波浪会破坏水面的平稳，阻碍石子的跳跃。

石子被掷出后，在水面上跳跃起来。这是由石子与水面张力之间的反作用力引起的。每次石子接触到水面后，会重新跳起，留下一圈圈涟漪。以石子掠过了多远或接触了几次水面作为衡量成功的标准。迄今为止，一枚石子在水面上连续跳跃的最多次数是 38 次。该纪录是由科伦曼·麦格于 1994 年在得克萨斯州的布兰可河创造的。

现在，试着练习一下最佳的打水漂诀窍吧，当你打出前所未有的成绩时，为自己欢呼一下，就像小时候那样。

秋千荡到最高处

孩子们似乎总是没缘由地喜欢荡秋千，觉得不用像小鸟一样展开双翅就能体验飞起来的感觉，觉得风的声音吹在耳边格外动听美好，有小伙伴帮着推一把，就会荡得更高、更有趣。秋千旁边常常附带有滑梯，但是抢得到秋千的通常就对滑梯立刻丧失了兴趣。一个人晃啊晃的，在很安静的地方，好好享受那种简单的快乐。长大后，看到小孩子在越飞越高的秋千上飞扬地欢笑，虽然也很怀念儿时的快乐，虽然也有些跃跃欲试，但总觉得这已经是远去的一种游戏，是小朋友的专利。

谁规定荡秋千就是小孩子的专利？这样想的人等于自己剥夺了享受快乐的权利。其实，古往今来，任何年龄层次的人都可以享受这种快乐。在古人的诗词歌赋中，有不少关于荡秋千的描写，如苏轼的"墙里秋千墙外道，墙外行人墙里佳人笑"，欧阳修"绿杨楼外出秋千"等。可见，荡秋千自古以来便是男女老少皆宜的娱乐项目。

今天，像孩子一样用心体验一下荡秋千的感觉吧。你可以叫上一个同伴，让他帮你推动秋千，让秋千随着推力越飞越高，你可以睁大眼睛看着蓝天白云在你身边旋转，也可以闭上双眼，用耳朵聆听飞扬的风呼啸的声音，用心感受腾空飞扬的澎湃。你甚至可以把自己想象成从天而降、落入凡间的仙人，把大地变成你喜欢的景象，你的身边已经开满鲜花……你越飞越高，就像人生的目标步步高升。

像孩子一样，把秋千荡到最高处，越高越好，像梦想一样高，跟记忆中一样高。荡着秋千，让你整个身心都沉浸在一个梦幻般的世界，仿佛又回到了小时候，怀抱着满满的梦想，全身都是奋进的力量。这时候，你有没有幸福得想笑？

制作一粒时间胶囊

年纪一点点大起来的时候，你会开始遗忘怎样去获得乐趣。这是老年人的通病，也是让人在年老时变得乏味无趣的原因之一。为了提醒自己回忆起青春年少时经历过的那些激动人心的往事，不妨埋下一粒时间胶囊，在老了的时候打开它。

挑选一个即使埋在地下 20 年也不会生物降解的防水容器。在容器里，放上你与你的家人、朋友们的照片，一个最喜爱的玩具，喜欢做的事情的清单，这个星期做过的事情的描述，以及今天的考试卷的复印件。

想象自己已经非常非常老了，打开了这粒时间胶囊。对自己的未来做一个预测（例如：你会做什么工作；你有没有结婚，若结了，和谁结的，等等），并把这预测也放进胶囊里。

切勿把食物、糖果或宠物放入胶囊！

切勿写下胶囊里有些什么东西。随着时间的推移，你将逐渐淡忘，而当再次开启它的那一刻，将会惊喜无限！

你可以在 20 年后打开它，也可以等到有了孩子，让他们挖出胶囊。那样他们便会发现你以前是什么模样，是多么有趣。千万不要过早地打开它！

制作一粒时间胶囊

当你完成这件要做的事情时，
将成功之星涂上颜色并填写表格

埋下胶囊的日期和时间

d d m m y y y y   :

你把它埋在了哪儿？

你打算什么时候打开时间胶囊呢？
将这张标签贴在胶囊上，就没有人会过早打开它了。

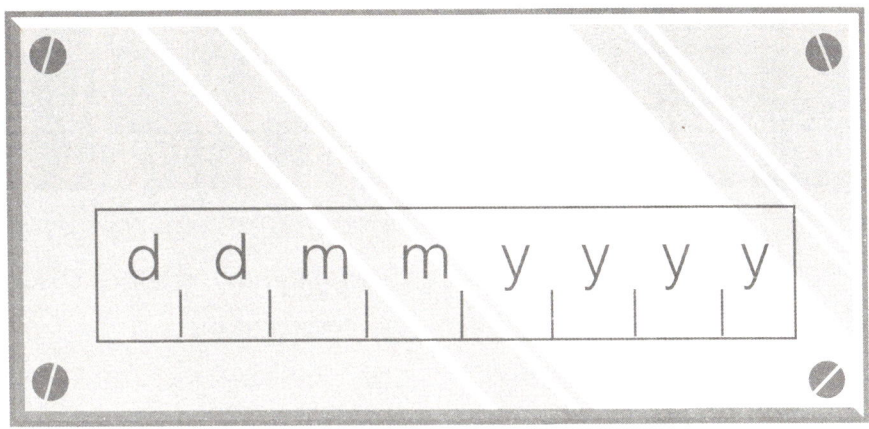

在埋下时间胶囊的那一天给自己拍张照片。20 年后，在把它挖出来的那一天再给自己拍张照片。

我替你，记住那些滑落的光线。
我替你，守住那些逝去的流年。

记住那些滑落的光线

小王子说，你知道，当你悲伤的时候，就会喜欢看落日了。他坐在夕阳的余晖中，一次又一次让金色的阳光拉长他孤独的影子。当他忧伤的时候，他就坐在他那颗小小的星球上，一遍又一遍地看着落日。或许看看夕阳，就会忘记忧伤。

傍晚的时候，坐在山上，或在楼顶，这个时候，太阳的光线已经不那么刺眼。如果远处有河，看着夕阳淡淡的光洒在河面上。看着微风吹过，河面上泛起的层层细浪，河水浮光跃金，许许多多的光点似颗颗神奇的星星，在波光粼粼的河面上调皮地蹦跳着、玩耍着。看着夕阳柔和的光照在路边的树上，使它们的叶子显得更加翠绿，闪烁着迷人的光泽。

此时，心中总有一种异常的躁动和不安，浑身热血奔腾，激情澎湃，内心被大自然无与伦比的惊奇和超然物外的力量所震撼，整个生命似乎被流光溢彩神秘地笼罩着、影响着、充盈着、触摸着，引领着你去思考、去感悟，去寻找一种值得敬畏和朝圣的精神力量。

落日的余晖不经意间，肃然地慢慢地悄无声息地褪去，烟色的黄，由亮变暗、由深变浅、由浅变淡。慢慢地，黑暗就会泛上来了，眼前的景色悄悄地藏在黑暗里了，一切都不见了，时间也好像停止不动了，好一个安静祥和的世界。

静静地坐在这片安静祥和里，你会感觉到一切烦恼都消失得无影无踪了，可能你会想起过去的那段岁月，有过坎坷、有过风雨、有过失去……也许你会在豁然间开朗，一切都不重要了，只有这恬淡中的安宁，这满足的无忧无虑的孩子气的笑。

穿上轮滑鞋，和朋友一起"刷街"

吃过晚餐，背上背包来到自己熟悉的广场，或者公园特有的场地。和朋友碰头以后，从包里拿出心爱的8轮直排旱冰鞋，戴好护具，大家一起把绕桩的道具放好，在音乐响起来的时候，无须多少言语，只需一个眼神，便很有默契地在场地上"飞翔"起来。于是，广场上便多了一群因轮滑运动而快乐的人。

轮滑就是大家俗称的"旱冰"，穿着有轮子的旱冰鞋在坚实的地面上滑行，以此区别于"水冰"，这是一项融健身、竞技、娱乐、趣味、技巧、休闲于一身的美妙运动。脚踏着轮滑，迎着风自由地滑行，就像是哪吒脚踩了风火轮一样，"飞"起来了。这种自由的感觉，会让你忍不住上瘾，甚至有点疯狂。

如果你已经度过了最初的单排熟悉期，而且能够熟练滑行以后，就可以呼朋引伴地到马路上去滑了，这个俗称"刷街"。一群人排成长龙，在马路上呼啸而过，构成一道流动的风景，总是能引来路人的惊叹。

也许你并不是为了满足自己的虚荣心而选择轮滑和刷街，但是这种踏着轮滑时的悠闲和自由，在轮滑上体验到的速度和激情，是别的运动无论如何都代替不了的。当你踏着轮滑优雅地"飞驰"在路边时，风儿在耳边呼呼地响着，整个人会处于一种美妙的兴奋之中。体验在陆地上"飞翔"，感觉风一样的速度，个中滋味，何其美妙！

踩着滑板穿过人群

滑板是冲浪运动在陆地上的延伸。20 世纪的 50 年代中后期，美国南加州海滩社区的居民们发明了世界上第一块滑板。虽然这只是一个简单的运动器材，却因为能给人们带来和冲浪同样的感受，渐渐受人瞩目。

滑板运动以滑行为特色，崇尚自由的运动方式，体验与创造超重力的感受，给滑者带来成功和创造的喜悦。滑板运动不同于传统运动项目，不拘泥于固定的模式，需要滑者自由发挥想象力，在运动过程中创造，以创造力来运动，强调身心的自由，推崇与自然互相融合的运动理念。

滑板运动已经成为都市青年最流行、最持久的时尚，成为世界上最 cool 的运动之一。滑板，还是世界上最快乐的运动。没有玩过滑板的人，是很难体会到的。为什么这群人灰头土脸的像个猴，不管摔得多疼，从地上爬起来时，脸上都是带着笑容？为什么他们可以不断重复同一个动作，从太阳上山到下山，就是不觉得累？答案只有一个，就是为了快乐！

找个好的天气，去玩一次滑板吧。当你第一次做出 AeeilL、Inveet、ollie，第一次 Fakie 尖翻，或者 Boneless 外转 360 度，那种感觉当然很 cool；可是当你摔了个四脚朝天，然后满不在乎地爬起来拍拍屁股，咕哝一声"不疼不疼"，不也是 cool 得要命吗？

像参加一个专业的滑板比赛一样，戴上头盔、护膝、护腕（护肘）等护具，脚蹬滑板鞋，身穿滑板独特的服装，背上背包，在人群中穿行，姿态优美、豪情万丈地迎风滑去。旋转、急停、闪躲、腾挪，好像魔术师一样，在要撞到路人或者要摔倒在地时，总能化险为夷。不要在意别人的眼光，自由发挥想象力，不拘泥于运动的固定模式，换一种行动方式，换一个行进方向，换一个观察视角，你所感受到的，是一个身心自由的精彩世界。当你抛开了尘嚣琐事，在极静与极动转换间，你会发现，拥有美妙的感觉变得那么简单。

给小伙伴成功变一个魔术

如果此时心情不错，就给小伙伴们来一个魔术表演吧，让他们以为你有着某种神奇的魔力，让现场的气氛因为你而变得欢乐和轻松。不过，千万要记得，无论表演什么，都不要泄露了魔术的秘密。

有两种具有迷惑性的、简单的纸牌魔术，你可以试着采用：

1. 以 4 排 4 列的阵势摆放好 16 张纸牌。让朋友随便挑一张牌，但不要告诉你是哪一张。问问他们这张牌是在第几排：A、B、C 还是 D（比如 B）。接着看似随意地把纸牌一张一张地重新摆一遍，但必须保证每第 4 张牌是从他们告诉你的排数里抽出来的。重新放下这 16 张纸牌后你会发现那一排里的 4 张牌现在都成了每一排的第一张。所以当你再一次问他们的牌现在在哪一排时，他们的牌就是那一排里的第一张。接下来你就可以磨磨蹭蹭地和他们兜圈子，一张一张地把牌翻出来，直到翻到他们挑的那一张为止。

2. 让朋友从一副牌中挑出一张，放在整副牌的最上面。洗牌，然后找到他们所挑的那张牌。你所要做的只是看清楚这副牌的最底下一张是什么。故作漫不经心地洗牌，顺便瞥一眼最底下的牌。把牌叠好，叫朋友们把牌放在最上面。接下来由他们洗牌并把下面的一半牌叠到上面。现在你就可以拿过牌，一张一张地将其翻转过来。当看到刚才最底下的那张时，下一张就是你的朋友们挑选的牌了。

如果这些还不足以带动现场的气氛，或者小伙伴们对你表演魔术的本领有所怀疑，那么，你可以借助一些小道具，表演个具有震撼效果的经典魔术：

拧上矿泉水瓶盖，向大家展示一下：里面是空的，然后拿出一枚硬币，像做法一样故弄玄虚，就在小伙伴们愣神的时候，拿着硬币使劲划一下矿泉水瓶，像气功师一样发功，大喊一声"进去"，不可思议的现象发生了：在矿泉水瓶一点都没有损坏的情况下，硬币进入了封闭的瓶子。

怎么样，所有的小伙伴是不是都惊呆了？看着大家瞪大眼睛的样子，那感觉真是棒极了吧？

在乡下度假

你有多久没有给自己的身体放假了，又有多久没有和自己的内心坦诚相待？只是一味地往前奔跑，就会忽视了身边的风景，迷失了自己的心灵。没有了自我，人便会失去方向，茫然不知所措，所以，是该停下来和心灵来一次对话了，也趁此机会让身体好好休整一下。不妨换个环境，到乡下去住一段时间，在那个远离城市喧嚣的地方，悠闲地和自己的内心说说话，以更好地了解自己、保持自我。去乡下度过悠然自得的时光，你能体验到另外一种生活，体会到另外一种心境。

只要你来到乡下，就会惊喜地发现，这里有着大自然慷慨赐予的美丽，它比城市生活有着更闲适、更舒缓的情怀。仅仅一天，你就会知道它是多么值得你去享受一次。清晨，你会在鸟啭莺啼的音乐声中醒来，可以懒懒地躺在床上，带着轻松自在的心情欣喜地迎接那缓缓升起的朝阳，而不是像以前匆匆洗漱后就挤进水泄不通的公交或者地铁，把自己封闭在那盒子一样的小空间里。乡下的夏日，你可以不必一直开着空调躲避高温酷暑，完全能够在午后时刻邀上三五好友，一起到清幽的树林里去散散步聊天。树林里的气候不仅是凉爽的，还带着源于绿色生命的怡人清香。那一刻，最美的事情莫过于躺在绿油油的草地上，在清风的爱抚下，享受午后小憩的悠然自得。当夜幕降临时，宁静的乡村会在黑暗中把白天的浮华躁动自然消解，使人的心慢慢沉淀下来，让你可以细细地去品味那布满星星的夜空中星罗棋布的故事，那些来自纯真童年的故事。这与城市喧闹浮华的夜生活形成了鲜明的对比。

在乡下这段悠闲的时光里，你可以关上一切通信设施，让自己与世隔绝；可以让自己暂时失去记忆，什么都不去想；可以随意打开记忆的匣子，开心的或是不开心的事都拿出来翻翻看看。无论怎样，去乡下品味一段闲适的生活吧，把生活的脚步放慢，放下内心的包袱，让自己的内心享受这难得的轻松和自在。

唱出来才是歌，
按着你想的去生活

千纸鹤，慢慢飞

纸鹤是流传最广、最经典、也是最早被记录下来的折纸图样，而其中的象征意义，更是有众多说法。

千纸鹤来源于日本。佐佐木贞子是一个年轻的日本女孩，因为受到广岛原子弹辐射的影响患上白血病。贞子最好的朋友在去医院看望她的时候，告诉她一个古老的日本传说：只要是成功地折了 1000 只纸鹤的人，它的愿望就能成真。于是贞子下定决心并满怀希望地开始折纸鹤了，她希望自己的病能康复。

后来，千纸鹤成为人们的情感寄托，代表你对被送的人的祝愿，每只千纸鹤承载一点祝愿，最终成为一个愿望。在中国人眼中，千纸鹤被视为爱情守护神。人们会把爱人送的千纸鹤随身携带，甚至比自己的命还重要。邰正宵的一首《千纸鹤》更是唱尽了这种情感："我的心不后悔反反复复也是为了你，千纸鹤，千份情，在风里飞。"

人生当中，难免会遇上这样那样的挫折，而我们总是对明天心存希望，希望会更加美好；爱情路上，我们也总会遇上那样一个人，因为他，你希望光阴常在，希望爱常在，希望以后爱上的每一个人都像那个人；人群当中，总有你要祝福的人，希望他收获新人的微笑，眼里充满从容的光芒……

动手折一只纸鹤吧，让它成为心中那些美好的载体；亲手折一千只纸鹤吧，让那些心愿和祝福在风中慢慢飞。看那一只只纤巧的纸鹤，在你灵秀的手指间有了生命，折折叠叠中，融入了你的心意。也许，你们的故事不过两条不同方向的直线，短暂的相交后就各奔前程，但是，在无边的黑暗里，在某个遥不可及的角落，一定有着一种神奇的力量。这种力量，也许就来自纸鹤那薄薄的轻羽。

爱太深容易看见伤痕

情太真所以难舍难分

折一千对纸鹤结一千颗心愿

传说中心与心能相逢

……

折一千对纸鹤解一千颗心愿

梦醒后情缘不再飘零

……

————邰正宵《千纸鹤》

玩一个游戏

　　无聊的时候干点什么？大家互相干瞪眼？来玩一个游戏吧，名字叫作：抢舞伴。

　　玩游戏的人数不限，但要为奇数。时间、场地也不限。准备一把扫帚，将扫帚化妆成稻草人。然后开始时以猜拳方式决定输赢，最后输者只好与稻草人共舞，然后放起音乐，开始跳舞。音乐一直不停，大家也必须不停地跳舞，音乐停止时，立即变换舞伴。此时动作最缓慢者必然成单，音乐再奏时，成单的人只好与稻草人共舞。为了增加趣味性，可罚在三轮之内都没有抢到舞伴的人表演节目。

　　这个游戏考验了人们的反应能力，反应敏捷的人总能很快地找到适合自己的舞伴。此外还考察人们的观察力。人们在外界事物发生改变时，所作出的反应可能是本能的，也可能是经过大量思考后所作出的决策。

　　你不必强求自己每次都不用稻草人跳舞，只要有一次，就感到很庆幸。

穿鲜艳的衣服逛街

生活需要活力，需要热情，需要用心去做每一件事。而生活的态度，做事的心情，有时候可以通过我们的外表的改变而得到改变，关键在于你可以为了获得内心的兴奋，敢于不去在乎别人的眼光。

我们常常在顾及别人的目光，比如出去逛街，一定会考虑穿什么样的衣服才显得大方得体，更有些人故意打扮得很低调，以为这样便可以躲避别人的目光，自由自在。其实如果真的想随心所欲，不如把自己打扮得光鲜亮丽，兴高采烈出去逛一圈，这才是真正的自由随性。

拿出自己最鲜艳的衣服，搭配好色调，最好化一个淡妆（如果是女性朋友的话）。如果觉得一个人有点孤单，可以邀一个朋友，鼓励他（她）也穿上鲜艳的衣服。

逛街的时候，怎么高兴怎么来，你可以和朋友大声地说笑，这可能会引来路人的侧目，不用去理会，我的快乐我享受，只要没有妨碍别人。

在商场的镜子前看看自己的样子，给自己一个大大的微笑，并附送一句由衷的赞美，你的心情会一直晴朗。

戴上只属于自己的项链

传说，爱一个人或者被一个人爱，才能让一种金属变软变弯曲，一环一环紧扣在脖子上。也只有最爱的那个人，才能猜到那条环环相扣的链子下面，究竟拴着怎样的心情。

谁也不能否认一条项链对女人的诱惑。但是，很少有男人能用项链套牢女人，女人却常常用她来套牢自己。每一个女人，都不会因挂在颈下的这点重量弯下腰肢，却会因此而挺直自己的胸膛。

每一个女人都需要一条漂亮的项链，她是天然的磁场。项链最能展示女人的魅力和品位，唯有时尚优雅的女人，方可展示出来自项链的极致诱惑；唯有珍贵绝美的项链，方可记录来自女人的动听传说。

你有没有想过有一条只属于自己的项链？她在这个世界上是独一无二的，是限量版中的限量版。因为，她是你亲手制作的，专属于你一个人。

没有多复杂，只要找到两颗金属珠，几个金属单片，一条延长链、蜡绳、金属圈、8字链、绳头、水滴（装饰用的，在延长链末端，每款项链都会有的）、龙虾扣（只是一种链扣）就可以啦。别说你找不到这些东西，女人的生活中有一堆这样的东西才正常吧。实在没有的话，求助闺蜜好了。下面就开始操作了哦。

在每个金属单片上传入一个单圈；将穿好的金属单片挂在8字链上；将2根蜡绳合并，穿入8字链的一端，并穿入一颗金属珠，另一侧也是如此；在两组蜡绳的末尾分别安上绳头；用1个单圈把水滴连接在延长链的一端，将绳头连上一个单圈，分别将龙虾扣和延长链连上。齐活！

是不是很赞？你亲手打造了一条喜欢的项链，就如同遇上一个心仪的男人。你知道她的故事，了解她的心事，欣赏她的美丽，珍惜她的存在。你比任何人都清楚那环环相扣的链子下面拴着怎样的心情。带上她，在宁静的夜晚，看着她一点点反光，你甚至可以跟她交换秘密！

这种感觉，多么美妙。

学习手工创意课程

　　俗话说，心灵才能手巧。锻炼手指的灵动性，其实也是在锻炼我们的大脑，尤其是带有创意性的。

　　静下心来去学习一种手工创意课，学做一些新奇的东西，谈不上有多么艺术，只是让你忙碌的心真正地平静下来。也许，这才是我们所需要的吧。

创意，会让人产生很大的成就感，而这种成就感是人们不可缺少的。如今，创意生活的概念被越来越多的人重视起来，其实创意的生活方式已经深入人心。

你可以把自己的作品展示在家里的任意一个地方，它们都能彰显你对生活的热爱。你可以随意地制作很多奇形怪状的东西，不要去理会这些东西到底代表了什么意义，可能你在制作的过程中也仅仅是一种单一的想法，所以不要背叛自己内心最真实的意思，不要想着做完了要给些什么人看，这就是你要做给自己的。它们就像你的心路历程，只属于自己，温暖而贴心，只有你自己懂就足够。

珍惜我们现在已拥有的时间和青春，做一些有意义的事情，陶冶我们的身心。尤其是当你因日复一日的生活感到枯燥乏味时，当你感到郁闷压抑而无处可逃时，不妨报名手工创意的课程，学做些奇形怪状的东西，打发一点时间，增加一些情趣，让日子不再索然无味地继续下去。

手工制作常见的类型

1. 十字绣

十字绣是用专用的绣线和十字格布，利用经纬交织的搭十字的方法，对照专用的坐标图案进行刺绣，任何人都可以绣出同样效果的一种刺绣方法。十字绣是一种古老的民族刺绣，具有悠久的历史。随着时间的推移，十字绣在各国的发展也都形成了各自不同的风格，无论是绣线、面料的颜色还是材质、图案，都别具匠心。其实，你完全可以凭自己的想象制作。不需拘泥常法，也无须照本宣科，以七彩的线作为自己的心情，让心中的美景随着针尖自然流下，呈现在眼前。

2. 布艺

缝纫刺绣在中国民间被称之为"女红"，中国妇女将自己美好的情感注入针线之中，昭示着中国劳动妇女的勤劳智慧。它的风格或细腻柔婉、淡雅脱俗；或粗犷奔放、色泽鲜明，创造出了无数动人心弦的布艺作品。自己亲手做布艺靠垫、布艺娃娃、布艺小老虎，既能把家里装扮得更加漂亮，也是非常实用的手工制作。在业余的时间，让心智和巧手结合，装扮一下自己的家。

用植物"改造"家庭布局

随着经济的发展，人们的生活质量不断提高，各种家居风格层出不穷，有甜美温馨的，有简洁大方的，有欧式典雅的，还有各种风格混搭的。人们在寻找中选择自己喜欢的类型，通过家的风格张扬自己的个性。很多人也都希望能通过创意设计，把自己的家装扮得雅致而富有创意，让"家"带上个性化的品位。

如果你的家户型较小，可以借鉴一下大师们的设计，给房间做合理的"阻隔"，让它们具有两个或多个私密空间，加上合理摆放家具，就会让你的家改头换面。除了摆放一些常用的物品外，还可以用植物来分割家里的布局，使空间显得更大更有品位。

植物装扮家庭的同时也装扮了人们的心情，不同的植物对人身体也有不同的好处，净化空气的同时也净化着人们的情绪，让人感到自身与自然的和谐，庄子、陶渊明所向往的物我合一的境界就这样被我们搬进了家里。

能杀病菌的植物

　　玫瑰、桂花、紫罗兰、蔷薇、石竹、茉莉、紫薇等芳香花卉产生具有显著的杀菌作用的挥发性油类。紫薇、茉莉等植物，可以迅速杀死白喉菌和痢疾菌等原生菌。蔷薇、石竹、铃兰、紫罗兰、玫瑰、桂花等植物散发的香味能明显地抑制结核杆菌、肺炎球菌、葡萄球菌的生长繁殖。仙人掌等原产于热带干旱地区的多肉植物，其肉质茎上的气孔白天关闭，夜间打开，在吸收二氧化碳的同时，制造氧气，使室内空气中的负离子浓度增加。

可以清除空气中一定量的有害物质的植物

　　虎尾兰、芦荟、龟背竹、吊兰、一叶兰。吊兰、虎尾兰和芦荟可吸收甲醛；山茶、石榴、常青藤、铁树、菊花、金橘、石榴、半支莲、雏菊、蜡梅、万寿菊等能有效地清除二氧化硫、氯、乙醚、乙烯、一氧化碳、过氧化氮等有害物；桂花、蜡梅、花叶芋、红背桂等的纤毛能截留并吸收空气中的微粒，起到净化空气的作用。

徒步旅行

徒步旅行这个词语最早是用来指 19 世纪 60 年代在尼泊尔的远足旅行，从那以后徒步旅行就开始流行了起来。

徒步旅行就是指沿着山间小径行走，徒步旅行和登山还是有区别的，徒步旅行线路可长可短。徒步旅行深受人们的喜爱，其原因就在于沿途的自然风光和人文景观，另外，一路上的奇花异草、珍禽异兽也为徒步旅行增色不少。

徒步旅行中山景也许是最吸引人的，但你还可以发现其他的诱人之处：美丽的小山村、别具风格的房舍、整洁的山野、引人入胜的庙宇……当你越走越高时，绿地、绵延数里的森林、水流湍急的溪流和深不可测的峡谷代替了风光，并且山景随季节而变化，春种秋收，花开花谢，却总是一派迷人景象。当然，你的徒步旅行同伴也是快乐旅行的一个重要原因。

徒步旅行注意事项

1. 防疲劳。
2. 防脚长泡。
3. 防寒暑。
4. 解渴要适可而止。
5. 热水洗脚去疲劳。
6. 随身携带一些常用的感冒药、防暑药和外伤药。

完成瘦身计划

瘦身，不是为了骨感，不是为了迎合潮流，而是为了保持身体的健康和心情的愉悦。这是你在制定这个瘦身计划之前，必须要记住的道理。

制定瘦身计划，应该以健康、科学为主。我们不能只是关注瘦下来的速度，更应该关注的是这个过程是否有助于身体健康，是否能够帮助我们获得阳光的心理状态。所以，过度节食不应该出现在我们的瘦身计划里。我们可以适当控制饮食，比如少吃零食，不吃垃圾食品，少吃多餐等，但是绝对不能让自己只吃水果、蔬菜或者干脆断食，这种减肥方法不仅会给身体造成极大的伤害，还会严重影响我们的心情，而且，一旦停止节食，体重会马上反弹，甚至变得比以前更胖。这真的是得不偿失了。另外，运动永远都是最健康的减肥方式。它既可以帮助我们实现瘦身目的，还可以提高我们的身体素质，同时有助于释放压力，保持心理健康，是一举三得的好方法。总之，合理的饮食计划和运动计划，是正确科学的瘦身计划不可或缺的组成部分。

制定好瘦身计划后，一定要严格地实行，因为没有坚持就没有胜利。最开始的一段时间一定会感到辛苦，想要放弃，但是只要坚持了下来，让合理的饮食、健康的运动成了我们的习惯，这一切实行起来就会变得越来越容易，我们就会发现和享受瘦身过程中的乐趣。

每个人的瘦身计划各有不同，但是目的只有一个，就是让自己变得越来越美丽。这份美丽是自己喜欢的，而不是为了迎合潮流。只要我们最后是匀称的、健康的，即便有些地方是不完美的，我们仍然接受这样的自己，并深爱着不完美的自己。

把卧室装饰得更有情调

除了工作场所，一天中还有一个地方我们会待很长时间，这个地方的环境条件如何，可以直接影响我们的心情，甚至第二天的精神状态，这个地方便是我们每晚睡觉的卧室。

每个人应该都想有个"安乐窝"吧，那就想办法把自己的卧室装饰一下。怎么装饰完全随你自己的喜好，你可以事先在心里勾画一下，可以的话，画一个草图。如果你觉得自己没什么主意，只要你愿意，去向专业设计师咨询一下也是没有问题的。或者去看看相关的室内设计的杂志，并不用完全照搬，只是启发一下思路，希望得到一点灵感；又或者可以去家具店看看，仔细研究一下样板间与你家的区别，哪些设计你也可以用得上，哪些是你可以改进的，多借鉴一些大师设计的样板间，你会有不一样的收获。

也许你并不想弄得太复杂，只是想简单装点一下，自己觉得舒服，看起来比较温馨自然就行。比如买一些鲜花、绿色植物等，放一瓶清香的鲜花在床头，早上起床就能感觉到大自然的美好，这是件多么惬意的事。你也可以把自己认为比较满意的照片，贴在卧室的显眼之处，每天睡前和起床后都看一下自己甜甜的笑容，让你每天起床后都有一个美好的心情。

还有一个细节别忘了，铺一床漂亮的被单，会让卧室增色不少。被单的颜色最好选择和卧室的颜色基调一致，这样看起来比较和谐，至于花色什么的，就完全取决于你自己的喜好了。

整理完毕后，坐在房间里，仔仔细细环顾收拾好的这一切，然后泡上一杯热茶，一边欣赏自己的杰作，一边置身在这片优雅的环境中。

居家心得

　　整理一下房间，把那些没用的旧物丢掉。人生的循环，在于得与失的选择，而得与失的关键，是要舍得放弃。所谓"旧的不去，新的不来"，舍得放弃，其实是为了得到以后更好的机会。这不是消极的人生观，相反，这是一种积极进取的清醒人生观。

　　舍得放弃其实是一种选择，不止是对陈年旧物，生活中的许多东西也是如此。收拾房间的过程会让我们学到很多，领会很多，也许会在瞬间豁然开朗。也许那么一刻，你终于明白，当一切都已云淡风轻时，何必舍不得松开手呢？舍得，会让人明白珍惜是福，放弃也是会快乐的。

跑步，听风在唱歌

跑步既能锻炼身体也能锻炼心智，却是一项极为简单机械的运动，喜欢新鲜感的人，时间久了难免会因为枯燥而放弃。事实上，可以通过各种改变来产生新鲜感，实现持之以恒。改变场地，改变速度，改变音乐，改变服装……万变而跑步不变。在跑步中，你将体会到这世界的多姿多彩，最后改变出更好的自己。

一个平常而昏昏欲睡的早晨，站在一次次重复着同样动作的 400 米跑道时，风吹过头发的感觉，整个人犹如要飞起来，飘飘成仙。柔和的晨光下，自己的影子修长而飘逸。在路上，不再孤独，心情不再平静。享受微风拂面的时刻，也是享受跑步的时刻。

当耳边响起了风的欢快旋律时，忽然觉得整个世界都不一样了。世界忽然变得鲜活，周围的一切都散发出美好的光芒，充满了期待。整个人都充满了能量，你的脚趾头蠢蠢欲动，你甚至按捺不住自己马上要奔跑的心。

听着风声跑步，眼前的一切都像一个 MV。空荡的马路在日出的变幻下生出了迷人色彩，开阔的天空就像一幅巨大的画布，有一只无形的大手正在上面作出不同的画……

不管跑步前的心情如何，在奔跑的时候，因为那份律动，因为云淡风轻，你都会变得身心愉悦，充满激情，充满幻想。你会一直奔跑，仿佛咫尺之间，你就能追上心中的梦。

在家附近发现"新大陆"

罗丹曾经说过，生活中不是缺乏美，而是缺乏发现美的眼睛。的确，在常规和惯性中，我们活得越来越死气沉沉的，日子太顺了，不知不觉中弄丢了理应比心跳还要蓬勃的活力，跟精彩更是毫不沾边，思想产生了惰性，心灵渐渐干涸，对于生活的热情和灵感也将丧失殆尽。

如果你也有相同的感觉，觉得现在的生活有点枯燥乏味了，不妨找个时间，去住处附近但你一次也没去过的街道转一转，也许就能在某个被你忽视的角落里，发现一个"新大陆"。

找一条远离喧嚣、很少有行人走的路，因为不知道前方有什么、是否能走出去，陌生一点的环境让人觉得新鲜和忐忑，觉得前路值得探索，反而提升着我们行走的冲动和乐趣。

也许你会发现，角落里小小的不知名的花朵，正在静悄悄地开放。两旁有点斑驳的墙上隐约可见调皮孩童用粉笔涂鸦的痕迹。不知谁家的百无聊赖的猫抬起头懒洋洋地扫视你一眼，对于这个突然出现的访客摆出一副无所谓的姿态……越走越陌生的环境有点让人迷茫不知归路的时候，猛然行至街道的尽头，转头警觉旁边的道路原来就是自己日日都走的那条！知道"蓦然回首，那人却在灯火阑珊处"吗？就是那种感觉，真的很奇妙！

此次遭遇之后，问问自己：那里离家那么近，自己为什么一次也没去过？那里有那么多不一样的乐趣，之前怎么一点也没感受到？其实，要回答这些问题并不难，你也明白自己需要作出改变。所以，从现在开始，经常变化一下自己的生活方式，改变心态，学会欣赏太阳东升西落的安稳、月亮阴晴圆缺的失落，最重要的，不要辜负生命，不要辜负自己。

亲手做出创意咖啡

　　巴尔扎克说："我不在家，就在咖啡馆，我不在咖啡馆，就在前往咖啡馆的路上。"咖啡，常常令人想起浪漫、温暖，也带给人心情的愉悦与美味的享受。明媚的清晨，或是忙中偷闲的间隙，或是寂静的夜晚，在悠悠的音乐中，轻轻搅动精致的勺子，细细品尝一杯浓香的咖啡，那醇香浓郁，那浪漫优雅，足以包容、迷醉我们的心，为我们的生活增添无穷趣味。

　　咖啡丰富了我们的生活，这种荡着奶香、甘甜与苦涩的液体，让紧张工作和生活着的人们找到了一个适合的借口释放郁闷、汲取温暖。喝咖啡，正成为越来越多追求自由、讲究品位的白领的休闲方式。

　　咖啡是一种简单的生活方式，从满街的连锁咖啡店和个性咖啡馆可以看出，越来越多的人把它看成生活的一部分。还因为咖啡有促进能量消耗和脂肪分解的作用，咖啡的减肥效果也渐渐被人们关注。然而，速溶咖啡已经无法满足人们的要求，充满浓情蜜意的花式咖啡便迅速弥补了这个空缺，深入到饮食文化中，成为人们休闲时光里的好伴侣。创意咖啡不仅仅是一杯美味的花式咖啡，更是一件漂亮的艺术品。对于喜爱咖啡的人来说，创意咖啡是更高层次的味觉、视觉享受，是一种别具一格的咖啡艺术。

　　如果不去咖啡馆，而是自己在家也能做出一杯创意十足的花式咖啡，也一定是成就感十足吧。那就试试看吧。

在报刊上看到自己的名字

  书籍就像氧气和阳光一样，对我们来说必不可少。你翻开自己最喜欢的报刊，用眼睛抚摸过每一个文字，与作者进行着灵魂与灵魂之间的对话。你会因为作者的某句不经意的话语豁然开朗，会因为某段对风景的描写而心驰神往，也会因为作者某种感情的抒发而备受感动。文字就是有着这种神奇的震撼灵魂的力量。但作家们创作文字的初衷却大多是简单的、平实的。世界名著《百年孤独》的作者加西亚·马尔克斯说他写作的原因是为了让他的朋友更久地爱他。世纪老人巴金说："我以文学改造我的生命、我的环境、我的精神世界。"还有很多人写作可能仅仅是出于生命的自娱自乐。

  原来，写作是一件这么简单的事情，不需要什么伟大的理由。只要想让心里的话变成文字，你就可以拿起笔来。你不用去给谁指明方向，更不用去拯救谁的灵魂，你的写作可以仅仅是出于你想写的欲望，最好忘掉不必要的顾虑，让自己的思想在纸上自由挥洒。既然写作如此简单，那么你是否想过，写一篇文章发表到自己最喜欢的报刊上？不要还未尝试，就先自我解嘲地笑着说，这是不可能的。尝试过，至少有成功的可能；不尝试，连一星半点的机会都不会有。如果你连试一试的勇气都没有，自己都不给自己机会，那你的人生岂不是会多了很多本来可以避免的遗憾？

　　开始落笔前，首先你要了解的是，这不仅是对自己生活和思想的总结，也是对自己的一次证明。

　　你可以写的东西有很多，不要一拿起笔来就觉得脑袋空空，无从下笔，心烦意乱得想要马上离开书桌。只要你善于发现大千世界中的人生百态、自然美景，总会有文思泉涌的一刻。清晨那阳光跃动的湖面，生机盎然的树林里百鸟齐奏的音乐会，还有夏日河里嬉笑打闹的孩童，体贴的家人为你准备的可口饭菜，或者是那些不那么愉快的记忆，比如工作中遭受到的挫折，和爱人的争吵等，它们都可以成为你写作的素材。所有伟大的作品都是源于现实生活。不要怀疑，你的生活也能孕育出美文佳作。

　　投稿其实是更需要你的勇气、耐心和坚持的。第一次投稿就被采纳的人不多，毕竟并不是每个人都能像三毛那样一生都没有被退稿的经历。你要做好心理准备，不要摧毁自己的希望，也不要做过多的奢望，始终以一颗平常心来对待这一切。

　　所谓笔耕不辍，勤能补拙，总有一天你也能够笔下生花。通过自己不懈的努力，当你终于在喜欢的报刊上看到自己的文章，看见文章下面自己的署名时，那种成就感是任何语言都无法表达的。

发行一个非主流网站

互联网改变了一切。你既不需要和喜怒无常的售货小姐说话，也不需要走出家门，你想要的东西就能送到家门口。手指轻轻一点，就能获得所有你需要的东西，同时也能获得很多你不需要的东西。因此，如果想要全世界分享你的创意，就发行一个非主流网站吧。把自己关在卧室里几个星期，实行你"主宰全世界互联网，获得数不清财富"的计划。

做一个娱乐性的、有趣的、引人注目的网站。你的网站应该能令办公室工作人员放下工作，沉迷数小时。

把网站的链接发给 10 个你认识的人，一旦有人点击了，网站就会迅速地传开了。

努力把你的网站地址加入到最有名的搜索引擎中去。

不要设置自动弹出的广告，这会把每个访问者赶跑的。

发行一个非主流网站

**当你完成这件事情时，
将成功之星涂上颜色并填写表格**

你产生创建网站想法的日期

d	d	m	m	y	y	y	y

你在哪里创建的？

你的网站是否是一个公司网站？ `y/n`

或者是你在卧室里创建的？ `y/n`

网站的内容是什么？

网站有多少点击率？

网站的运行是否如你预期般成功？ `y/n`

你收到的电子邮件中最远运的邮件来自于哪里？在地图上标出邮件的来源地

你的网站登上网络的日期

d	d	m	m	y	y	y	y

你花了多少时间创建网站？

月	星期	天	小时

它是否还是个正在进行的项目？ `y/n`

你的网站地址是什么？

它是否获得了互联网大奖？ `y/n`

如果是，是什么奖？

是否有媒体对你感兴趣？ `y/n`

你是否从网站中赢利？ `y/n`

£/$ 如果是，你赚了多少钱？

你的网站出售什么？

开始收集某种东西

许多人有这种或那种收集爱好，即使只是一罐一便士、两便士的硬币，或是一鞋盒的信。你的收集是什么呢？橡皮？亲笔签名？足球大事记？拼装玩具？贴花纸？青蛙？还是乱七八糟的房间里的一团灰尘？

基于兴趣与爱好去收集某种东西，并希望得到越多越好，而不是为了哪一天这样东西会变得值钱而去收集。仅仅为了钱的收集会成为额外的负担。你的收集应该是能让你感到愉悦与乐在其中的。

有许多东西可以不花金钱去收集。譬如，袋子、贝壳、瓶子和车票。越漂亮越有趣越不同寻常的越好，你总不想要一大堆陈旧的垃圾吧。

拥有了许多同一类型的收集品后，会很容易弄乱它们的次序，因此可以编一个分类目录。每次得到一样新的东西时，附上张小纸条，简短地描述一下它的样子，是什么时候及怎样得到它的，它花了多少钱（假如花了钱的话）。

为你的收集感到自豪，陈列出来供大家欣赏。

要是哪天厌倦了你的收集，也不要把它们扔掉，装起来丢到阁楼上或塞到床底下。也许某一天你会想要重新看看它们，或者卖掉，若是值钱的话。

开始收集某种东西

当你完成这件要做的事情时，
将成功之星涂上颜色并填写表格

你是从什么时候起开始收集的？

| d | d | m | m | y | y | y | y |

收集的是什么？

你最喜欢收集的哪一件东西？

你共收集有多少
件东西？

| 0 | 0 | 0 |

这是一个不同寻
常的收集吗？

| y/n |

至今你已为收集
花费了多少钱？

£

把你最喜爱的收集陈列在下面的展示框中。并拍照。

你的收集

物品名称　　　物品名称　　　物品名称　　　物品名称

物品名称　　　物品名称　　　物品名称　　　物品名称

物品名称　　　物品名称　　　物品名称　　　物品名称

完成一次骑行

选择不用上班的一天，不去挤地铁，也不去乘公交，更不去搭出租，而是骑车出行。给自己设定一个地点，不要太近；给自己设定一个时间，不要太短。然后，手握车把，掌控方向，双脚踩动，肩挎背包，就这样，听着风声，从一个地点抵达城市的另一边。因为距离有点远，但是不赶时间，所以你可以想快就快想慢就慢，当你抵达的那一刻，不论是汗流浃背，还是大喘粗气，都能感到无限荣耀，备感神清气爽。

准备一些必需品，比如一瓶水、一些干粮，等等。还可以带一个随身听，边骑边听。选择还不是很晒的时候起程，路途上认真地听一回风声，随着蹬车频率的加快，感受风

在耳边流动的感觉，这感觉让你看见时间空间的不断变换，人世流转，人都是这世间渺小无力的存在。这样一来，想想过去曾经做过什么事情是值得骄傲的，始终懊丧的，永远遗憾的，一路上大抵就能把过去粗略地回顾一遍了。然后过滤一下，哪些留下，哪些抛弃，哪些当作教训，哪些听过的话要记住。你会发现当你抵达目的地的时候，脑子的重量就轻了很多，心境也骤然豁达不少。

　　骑行的中间也可以停车，如果路边有需要帮助的人，不要吝啬伸出你的双手。碰到有红灯的路口，一定要严格遵守交通法规，就像是随时被人监控一样，因为对面可能就有小朋友在，你要给他们做出好的榜样。如果天气突然变得糟糕，也不要产生退缩的心理，任凭突然刮起的狂风卷着黄沙扑面而来，骑车穿过去，就像穿越人生中最灰暗的阶段。这时候你可能已经有些疲倦，但是不要停下，此时正是和自己的意志力较劲的时候。望着前路漫漫，不要因为没有人监督就打退堂鼓，那样会让你在以后的日子里追悔莫及，自己都看不起自己。

　　终于，到达了目的地，尽管你已经黄沙满面、风尘仆仆，但是你已经成了一个胜利者，应该像英雄归来一样给予自己最高的嘉奖。

为自己的爱车做饰品

手工的巨大魔力来自于制作的过程充满了无穷变化，变化中带来无数惊喜；也来自于动手的乐趣和做成后的成就感：一根普通的绳子，经过编、抽、修，再加上缝珠、烧粘等，无论首饰、衣服配件和礼物包装的美化，以及室内各种陈设物品的装饰，都可以搭配来增添美观。手工的快乐还来自于制作过程中闪现的灵感和创意所带来的喜悦：只要发挥想象力，可以制作出任何你想要的东西。人们可以尽情展现自己的心灵手巧，尽情挥洒自己的想象力和创造力，越做越喜欢，越做越快乐。

手工制作出来的中国结，造型对称、优美精致，更重要的是可以根据其形、意对其进行命名，吉祥结寓意吉祥如意，大吉大利；盘长结代表回环延绵，长命百岁；团锦结说明团圆美满，锦上添花；同心结蕴含比翼双飞，永结同心；双钱结意指好事成双，财源茂盛……一根根小小的绳子里藏着人们宽广如天、幽深似海的心思，每种结都显现出人们内心热烈而浓郁的祝福和祈愿。自己动手给爱车编一个中国结，不仅可以让休闲时光更为有趣，更是可以给自己的出行注入一份吉祥的祝福。

我们可以用更多的颜色去诠释生命的热情，同样可以编织出无限别致的造型去表达心愿。赶快动手试一试吧。

吉祥安泰

如若今生再相见，哪怕流离百世，迷途千年，也愿，祝你平安。

材料：一根150厘米的5号线，三颗瓷珠

1. 准备好一根5号线。

2. 用5号线编一个二回盘长结。

3. 在盘长结的下方打一个双联结。

4. 穿入一颗椭圆形瓷珠。

5. 再打一个双联结将瓷珠固定。

6. 最后，在线的尾端分别穿入一颗粉彩瓷珠即成。

心想事成

我们要有简单而幸福的一生：怀助人的心，做舒心的事，爱单纯的人，走幸福的路。

材料：一根120厘米的5号线，一个招财猫挂饰，一束流苏

1. 将线在中心处对折，留出一段距离，然后打一个双联结。

2. 接着，编一个复翼盘长结。

3. 编好后，再打一个双联结。

4. 将招财猫挂饰穿入双联结的下方。

5. 将准备好的流苏绑在线的末端，即成。

重新规划你的家

都说家是停泊的港湾，是生活的动力，是温暖的依靠，是心灵的乐园，那么家的环境氛围就很重要。家的环境条件如何，可以直接影响我们的心情，甚至第二天的精神状态，也对孩子的身心和成长有着重要的影响。虽然对于房子的大小我们没有办法做大的变动，但是，想办法把自己的家装饰得更好一些，就不是难事了吧。

你可能并不想弄得太复杂，那就简单装点一下，自己觉得舒服，看起来比较温馨自然就行。比如种植一些鲜花、绿色植物，放一盆清香的鲜花在床头，早上起床就能感觉到大自然的美好，这是件多么惬意的事。你也可以把自己认为比较满意的照片，扩冲放大，贴在卧室的显眼之处，每天睡前和起床后都看一下自己甜甜的笑容，让你每天起床后都有一个美好的心情。

如果你比较喜欢古典文化，可以挑选一幅自己喜欢的字画挂在床头。想激励自己的斗志，就选一幅励志类的题字。想欣赏中国水墨，就选一幅风景优美的山水画。如果你喜欢精致的小饰物，挂一串风铃或者灯笼之类的在某一个角落。选择怎么摆放完全随你自己的喜好。你可以事先在心里勾画一下，可以的话，画一个草图。如果你觉得自己没什么主意，只要你愿意，去向专业设计师咨询一下也是没有问题的。或者去看看相关的室内设计的杂志，并不用完全照搬，只是启发一下思路，希望得到一点灵感，多借鉴一些大师的设计，你会有不一样的收获。

当然，如果能给床铺上漂亮的被单床罩，也会让家的感觉更温馨一些。也可以用上自己制作的一些布艺摆设，然后泡上一杯咖啡，一边欣赏自己的杰作，一边置身在这片宁静安详的环境中。这时，你的内心一定充满了成就感吧

我的家庭真可爱，
美丽清洁又安详。
姐妹兄弟都和气，
父亲母亲都健康。
虽然没有好花园，
月季凤仙常飘香。
虽然没有大厅堂，
冬天温暖夏天凉。
——蔡琴《我的家庭真可爱》

找个时间为自己拍摄的照片裱一个框

  人生中会经历很多的事情，特别是在对自己意义重大的喜庆时刻，人们都喜欢用拍照的形式永远地定格。而不同的照片负载着不同的意义，在我们的年华里，被定格的美丽也独有一种沉淀了的美。比如生活照，它真实地记录着我们生活中的点点滴滴，不管是微笑还是流泪，它都是我们的生活，是最纯真也是最美的。特别是有小孩的家庭，孩子在每个阶段的成长足迹都是宝贵的财富，照片能记录孩子的成长，能带给孩子值得回味的东西。也许一切看似平常，但等到年月流逝，都会变成美好的回忆。比如毕业照，我们都知道，学生的时光，是最美不过的青春，那些青涩年华里的回忆都写在了青春年少的脸庞上，年轻的心永远是飞翔。等到年长时看着发黄的照片中的笑容，熟悉的声音都会在耳边响起。比如风景照，游览处那些充满生机的景色，那些树、那些山、那些流水，日子就曾这样随着景物四季变化。比如艺术照，照相师傅通过角度、光线、表情、衣服、化妆、背景等手法，充分表现人的内涵与特点，掩盖不足之处，达到一定的美化效果。

  找个时间，拿出那些封存住记忆的照片，发现很多已经渐渐泛黄，它们代表着我们的过去，承载着我们生命的历程。当回首往事时，或许我们会有些许淡淡的伤感，感慨着逝者如斯，却又无能为力，这也许就是生命的意义。找个时间，为自己拍摄的照片裱一个框吧，让记忆永远鲜活，永远能记住那时的感觉，让我们珍视的东西永保它的质感。裱好框后把它们摆在家里显眼的地方，用一种略带享受的心境，经常轻轻擦拭掉上面的尘埃，再为照片固定好四个角，把那时的人、那时的笑、那时的景致，还有那美好的回忆都小心地珍藏。

给自己的梦想列一份清单

每个人都有自己的梦想，都希望能梦想成真。它是一个人内心最强烈的渴望，是支撑人们努力拼搏的强大动力。我们在追求未来的过程中会迷茫，会失去方向，但是，只要梦想还在，就会对未来多一份信心，少一些彷徨，少一些迷茫，能够让自己看清前方的道路，一直努力坚持，不轻易放弃。人生在世，清楚自己的梦想是什么，然后努力去做，在实现这个梦想的过程中，我们会获得一种内在的平静和充实。

没有梦想的人生是不完整的人生，没有欣赏过梦想之路上的荆棘插道、香花遍野，人生会少了很多变幻的色彩。梦想是如此重要，所以，你不妨为自己的梦想列一份清单，为人生描绘出一幅美好的蓝图。

在给自己的梦想列清单之前，请仔细想想究竟什么才是值得你追求的梦想。你的梦想不应该是别人强迫你做的那些事情，比如父母要求你从事某种职业，老板要求你达到多高的业绩。梦想是你自己真正喜欢的东西，真正想要到达的目的地，它能点燃你人生的希望。找出自己真正想要什么，其实也是在认清你自己，遵循自己的内心。

也许你的梦想有些离现实太远，短期内还无法实现，有些甚至还要被束之高阁。千万不要气馁，你要重新定位自己，并尝试改变一下策略。你不只是要写出自己最终想要实现的结果，还应该明确这个结果的定义，以及制定一个一个切实可行的步骤，让梦想在每一个实现阶段都有可以"量化"的标准，这样既能够鞭策你不半途而废，又能够以已经获得的成绩激励你继续奋斗下去。给自己的梦想设定一个期限，不要无限期地拖延下去。这个为梦想设定的期限，不会成为阻碍你完成梦想的绊脚石，不是一种无形之中束缚你的负累，而是你实现梦想的原动力。

给自己的梦想列一份清单，在列清单的时候想象一下这些梦想将来成为现实的情景，你一定会忍不住会甜蜜地笑吧？

DREAM

1. get up.
2. survive.
3. go back to bed.

在旧货市场摆摊

一个人在不同的阶段会有不同的经历，从而获得不一样的阅历。这些阅历是我们最宝贵的东西。所以，尽可能多地尝试一下各种生活体验，是一件值得鼓励的事情。随着时间的拉长，我们手里的东西会越积攒越多，很多都会被闲置起来，即使这些东西是能用的，也可能会被遗忘，更新的东西分去了大部分的注意力。而乱七八糟的物品开始堆积，在还没意识过来的时候，造成大量的清理房间的障碍物。这时候，何不把家里的旧物和闲置物品集中起来，去旧货市场体验一把"练摊"的滋味呢？

衣柜里那些再也不想穿的衣服，书房里那些许久都没再翻过的书，还有房间里那些总是很碍眼、平时不太用得到的物件，把它们整理一下，作为你的货物，到旧货市场去挑战一下自己吧。

　　首先你要做好好讨价还价的心理准备。你可以把价格定得足够低以吸引人，但报出来的价格可以稍微有点贵，给对方一个讨价还价的机会。比如，如果你觉得某个物品值30块，就开价60块。即使被还到30块你也没有丝毫损失，但如果别人以60块的价钱买下了，你就赚了期望值的两倍！

　　选一个天气晴朗的日子，在旧货市场找一个好的位置——好的位置会让你拥有一大群的围观者。也许最初你会有点放不开，笨拙得不知道如何让别人关注自己的商品。此时，千万不要气馁，更不要怀疑自己的能力，因为要在那么多陌生人面前表现自己本来就不是一件容易的事情。你只是需要再大胆一点而已，你要相信自己的东西不错，好东西总会有人发现的。当你最终成功地卖出了一件商品时，那份成就感和满足感是激励你迎接下一次挑战的动力。

　　在旧货市场练摊也是一门学问，非常挑战个人能力。面对不同的买主，你是否有勇气迎上前去，你的言谈举止是否符合对方的要求，你是否能够在很短的时间里就抓住买主的心。而一次成功的在旧货市场摆摊的经历，会让自己变得更加自信，懂得如何更恰当地待人接物，如何用语言来达到自己的目的，然后你会更加接近成功。想感受不同的人生体验？去旧货市场摆一次地摊吧，亲手卖出一件商品。

参加一场话剧演出

你有没有想过自己可以成为别人，演绎别人的人生？你有没有尝试过面对台下坐满的观众席忘我地抒发剧中人强烈的情感？参加一场话剧演出，会让你体会到这些感觉，品味出各种滋味。

从来没有过话剧表演经验的你，第一次参与，即使有点儿害羞，也不妨大胆地尝试一下。

首先阅读一下剧本，了解你即将出演的人物性格，以便更快地融入角色。表演时要仔细揣摩剧本中的文字，根据规定情境来进行，不能随心所欲。

为了使角色更逼真、可信，你可以试试体验生活式的表演方式。即在准备你的角色的时候，置身于这个角色所在的生活环境中。即使只是出演一个小龙套，你也可以为这个角色设计一种个性，然后在舞台上下时刻与这个角色进行交流。

排练和上台时，要注意力集中。第一次上台会很紧张，这需要我们努力克服。秘诀就是：忘我地融入扮演的角色中去，忘记自己与观众的存在。

一旦在舞台上出差错，不要慌，这是难免的。所有优秀的演员都犯过这样的错误。这时你要继续演下去，若无其事地当作出错的人不是你。

一出好的话剧，需要分工精细，除了表演人员外，还有导演、旁白、舞蹈设计、音乐控制、灯光控制等等，每一个步骤、动作都是靠着大众共同努力，经过不断的演练彩排，才得以成就。

不要因为你只能出演一个小角色而闷闷不乐，把你的台词讲得比任何人都响亮，把你的角色演得非常棒，每个人都会因此而记住你。

当你第一次站上舞台，感受着灯光，感受着台下数百观众的目光，你已经不是你自己；当观众的笑声响起，当观众的掌声不断，你会感到无比的自豪和感动。这些将来都是你宝贵的回忆。

完成一个瑜伽动作

瑜伽，与健身房里动感十足的锻炼方式不同，主要是通过静坐、冥想、呼吸和肢体伸展来完成的。它借由意识调整呼吸、以身体姿势达到全身平衡的练习方式，成为全世界最流行的健康风潮。它动作缓慢优雅，讲求身心平衡，使我们的身体得以从疲惫中迅速恢复过来，让我们在繁忙、快速的现实世界中，放慢脚步，重新体验身体与心灵的奥秘。

在宁静的氛围下，瑜伽特有的令人心醉的音乐响起。开始做第一个动作，双臂在胸前水平交叉，拇指向下，手心向内，十指交错，然后以肘为轴心，双手由下向胸前翻转，然后再向上、向前，最后双臂依然在胸前水平交叉，只是两臂的上下顺序在这一圈的交错中变换了。看上去非常简单的动作，做起来可不容易。但是，不要强求自己，要舒缓地伸展，排除杂念，静心修习。把所有的注意力集中在每一个动作上，不让心思过于牵挂任何一个部位，伸展到最舒服的位置，能做到哪儿就在哪儿坚持一会儿，不要强迫自己，就可以完成得很好。第二个动作，第三个动作……如果能做到，那就坚持下去吧。最后关掉所有的灯，平躺在垫子上，冥想、冥想……保持安静，只剩下细微的呼吸声。

不论你的身体是僵硬还是柔软，只要你按照瑜伽的动作要领，练习好自己的呼吸，使身体和心情的相关性日益加深，以静养性，全身贯通，你就会陶醉在由内而外涌动出的欢愉当中，得到心灵的愉悦。

健身而不喧闹，养性而不枯燥。瑜伽的每一个动作都安静而优美，让我们在这忙碌聒噪、复杂多变的社会中觅得了一片精神的净土，求得了一份安宁平和的心态，摆脱了生活中不少的烦恼。

学会游泳

作为旱鸭子的你，看到别人在水中优雅地变换着姿势游来游去，有人参加游泳比赛拿到了金牌，有人见义勇为救了落水者，这时候你是不是下定决心要学会游泳？一旦你学会了游泳，就和骑自行车一样，不存在忘记该怎样做的问题了。这一本领将伴随你一生。

学习游泳，年龄越小越容易学会，年龄越大则越难学。但是这也与运动天赋有关，说不定你很快就能学会了。首先熟悉基本的划水方法，了解基本的姿态，你可以在岸边慢慢练习。正式学习游泳之前最好先练练漂浮，它使你明白水和人体是很容易亲近的，水也很乐意把人托起来。然后从泳池的浅水区开始学习，在那里你的脚可以轻易接触到池底。逐步增加距离继续反复练习，直到能熟练地掌握游泳的基本能力。纠正一下不规范的动作，做好手脚头的协调。学会游泳后要接着熟练水性和耐力。衡量进步的标准是能够游达的长度——15 米、20 米、25 米——用不了多久，你就可以用纷繁复杂的游泳花式吸引他人的目光了。

当你以惊人的速度学会了游泳，是不是让周围的朋友非常惊讶？要知道，不是谁都有这么高的天赋的，你在心里是不是也暗自得意呢？

学会吹口哨

我们在小时候都会在某段时期对吹口哨很感兴趣，对能把旋律吹得很熟练的人崇拜不已。长大一些后，很多人因为觉得吹口哨给人轻浮和不礼貌的感觉而放弃了这个爱好。其实，吹口哨本身并没有什么不好，只是有些场合不适合罢了。

心情好到极点的时候，吹口哨是一种很贴切的表达方式，当一个人吹出很轻快的旋律时，大家就都能看出这个人现在很高兴。要想引起人们的注意，表达你的欣赏，也可以用简短又有弧度的口哨声表达。

并非每个人都会吹口哨，如果你想学，就要抓住诀窍并勤加练习。

首先，润湿你的嘴唇，接着用舌尖抵住底部的牙齿。将嘴唇做出一个"O"型，从中间空的地方轻轻地向外吹气，要试着让舌头保持放松的状态。只要能吹出声响就可以了，不要着急想立即学会，这是需要多多练习的。要想吹出响亮的口哨，你还可以试试另一个方法：两只手各把一个手指（或者一只手的两个手指）放入嘴里。舌头往上卷起来（就像要发"La"这个音），手指触碰到舌头的下端，轻轻地吹，让舌头保持放松。注意不要用蛮力，而是要照准发生共鸣的位置，如一时吹不响，可以试着调整手指与口腔的夹角和手指进入口腔的深浅度，多尝试一下，你一定能够打出响亮的呼哨。

一旦你找对了吹口哨的感觉，就要乘胜追击，加强练习，直到能够熟练稳定地吹出你想要的音乐。此时的你，已经算得上是一个口哨吹奏者了。

不同的人学习吹口哨的成果也不尽相同，有的很快就能吹得很好了，而有的人始终都找不到诀窍。当你成了一个口哨吹奏者，恭喜你，你是一个很有悟性的人。赶紧找个机会给你身边的人一个惊喜吧！

扬柳飘小鸟唱

明媚春光一片清明

你吹哨我吹哨

排成一行向前飞跑

我爱吹口哨骑着单车快跑

多么轻快美妙

——凤飞飞《我爱口哨》

制作一分钟电影

一百年前，法国的卢米埃尔兄弟开启了影像时代，让他们获得成功的《火车进站》、《工厂大门》等影片，都只有一分钟的拍摄长度，这是由于当时的技术还达不到拍摄长片的标准。而在一百年后影像技术高度发展的今天，人们开始用"一分钟胶片电影"的创作来表达对影像时代诞生的致敬。

有人说，一分钟影像是难度最高的影像竞技。的确如此，即使一部微电影至少也要十多分钟才能拍完，在只有一分钟的时间里，怎样来表达主题？这就需要一种能力：能否敏锐而快速的捕捉生活与感受，激起观者的共鸣与思索。

首先你要确定拍什么题材，动作、喜剧还是罗曼史？你可以从亲身经历中寻找灵感。比如，你做过的一个离奇的梦，或者参加的一场辩论比赛，抑或是一次难忘的旅行。尽量让想法简单明了些，这样才有可能在一分钟让观众明白你想表达什么。

找一个适合拍摄的地点进行拍摄，记得带好具有摄像功能的器材，数码相机也好，手机也好，确保它们有充足的电量能让拍摄正常进行。

甄选一些适合你剧本的角色，从身边的亲朋好友着手会更容易一些。不要担心他们的业余水平，本色演出也很质朴感人。你也可以在影片里露个小脸，过一把客串的瘾，很多导演都喜欢这么做。

在拍摄过程中，一定要注意进行移动拍摄时，避免边走边摄造成的画面不稳定。不管画面中人物运动如何上下起伏、跳跃变化，跟镜头画面应基本上是或平行或垂直的直线性运动。因为镜头大幅度和次数过频的上下跳动极容易使观众产生视觉疲劳，而画面的平稳运动是保证观众稳定观看的先决条件。把拍摄好的影片进行后期的处理，剪辑成一部完整有序的短片。

当你从头到尾欣赏完自己的小电影，是不是有种成为名导的感觉？把你的作品尽可能多地展示给人们，就像那些大片上院线一样正式。

做与兴趣有关的工作

很多人其实都不喜欢自己目前所从事的这份工作，心中不是没有喜欢的选择，只是安于现状，缺乏改变的勇气和决心。于是，就在日复一日的抱怨中做着自己不喜欢的事情，既没有多少工作效率，更不可能有什么工作乐趣可言。这样的人会感觉身心越来越疲惫，工作起来更加吃力，逐渐进入了恶性循环。而如果能大胆地追求自己感兴趣的工作，你的人生却是另一番情形。

从事与自己的兴趣有关的工作，你就会以极大的激情投入到工作中去，头脑会更加灵活，目光会更加敏锐，行动也会更加迅捷。所以，兴趣是最好的老师，尤其是在面对挫折打击时，兴趣将成为支持你坚持下去的动力之一。这样你更加容易走向成功。

有人说，兴趣是碧海边夏天的凉风，吹散你的愁云；兴趣是那会心的温柔，抚平你心头的涟漪。你最应该认识到的是：兴趣是你自救的双手，它把你精神的空虚、心灵的疲累都打包寄给了夕阳，为你掀开新的黎明。这个黎明充满了期待，充满了欢快。所以说，兴趣在推动你走向成功的同时，还给你的工作和生活带来无数的乐趣。

1994年诺贝尔生理学奖、医学奖获得者的美国药理学家吉尔曼说道："回想我的经历，我最想告诉孩子的是，你要做什么事情必须首先喜欢它，在做的过程中一定要感到快乐，这样的事情才值得去做。"你可以问问自己：在做目前这份工作的时候，你感到快乐了吗？如果没有，那就不值得再做下去，因为你赔上了自己的幸福，以后还将面临身心疲惫的危机。如果你已经勇敢地选择并正在进行着自己感兴趣的工作，那么恭喜恭喜，你将发现原来工作也可以是一件如此美妙的事情。

读完 1000 本书

    庄子在两千多年前就已经发出过"吾生也有涯，而知也无涯"的感慨。岁月如白驹过隙，千百年也转瞬即逝，人类文明的发展突飞猛进，两千多年后的今天，知识更是极大地丰富了我们的精神世界，比起庄子的那个时代显得更加无边无涯了。所以，读书学习对一个人来说，永远没有止境。一生读完 1000 本书，既可以说是一项了不起的成就，也可以说只是对人类文明的浅尝辄止。无论怎么说，我们从书籍中获得的知识和乐趣是无法用数字来计算的。人生因读书而丰富多彩。

    正如培根所说的那样，读书使人充实，讨论使人机智，笔记使人准确。因此不常做笔记者须记忆力特强，不常讨论者须天生聪颖，不常读书者须欺世有术，始能无知而显有知。读史使人明智，读诗使人灵秀，数学使人周密，科学使人深刻，伦理学使人庄重，逻辑修辞之学使人善辩：凡有所学，皆成性格。人的才智一旦遇到窒碍，读书则可使之顺畅。如智力不集中，可令读数学，因演题需全神贯注，稍有分散即需重演；如不能辨异，可令读经院哲学，因为这些人皆吹毛求疵之人；如不善求同，不善以一物阐证另一物，可令读律师之案卷。如此头脑中凡有缺陷，皆有特药可医。我们每个人的经历有限，但书籍为我们提供了无限可能，因为那里面浓缩了无数前人智者和当代探索者的智慧。读书，是我们进步的捷径，是引领我们走向成功的阶梯。

    新东方的创始人俞敏洪先生曾在某所大学的演讲中对同学们语重心长地说过下面

这段话："同学们一定要多读书。我在北大读了 800 多本书，新东方还有一个极端的人物，就是我的班长王强老师，他在大学的时候读了 1500 多本书。我们在北大的时候有一个非常好的习惯，我们互相比着读书……凡是读书多的人，发展潜力一定是强的，因为你有厚度，你的事业就有高度。新东方有一句话：底蕴的厚度决定着事业的高度。什么叫底蕴？底蕴就是你读了多少书，走了多少路，这就是底蕴。书都没读过，你怎么会有思想？书都没读过，你怎么能从多个视角来考虑问题？书都没读过，你怎么能有创新意识？书都没读过，你怎么知道仰望星空？"多读书，才能增加我们生命的底蕴，从而让自己活得更坦荡更从容更充实。

不要觉得 1000 本书是一个很庞大的数字。有一个数学统计说，如果一个中等水平的读者读一本一般性的书，每分钟读 300 字，15 分钟就能读 4500 字，一周七天就有 31500 字，一个月就是 126000 字，一年就是 1512000 字。这样算起来，每天读 15 分钟，一年就可以读 20 本左右的书，这个阅读量比从美国公共图书馆借书的人们的阅读量高出了整整三倍。每天 15 分钟尚且如此，那么要是我们每天多抽出点时间来读书，这 1000 本不是很容易达到吗？正如上文所提到的，王强老师读完 1500 本书，只花了大学 4 年的时间而已。这四年的努力已经被他现在的成就所证明。

每一本书都是时代的造就，每一本书都或多或少地具有那个时代的智慧。书籍，对每一个渴望生命充实的人来说，都是不可缺少的精神食粮。1000 本书，远远不是读书的止境。

调制出美味奶昔

奶昔，英文为 milk shake，是一种以牛奶和冰激凌为主要原料混合而成的冰饮。其最早出现在欧洲，分为机制奶昔和手摇奶昔两种，有草莓、香草、巧克力等多种口味。

调制奶昔其实很容易，有一个搅拌器和几种基本的原料就可以搞定。但是，要想做出与众不同又可口的奶昔，则必须把这些原料调和成最美味的配比。制作奶昔，要注意的要点是"冰"和"凉"。所以冰块必不可少。以香蕉奶昔的制作为例，首先将冰块用刨冰机打碎，然后倒入碗中备用；将香蕉、酸奶和冰激凌粉按照配比放入搅拌机内，搅拌成香蕉糊倒入碗里后备用；取一半的碎冰与香蕉糊充分搅拌，倒入透明的玻璃碗容器，将剩下的碎冰浇在上面。这样，冰凉的奶昔就做好了。这只是最基本的奶昔口味，略显单调，也没什么特色。在此基础上加点自己喜欢的果汁和鲜果粒，会收到不一样的效果。果汁丰富了奶昔的口感，而鲜果粒更是给奶昔的营养价值加分，其含有的维生素C等物质，能够使细胞黑色素沉着减少，减少黑斑和雀斑，使皮肤白皙，有着增强免疫力的效果。当然，你在制作奶昔时也可以加入酸奶，酸奶的营养价值更高，做好的奶昔也会别有风味。

想让你做出的奶昔有着别人比不了的滋味，你就要付出比别人多的努力。你需要经历反复的试验与出错，用不同的原料进行试验，直到得到最佳配方。每调制一杯奶昔你都得亲口尝尝味道，直到做出最棒的。如果你的奶昔里含有一种特别的、秘密的配方，那么无论别人怎么努力地想要调制出同样口味的奶昔，也是徒劳的。你调制的奶昔将是独一无二的。

再给你的得意作品起一个与众不同的名字，比如说"漂洋过海"。将最喜爱的一款给朋友品尝，听听他们的评价吧。品尝过你的手艺后，朋友们可能会纷纷向你讨教调制秘方的。

坚持过有美感的人生，活出自我

说走就走的旅行

"每个人都有抑制不住的离家的欲望"。即使是安于现状拒绝变化的人，在其一生之中也定会被某地的风景所吸引。

　　假使一生都无缘到达向往的地方，是不是一种遗憾？你抱着最初的渴望开始热爱一个地方，心心念念，希望自己有机会能够实现这样一次旅行。然而，你开始为生活奔波，变得越来越忙碌。对于人生的向往之地，你只能偶尔想想，无奈地笑一笑，然后重复千百次地暗下决心：等有了机会，一定要去那里走一遭！直到你老了，没有精力了，你回顾自己一生的向往，才发觉这个地方都已然成为你心头不可取代的净土，可惜一生都再无机会亲历了。此等悲凉，大概是一生中最大的遗憾了。

　　还在犹豫什么呢？收拾行囊，开始一段说走就走的旅行吧。不要拘泥于时间，也不要惧怕距离，不要烦于收拾行囊。你总是把学习和工作当成生活重心中的重心，除此之外一切都要先对它们服从，但是换个角度想想，除去为了未来做储备的学习、工作之外，一个遥远又向往的梦想难道就不是生命中的重要部分吗？

　　不要在给自己找了太多借口，失去实现梦想的机会。不要让那个向往的地方在你心头久久搁置，打点好行囊，在日历上画一个圈，准备出发吧。犹豫从来都不是好习惯，随时出发才能够畅快淋漓。克服一切不安的畏惧情绪，剩下的，就仅是内心解脱和靠近梦想的兴奋。

　　出发之前，去一次图书馆，找到有关的资料介绍，复印几份地图，做好标记，在行囊里放一本旅行日记本。将一切打点完毕，就可安然起程了。

　　不论小桥流水，还是喧闹都市，只要是向往之地，总要给自己实现梦想的机会。否则这一生，岂不是太过平庸？走过了，不论满足或是失望，都是梦想实现的旅途。

穿平时不敢挑战的衣服

　　每个人都有自己喜欢的风格和色彩，打开你的衣柜，是不是基本上都是一个风格，一个色系？这就是我们的惯性，也是我们的喜好。所以，我们看到某种样式和颜色的衣服，就会想到某个人。

　　有没有想过尝试一下别的款式和颜色的衣服？想没想过穿上一件平时自己不敢挑战的衣服的样子？试一试吧，看看什么感觉，说不定也很美妙。打开衣柜，往箱底儿的地方找，找到那个最与众不同的色彩，或者是平时根本不敢尝试的款式，甚至是朋友送给你的，平时几乎不能接受的。就是它们了！试穿一下，看看效果如何。

　　综合比较和考虑之后，选一套自己最满意的，不要犹豫，不要迟疑，就这样穿出去。相信这样做的价值，明天你在大家眼中会是一个全新的你——原来你也是可以变化的，原来你也有这样的一面。

　　给大家和自己一个全新的感觉，就只是换一件衣服这么简单。

成为"筑梦师"

有时候你是不是也会觉得很累，有些喘不过气来？如果有一天，我们仍然会为了梦想坚持不懈地努力奋斗，却不再强求它的实现，生活是不是会变得轻松一点？

不如尝试做一个美丽的"白日梦"，让自己成为一个"筑梦师"。梦里没有非要实现梦想的压力，这个梦将变得如羽毛般轻盈，带着你一起飞离地球表面，远离现实的烦闷与苦痛。这是一个飞翔的美梦。

你可以筑造一个关于爱情的梦。那个梦寐以求的王子（公主）终于在某天与你浪漫邂逅，从此开始了一段童话般美好的爱情故事。你可以想象和恋人在雨中浪漫地散步，可以想象你们在一起愉快地吃饭，还可以想象你们走过风风雨雨后仍然幸福地生活在一起，直到慢慢变老。

你可以筑造一个关于亲情的梦。你幻想着自己已经结婚生子，然后带着伴侣和孩子兴高采烈地去看望父母。年迈的父母早早地站在阳台上盼望你们的到来，当看到你们的身影时，他们开心得就像两个孩子。一家人围在一起吃饭，父母一边忙着给你们夹菜，一边又迫不及待地想去逗逗可爱的孙子，好一副其乐融融的画面。

当然，这个梦也可以是天马行空的。你可以幻想自己像哈利·波特那样拥有神奇的魔法，也可以幻想自己拥有《暮光之城》里的吸血鬼那般风驰电掣的速度，还可以想象自己拥有预知未来、改变命运的法力。既然这只是一个白日梦，那么梦里就没有"不可能"这三个字。在如此疯狂的梦境中，你一定能够感受到彻底的放松和随心所欲的痛快。

想象力的衰退是我们最大的悲哀。如果失去了做白日梦的能力，生活也就缺少了很多梦幻般的绮丽色彩。做一个美丽的"白日梦"吧，让自己插上想象的翅膀飞起来。

品味自制的鸡尾酒

　　酒吧里，弥漫在温馨浪漫的音乐声中的跳动烛光，映衬着精巧的酒桌上两只散射出斑斓色彩的酒杯和绚丽迷人的酒，在一对目光中闪烁着无限爱意的情侣的脸上，你读到的是幸福和甜蜜……或许你在关注那对情侣的同时，也会注意到那摆放在他们面前的五彩缤纷、装饰精美的两杯不同寻常的酒，是的，那就是鸡尾酒。

　　鸡尾酒的本性，决定了它必将是一种最受不得任何约束与桎梏的创造性事物。它是那样的微妙，不同的酒配搭起来，变换出那么多的色彩，拥有那么多美丽动听的名字，它永远都和你的想象力有关。跟永远缺乏变化的现实生活比起来，仅此一点就让它显得弥足珍贵。

　　到这个时候，在家中，静静地调一杯鸡尾酒，慢慢地品尝，一种很惬意的感觉，就在身边慢慢飞扬……

　　不需要很专业，只要符合自己的口味即可。冰块、果汁（或者牛奶），辅酒、基酒、杯饰，把它们"混合"在一起就 OK 啦！当然，你可能学会了酒保应掌握的所有技术：如把鸡尾酒调制器扔向空中然后接住，或者是在果汁上点火。那就秀一下吧。即使演砸了也没关系，反正你又不是酒保。你可以给自己调制的鸡尾酒命名，血腥玛丽、玛格丽特、红粉佳人，这些都太俗了！你要给它取一个只有你自己才懂的名字。

　　万事俱备，只需品酒。在清爽的仲夏夜，啜饮一口自制的美酒，站在阳台上，听着轻松的音乐，回忆往昔也好，憧憬未来也罢，都是一种美的享受。

用新学会的乐器弹奏一曲

你一定听说过关于小提琴家帕格尼尼的传说。巴黎人为他的琴声陶醉，忘记了当时正在流行的霍乱。在维也纳，一个盲人听到他的琴声，以为是一个乐队在演奏，当得知这只是一个用一把小提琴奏出的声音时，盲人大叫一声："这是个魔鬼！"你可能对小提琴完全不了解，但是却钟爱那扣人心弦的声音。

你一定有幸看过朗朗、李云迪的表演。那上下翻飞的手指，那出神入化的表情，那排闼而出的乐音，一定让你看得如痴如醉。你可能五音不全，从来没摸过钢琴，但是那美妙的乐音和那种完全投入的感觉，一定让你觉得酷毙了。

你一定有过一个会弹琴的初恋，他与三五好友促膝而坐，弹琴唱歌。拿起吉他，他就是鲜衣怒马的少年，就是豪情万丈的壮士，就是仗剑天涯的侠客。当旋律悠悠想起，你仿佛站在青峰之巅，看见了山外之山、白云蓝天，多么美好；你好像是在夕阳之间，看见杂花生树，空谷幽兰。

你也一定听过太多的音乐，它们粗犷，有原始森林原木的芬芳；它们辽阔，像长风扫荡过的万里青空；它们柔美，似大草原上绵延的青草；它们清冽，仿佛源源不断的流水。

它们来自不同的乐器。你感受到了其中的神奇。在闲暇的时间自学一门乐器，不但可以打发时间，也能让我们在寻找艺术之门时，寻找到一个看世界的新角度。学乐器，不需要数字的计算，也不需要语言的狡辩，"琵琶弦上说相思"，人的情绪是随着乐器发出的音律在指尖或唇边萦绕的，无论是十指连心还是心由口出，内心的不平静就在那余音缭绕间平息下去。

终于有一天，你可以用自己学会的乐器弹奏一曲，那曲子是如此美妙，超过了帕格尼尼，超过了朗朗、李云迪，超过了这世界上你听过的一切乐音。

这种感觉，多么美妙！

自己"改装"家具

　　所谓创意，不仅仅是创造出某种新东西，或者新的思想，或者理念，还包括对已有的东西或思想理念做出某种新的改变，使之旧貌换新颜，你会发现这种"改进小工程"给生活平添了不少乐趣。

　　有些事情不是你不会，而是你认为你不会，而不敢自己动手。笃信外人的能力，而看轻自己。比如给家具改装，乍一听觉得这简直不可能，其实也没你想的那么难，看看如何简便地让家具"改头换面"。

　　家具用久了，难免会出现破损、脏污的现象，而此时往往已过了保修期，厂家是不会管的，只能自己想办法了。实际上家具如果出现轻微损坏，只需使用合适的材料处理，并且留意一些细节，自己就能进行修理。

　　当然，修理家具还得需要一定的维修知识，根据不同的损坏状况，采取不同的措施。如果是刮痕和裂缝，应该采用如下一些急救措施：修补细小的裂缝和刮痕时，宜在家具不显眼的地方先试一下所用的混合剂会否损坏抛光面，然后再继续涂用。

　　家具种类繁多，方法众多，看起来复杂，实际上动起手来并不麻烦，还可以体验到修理工甚至是装潢艺术的快乐，自己动手吧！

生活中充满创意

改装某样旧物或旧衣服，或者干脆创新一点什么，是件很好玩的事情。你可以充分发挥你的创意和灵感，按照你喜欢的样子或颜色尽情发挥你的聪明才智。还有，你根本不必担心会不被别人看好，因为这是你自己的东西。这些用了很久的旧物或穿了很久的旧衣服，就像老朋友一样，陪你度过了无数的岁月，很可惜现在已经过时了，但是你仍然很喜欢，因为已经有感情了，所以舍不得丢弃。此时你完全有理由为它改头换面，换成现在时兴的样子，让它们继续陪伴你。

改装包括样式和颜色，样式你可以参照现在流行的款式，比如，你在商场或者杂志上看中了某件衣服，觉得它的款式很好看，你完全可以仿照它的样式来做，当然，你看中的款式最好是比较容易改造的。如果你没有十足的把握，可以请教一下附近的裁缝。

至于改变颜色，也不难解决，重新帮它染色就行。选择你喜欢的颜色的染料，直接浸泡在染料合成的水里即可。这里值得提一下，染色时最好带好手套，避免对双手的伤害。

在这项尝试里，你会感受到冒险的快乐，因为你不知道最后会出现什么样的结果。经你改装后的旧物或旧衣服是否真的变得时尚漂亮了？你的聪明才智是否真的得到了验证？这一切在结果出来之前都是未知数，心中充满了一种新奇的感觉，很美妙吧？

打扮得体的那天，在街上偶遇在乎的人

说我和她没干系，

原不过像两片落叶，

今天偶尔收在一起，

谁保得明朝不要分离：

犯着去打听人家的细底？

但你说奇不，她到东或西，

像太阳的昏时月亮的缺，

总是那般的使我，

比自己的事更关切，更留意。

——储安平《自语》

能瞬间左右你心情的人，都是你最在乎的人。你是否还记得，在那个最美的年龄里，曾经遇到的那份美丽，一切来得毫无准备，没有看清对方的容颜，心门就被打开。从此目光闪躲，欲语还休。任时光冲刷，你始终无法忘记最初的悸动。

相遇往往是一个很美丽的意外。你精心打扮自己，只是想出去走走，给自己一个放松的机会，一份美丽心情。

就是这一天，在你打扮的最得体的一天，在街角，你遇见了那个最在乎的人。整个的人生也许就此不再暗淡。你的内心会生发出一种带着欣喜的感激，感激机缘让彼此再次相遇。心是惴惴不安的，却不用问一切是悲是喜，命运从不容我们质疑，一味地拒绝不如欣然地接受。或许，这样的偶遇，会装点今后的人生，让今后的日子，因这外出、因这美丽的邂逅而脱离死气沉沉。

你行过很多地方的桥，看过很多次数的云，喝过许多种类的酒，却在打扮最得体的时候遇见最在意的人，人生中最美妙的事，不过如此。

参加一次有主题的聚会

　　人生聚散终有时，在通信还不发达的古代，我们与他人分别后，只能静待他的消息，有时一别就是几年。因此久别之后的相聚就显得格外激动。在通信如此发达的现代社会，聚散已经具有新的含义，因为信息网络的发达，我们可以和不同类型的人，甚至是陌生人相聚一堂。

　　聚会已经成了人们交际的主要方式之一，原本不相识的人，因一次聚会成了朋友，有时甚至还会成就一段美好的姻缘。很多人把聚会看成吃喝玩乐，结交关系的工具，当然这不是没有道理。聚会的形式与主题有时的确让我们觉得像是在吃一顿快餐，方便、快捷又简单。但除了一些目的性的聚会，我们可以参加一次有主题的聚会，让自己能在聚会中真正学会些东西，提升自己。

　　参加一次有主题的聚会，不是为了摆脱寂寞找个伴，更不是简单地去凑热闹，主题的确定要求每个人都为聚会做相应的准备工作，这是能在聚会中有所收获的必要条件。做准备工作会发现新的问题，这样，带着新的疑问去参加聚会，就会有较强的针对性，忘记平时生活工作中的琐碎，彻底地投入和参与这一次有主题的聚会，你会认识和你一样有备而来的人，你们一起探讨问题，互相学习，这也算是轻松地为自己充一次电。主题聚会也分很多种，无论参加哪一种，都会有相应的收获，会让你在不同领域里打开新的天窗。

　　有机会去参加有主题的聚会吧，就算不是为了学习新的东西，单纯地放松一下也好。

参观展览会

想了解一个主题产品更多的信息，想让你的眼睛收获应接不暇的惊喜，参观一个相关的展览会是你不容错过的选择。

展览会是新产品发布的一个平台，也是检验新产品是否被承认和接纳的一个场所。展览会是行业的一个焦点，吸引了来自媒体、贸易协会、买方和卖方等各行各业的代表，所以，参观展览会可以了解很多时代最前沿的信息，可以让我们学到很多有用的知识和信息。

不要把参观展览会当作看热闹，要本着获取知识的目的。在参观之前，做一些准备工作是必要的。第一，要搞清楚它展销的内容是什么，有购买意向的要选择重点对象。第二，要了解有哪些企业参加，其中有没有自己喜欢的品牌在里面。在进入展览馆之前，最好是先浏览一下展览馆的分布图，自己所中意企业的几个展位位置，参观完以后再进行分析比较，最后再确定，免得多跑路。第三，多方面了解各种相关信息，不要轻易做决定。现在的市场资源非常丰富，选择空间广阔，因此要利用展览会了解每一个可能的选择。

即使你没有任何购买意向，也可以当作一次了解各种产品信息的机会，说不定以后哪天就有购买需求了，到那时候你就会庆幸今天的认真了解。参观的时候，你要尽量找准各种机会向销售人员咨询。不管怎样，这都是一次愉快的经历。

去博物馆

　　有个词叫"博物致知"。人生匆匆，不过百年。我们能看到、能经历的十分有限。更何况，大千世界千奇百怪，我们自己的生活经验再丰富，也只是一个小小的圈，还是会被很多人很多事及自己有限的时间和精力束缚着，不可能体会到所有的新奇。所以，去博物馆参观是一个最好不过的选择。它提供给我们广博的知识和形形色色的人生阅历，会使我们受益终身。

　　你可以去历史博物馆。在千百万年的时光长河中，经过了岁月的磨砺与筛选，沉淀下来的无一不是精品。在那里，你会看到人类经济、政治、文化的发展，从而了解人类成长的足迹。朝代的兴衰更迭，蕴含的除了治国平天下的战略，又何尝没有做人的道理？文化的发展和转变，体现了人类思想从一个境界到更高境界的递进。文物制作的精美，折射出当时制作工艺的精良、经济的繁荣和人类智慧的高深。

　　你还可以去人文类的博物馆，比如戏曲博物馆、美术馆、服饰博物馆等。在那里，你聆听的是人类声音的精华，欣赏的是书画大家的珍品，感受的是浓厚肃穆的文化氛围。在这种潜移默化的熏染中，你的艺术品位、人文气质都会得到大大的提升，对于人类文化，你也将会有更加敏锐的感知。甚至，你还会发现自己新的爱好，唱戏、书法、刺绣，等等。生活因为你的虚心学习而更加丰富多彩。

　　去博物馆，是学习，也是享受。它会开阔你的视野，也将陶冶你的情操。找个感兴趣的博物馆，去进行一场不一样的旅行吧。

参与文化沙龙

　　一个人的一生到底有多长，谁都不能知晓。生命短促，唯有美德能将它留传到遥远的后世，遵循美德行事，纵使没有增加快乐，也可减轻焦虑。当生命走到最后，我们是不是该仔细想想，自己到底为这个社会、为我们的人生留下了什么，倾注一生精力，是否已经找寻到生命中的宝石。

　　每个人从出生到成长的过程都不尽相同，何不多去参加一些文化沙龙，与其他人一同分享我们的过去，分享我们这么多年的经历和思想。在那里，你会认识许多人，其中有平凡的人也有文化名人，和他们汇聚一堂进行一次深刻又轻松的谈话，也许对你将来要走的路是一种提携，又或者对你目前所处的困境有些许开示。

　　先不要着急带着某种目的去参加各种文化沙龙，你不妨在参加之前，先查一查资料，然后选几种你比较感兴趣的沙龙前往，生活本来要寻求轻松，能在轻松的交流中得到一些认同，增长一些见识，开阔一下思路那是一件多么美好的事。

去美术馆，在最喜欢的作品前驻足

美术，不像音乐、喜剧、舞蹈那样是用声音和形体来向我们传达信息，它看似无声，却已有声，直达灵魂深处，令人震撼。

去美术馆看那些美术作品之前，不能预知自己会被哪一个作品折服，也不知道自己会有多少感触和收获，这时的心情，一定是兴奋中带着期盼，还有跃跃欲试吧？那么，现在就去仔细地转一转，安安静静地体味作品本身给你带来的冲击和感动吧。

很多人，对欣赏艺术存在着或多或少的误解，认为那些高雅的艺术不是一般人能够看懂的，所以，在他们忙于日常工作时就会忘记还有艺术的存在。其实，艺术的高雅与大众只是人为地为它划的界限，真正伟大的艺术是不拒绝任何人靠近的。在我们的灵魂

深处有着共同的东西，这些让我们相处于这个世界的东西，在凡世是无法真正被感知的，只有在艺术里，无论时空相隔多久多远，我们每个人都可以在灵魂的深处进行人类的终极拥抱。

所以，无论多忙，都要抽点时间去感受一下艺术。去美术馆更能安静地在艺术的世界里徜徉，享受着人类最伟大的成果。在最喜欢的作品前驻足一会儿，用眼用心去品味一下大师的经历，也许，就在心灵颤抖的瞬间，我们明白了生的意义和死的价值，也许，从此以后我们不再随波逐流地生活，会在自己的位置上扎根。

去一次美术馆，在那些不可言说的色彩和线条中找到最真实的自己，就像审视我们该如何让自己过上洒脱的人生一样，至少我们要知道自己还是在用心地行走于人世间的。

被一幅美术作品吸引时，不妨在它面前多驻足一下，想想自己为什么被吸引住了，你向往那里面的什么？即使你自己也没有答案，单单只是站在它前面发呆，那画面，那感觉，想必也是妙不可言的吧！

在草上飞起来

　　蓝天白云之下，绿茵茵的草地，如绸缎一般延展铺开，不时有人从山坡上快速地滑下，留下一道道绿色的痕迹。难道他们是故意损坏绿地吗？不，他们是在进行一项风靡欧亚的户外活动——滑草。

　　滑草和滑雪一样能带来动感和刺激。滑草也让我们体验到滑雪的快乐，而且比滑雪更能体验到人与大自然的和谐，在感受风一般速度的同时又能领略到大自然的美好。在这里，你只要脚穿履带式的滑草靴，穿戴好护膝、护肘和头盔，手执滑草杖，就可以在绿茵草坪上穿梭滑行。滑草的玩法有多种。一是穿上滑草鞋，用双滑草杖在草坡上撑滑。另一种滑法，就是你坐在滑草车上从草坡上滑下，这样滑草，又刺激又省劲。坐在轻巧的滑草车上往下冲锋，那种失控的飞翔感非常非常刺激！

　　想象一下：你乘坐绿茵瀑布飞驰而下，感受绿的质感，风的速度，酣畅淋漓地发泄和放松。即使你摔倒了，迎接你的是厚厚的"草垫"，嗅嗅青草的味道何尝不是一种乐趣。

　　当一切都熟悉起来之后，你站在土坡上，远望绵延起伏的青山，用滑竿一点，身体向前一倾，转眼间就飞驰在绿草丛中了。前面的草地像一块巨大的绿色帐幔迎头罩过来，心跳加速不止，在自己的尖叫声中，释放出心中的压力和不快，对于身心是何等的快事啊！想体验与绿色共舞的滋味，不妨去试试滑草，它会给你带来意想不到的乐趣。

滑草小史

　　滑草是由滑雪延伸出来的，最早出现于 1960 年，是德国人约瑟夫·凯瑟始创的。最初是滑雪季节到来之前的准备运动，目的是让运动员在没有雪的季节里依然能够进行训练。之后，奥地利人在滑雪原理的基础上研发出能在草地上滑行的器材，利用履带及轮子的配合，在草坡上滑行，其他还有连接滑草器的滑草鞋及平衡用的滑草杖。滑草的动作和技巧与滑雪基本相同，而且不受气候和地域的限制，在春、夏、秋、冬四季里都能感受到滑雪一样的乐趣。因此，滑草运动很快推广到欧洲各国，受到人们的喜爱，形成独立的运动项目。

穷水之源，观一路风景

溯溪是由峡谷溪流的下游向上游追溯，克服地形上各种障碍，穷水之源而登山攀顶的一项探险活动。想想看，在炎炎夏日里，深山密林、峡谷清溪之中寻幽访胜，涉水探瀑，不断征服急流、瀑布、旋涡，激流勇进、逆水前行，最终达到溪之源头，这是多么惬意的事啊！

溯溪活动还需要同伴之间的密切配合，完成艰难的攀登，这对于每一个溯溪者都是一种考验，在克服困难后，你会感受到生命的那种特有的跃动与安宁，感受到那种特别的自信与成就。

有人说"溯溪实际上是登山、定向越野、攀岩等活动的综合运动"，此言不虚。在溯溪中所遇到的困难可能都是未知的，或者是未曾预料到的。正是这些困难启发着你的思考，激发着你的主动性。这也许就是我们选择溯溪的原因吧——在溯溪寻源的过程中不断地发现自我，挑战自我。

"山有多高，水有多长"是溯溪人常发的感慨。由下至上，一路上往往是溪水潺潺，瀑布声轰轰作响，其间交织着鸟儿的欢快地鸣叫，真让人感叹造物主的奇妙。穷水之源，观一路风景。山因溪而多了灵气，溪因山而多了深幽。当你到达源头，凝眸远眺，小溪在远处汇成了波光粼粼的河流，一下子感觉到自己追溯的不仅仅是溪的源头，而是美好的生活。

快乐顺流而下

找个时间，和恋人相约去漂流吧，驾一叶小舟，带着快乐顺流而下，放掉都市中的重负，随心爱的人在自然中忘情漂荡。

在炎炎的夏日里，蓝天白云下，青山绿水间，乘一叶扁舟顺流而下，随波逐流，逍遥自在；或者在崇山峻岭之中的曲折河道里，乘橡皮艇在惊涛骇浪中飞驰而下，惊险刺激。嶙峋怪石从身边一闪而过，时而惊涛拍艇，时而飞流直下，刚才还徘徊于天光云影间，一转眼之间又坠入了深潭。和心爱的人穿着救生衣，驾驭着小舟，纵情于山水之间，两岸群峦叠翠，秀谷幽峡、花草满地，构成了令人忘情的风景；青山峡谷之中，奇石险滩、碧潭激流，景色幽美，让人久久流连。漂流，就是这样让不会水的你有了一个和水亲近的机会，一个回归自然的绝佳体验。不知不觉中，你也可以成为一个最新时尚的纯自然生态旅游的先锋。

沿溪漂流而下，当水面开阔，河流较缓时，尽可悠闲地挥挥桨，抬头看看周围的景致，但是遇到急流险滩时，就需要大家齐心协力，运用各种技巧同舟共渡，而漂流的精髓，也就体现在此了。

当你在清澈的河流中漂流的时候，两岸的清秀景色让你沉浸于天地人合一的境界之中，陶醉于山水间，岂不是人生一大乐事！

攀登的乐趣

身处于繁华都市，各种健身场所早已经让人厌烦。锻炼效果姑且不论，单调的形式、狭小的空间，已让人难以忍受，于是到野外去爬山，便成了一个不错的选择。

如果想增加更多的乐趣，可以选择攀登"野山"。在野山上能够看到更加迷人的景色：茂密的森林，潺潺的流水，不知名的花儿、树木，色彩斑斓的昆虫，再加上鸟儿清脆悦耳的叫声，宛若世外桃源了。

爬野山时，尽量沿着架过电线的山梁向上攀爬。既然能把电线架到山上去，肯定能走得到山顶！千万别只顾欣赏迷人的景色，而迷失方向。虽然登山的过程非常艰辛，但当你登上顶峰，在习习凉风中享受超脱尘世的清静时，心中的郁闷就像一朵含雨的黑云，在阳光的照耀下烟消云散。

走在山间的小路上，感受到的是植被郁郁葱葱的生机和新鲜空气的滋养，让人心旷神怡。登上山顶后，一切纷繁的杂念都被抛诸脑后，大口呼吸着天然氧吧的新鲜气息，让人浑身轻松。

秋天阳光温暖，天气爽朗，没有夏季的炎热、冬季的寒冷，也没有春季的料峭寒风。对于爬山的人来说，这无疑是一个最佳时段。秋天是一个丰收的季节，树叶变成了或者黄色或者红色，开满野花的山坡上盛开着不知名的野花，江边名山还能欣赏到晨雾秋色。在秋天，你一定会发现一些地方，显出别的季节所没有的动人魅力。

去登山吧，到大自然历练你的心智，享受超脱尘世的清静生活，淋漓尽致地排汗后取而代之的是饱满的精气神。那种亲近自然的感觉，那种在山野里忘我的情境，会让你上瘾的！

出手后一镖中的

　　还记得古龙的笔下的小李飞刀吗？谁能不为其中的"练得一身好本领，情关始终逃不过"的小李探花所倾倒？不提他的才、情，单单他的那手"例无虚发"、出神入化的飞刀绝技，简直让人叹为观止。而飞刀和飞镖又有太多相似之处。飞镖是一个心智、技巧、定力相结合的游戏。即使你只是偶然投中靶心，在别人的惊叹声中，那种成就感也非比寻常。

　　在繁华都市生活的人们，物质的丰富已经使得人与人之间的距离变得越来越远，人与人之间也会有一种淡淡的冷漠。华灯初上的时刻，一个人匆匆地赶回家的时候，总有一种寂寞和空虚的凄凉。尤其是在静夜的书房里，面对自己时，你会忽然发现你需要一种宁静的宣泄。飞镖恰恰在这个时候出现了，它有得天独厚的条件。它受限制少，操作简单，无论男女老少都可以开心地参与进去。全身心投入运动中，用不了几分钟，就会忘却烦恼，获得快乐。

　　在孤寂和落寞的时候，让自己开心起来，让自己的身体鲜活起来，这是一种多好的休闲啊！无论何时、无论何处，只要有寂寞、有闲情、有感悟、有浪漫、有迷惑、有思索的地方，我们都可以找到飞镖的影子。

　　无论是刻意的准备或是顺手拈来，飞镖都可以将轻松和休闲带给你。当镖针划破空气的静谧，镖羽划出穿透的声音，血液传遍全身的每一个角落，一种舒畅感就会从心灵最深处涌起——那是一种信心，一种在休闲中得来的自信吧。

　　飞镖以特有的魅力，使每一个参与其中的人都会产生一种对成功的满足和对失败的反思。让参与其中的你心情轻松起来，给你一种美妙的感觉，让参与其中的你热血沸腾起来。

郊游

选个周末，和家人或几个好友去郊游吧，在山里踏青，或者在森林里找个僻静的地方搭棚露营。如今，亲近自然已经渐渐成了一种时尚。在城市中呼吸了太久、太多废气的人们，的确需要通过郊游来放松身心了。

年轻人喜爱远足，大多想找一些陌生而富有刺激的地方，在那里乐陶陶地待上一两天。而那些经历了太多风雨的中老年人，他们所在城市郊区的一些景点都去得差不多了，希望能在一个舒心闲静之地，邀几位老友"把酒话桑麻"，一起聊一聊往昔的"峥嵘岁月"，一起体验返璞归真的乐趣，这才是他们郊游的本意。

郊游的地点自然是要找一个空气清新的好去处，而且最好能够吃到那些未被污染的绿色食品，能够呼吸到最沁人心脾的空气。还有那满目青翠、生机勃勃美妙的景色，能使你忘记城中的一切烦恼，心情愉悦，尽情享受生活的欢乐。郊游，如果仅仅大饱眼福和耳福显然是不够的，还得加上一个大饱口福，只有这样，才叫乘兴而来，满载而归！郊游时，最好带着野炊用具，自己做一顿丰盛的饭菜。面对四周美景，胃口会出奇地好起来，以前吃不下去的食物，也许在不经意间就被你"风卷残云"地消灭掉了。更有情趣的是和结伴而行的朋友们来一个聚餐，大家贡献出自己的食物，在波光粼粼的湖面，或是在浓密的树荫下，在红色的枫叶旁，或是在皑皑的白雪上，都是别有风味的。

在城市的近郊，一定能找出一大堆的美景。方便的交通，使你不需要花费很长的时间。虽处近郊，在不同的季节、不同的地方，你都会很自然地发现生活中令人心神荡漾的美。

赏艺品茶

　　坐在环境幽雅的茶艺馆里，伴着柔和的灯光和悦耳的中国古典乐曲，亲身体验茶艺——赏艺和品茶——绝对是一种精神的享受。每当这时，一种发自心底的放松感不自觉地升腾而出，并在全身舒展开来。

　　由古代流传至今的茶艺，经过历史的沉淀，形成了一套完整规范的程式。赏艺是品茶的前奏，这一过程会使你的心态不知不觉中渐入佳境，变得静谧而祥和。它每一步的名称都充满了诗情画意，高雅而淡泊，娴静而充满动感。只要你用心去品味、去领悟，总能感受到茶艺所蕴含的深邃。

　　第一道程序是焚香静气，就是表演者焚点檀香，以此来制造出幽静、平和的氛围。在这样的特殊气氛中，表演者娴熟的动作配上茶叶的色、形、味，让人顿感心旷神怡。接下来的程序是用山溪泉水泡茶，再用活火煮到初沸。这一程序是很有讲究的，用什么样的水，煮到什么火候，会直接影响品茶的效果。饮茶的乐趣不单单在于茶所独具的色、香、味，更在于饮茶的过程。在一套脱俗的程式中，将心放在闲处，涤荡性灵、怡然清新。

　　下面一连串的程序会让你大开了眼界，感悟到茶艺深厚的内涵。烫洗茶壶雅称"孟臣沐霖"；烫洗完茶壶，接着把乌龙茶放入紫砂壶内，这叫"乌龙入宫"；再用长嘴壶提高冲水，使茶叶翻动，这叫"悬壶高冲"；表演者用壶盖轻轻刮去表面白色泡沫后，茶的清新洁静之香溢出，这叫"春风拂面"。光是表演者这一连串轻柔灵巧、婀娜动人的动作就足够人欣赏一阵的了。接着的一道程序是"重洗仙颜"，就是用开水浇淋茶壶，这样既洗净壶外表面，又可提高壶温；然后是"若琛出浴"，即烫洗茶杯。若琛为清朝初年人，以善制茶杯而出名，所以后人把名贵茶杯喻为若琛。表演者将茶壶底沿茶盘边缘旋转一圈，以刮去壶底之水，防止水滴入杯中，这叫"游山玩水"；然后就是依次来回往各杯斟茶水，当壶中茶水剩少许后，则往各杯中点斟茶水，这分别被称为："关公巡城"和"韩信点兵"。在茶艺表演中，表演者的拇指、食指、中指被称为三龙，而三指护杯则称为"三龙护鼎"，这样既稳当又雅观。

仔细观察你会发现，此时茶水在杯中呈现上中下三种颜色。茶香袭人，饮者无不深嗅，这就是"喜闻幽香"。

观色、闻香后，开始品茶味。茶艺讲究韵味，因此品茶千万不可破坏了这层韵味，要先嗅其香，再看其色，三品其味，后观叶色。品茶是一种精神享受，因而要慢斟细啜，徐徐入口。古人云：小杯曰品，大杯饮驴。也就是说牛饮只能解渴，细啜方能品出其真味，领略情趣。

对于不同的人来说，品茶的体会也不尽相同。初品者是一杯苦、二杯甜、三杯味无穷。而对于那些茶客们是"两腋清风起，飘然欲成仙"。

一切完毕后，饮茶者要起身喝尽杯中之茶，以此表示感谢制作佳茗，这一程序名为"尽杯谢茶"。

茶艺表演完毕，你的心境会是一片平和、悠然闲适。

学会击剑

　　繁忙的工作常常让你一坐就是一整天，看着自己日渐隆起的小腹，你觉得应该找个地方去锻炼一下了。为什么不尝试一下击剑呢？

　　当你笨手笨脚地穿好戴好一切装备，看着镜子中全副武装的自己，俨然多了几分威猛，想到自己一下子变成了一位威风凛凛的剑手，感觉真不错！走进宽敞的场地，看到好多对剑手们正在"捉对厮杀"，一举手一投足都充满着动感，只觉得羡慕不已。现在，你穿着这身"神秘"的服装，拿着这样一把充满了神奇的银剑，这真是妙不可言。

　　拿起剑，进入状态后，手里的剑随着动作姿势的变化，不断震颤着，脑袋里一下闪过佐罗的英姿。手中拿着剑，没有任何杂念，只想用你的智慧、用你的剑证明自己！窄窄的剑道在脚下无限延伸，长长的银剑在手中随心所欲地上下舞动，挥剑刺中对手的一刹那，还真有点剑客的感觉呢！

　　着雪白的剑服，头戴威武的护面，手持闪亮的长剑，时而气定神闲，渊停岳峙，以不变应万变，以无招胜有招；时而动如脱兔，快似离弦之箭，寒光乍闪决胜于刹那之间。激情与豪迈，胆识与智计，都在这一运动中体现得淋漓尽致。还等什么，赶紧拿起装备，马上当一回多情剑客吧。

花剑

　　花剑是完全的刺击武器。只有剑尖刺中才有效，剑杆横击无效。有效击中部位是上身。花剑击中有效部位由金属衣裹覆，这样，电子仪器便可以分出有效和无效击中。花剑重500克，长110厘米。

佩剑

　　佩剑是既劈又刺的武器。在实战中，以劈中得分为多。击中有效部位是上身，头盔及手臂。击中有效部位由金属衣裹覆，这样，电子仪器便可以分出有效和无效击中。佩剑重500克，长105厘米。

重剑

　　重剑是完全的刺击武器。只有剑尖击中有效，剑身横击无效。击中有效部位包括：躯干，腿脚，手及臂以及头盔。重剑最多不能超过750克重，110厘米长。

亲身体验农家游

来一次"农家游"吧，和伙伴们相约到郊区体验农家生活，抛开车来车往的都市喧嚣，忘掉千篇一律的玻璃幕墙，忽略众多的名山大川，去农村尝尝农家饭，住一住农家院，睡一睡农家土炕，到地里干点农活儿，体会一下丰收的滋味，看看农村纯朴的自然风情。

"莫笑农家腊酒浑，丰年留客足鸡豚。"选一个秋高气爽的周末，去山里一家专门接待游客的农家院，亲身体验一回"农家游"。出了城，一路上满眼都是丰收的景象，天也一下子高了起来，这时候你的心情是不是豁然开朗？

既然是农家小院，里面肯定会挂满最经典的农作物。而大地锅、老式水井、五谷杂粮及农业生产工具也是北方农家必不可少的特色。家养的母鸡怡然自得地踱着方步觅食，鸽子咕咕地在屋檐上叫着，一幅典型的农家生活画面。

吃饭是最主要的项目，挂在屋檐下的腊肉、腊鸡都可以随便点。南瓜稀饭、炖"小笨鸡"、玉米高粱窝窝头，还有他们自磨的豆花、自酿的酒，这些食物在城里无论如何是尝不到的。当然还少不了农家刚从地里面摘来的新鲜蔬菜。饭菜端上来以后，立即香

气四溢，尝上一口，味道绝对新鲜！

　　农家游可千万不要错过田间劳动这一项。在丰收的季节里，花生、地瓜、玉米、水果都已经成熟了。花生田里，一锹下去，就从肥沃的土地里挖出了白胖胖的花生。地瓜田里，铁锹挖下去，一个个大大的、红彤彤的地瓜，被翻出地面。嗅着农田里土地的芬芳，看着用自己的汗水换来的战果，感觉一定非常美妙。

　　徒步走在乡间的小路，呼吸着乡村特有的清新空气，观赏着一望无际的田园风光，心中充满了温馨的欢悦。倘若偶感劳累，便在院里面用引来的山泉洗一把脸，顿觉浑身轻松。傍晚围坐桌旁，一边品尝自己白天的劳动成果，一边谈笑风生，真是其乐融融。听着周围蛙鸣不断，远处山巅传来农家的山歌，那种仙境似的美妙，会令所有的人难以忘怀。仰望繁星满天的夜空，心情异常平静，所有烦恼尽消失。一大早起来遥看远山，雾就像倒流的瀑布从山脚涌上山头。这情景会让你飘飘欲仙，有想飞的感觉。

　　来一次农家游吧，寻找最美最淳朴的风光，在俯拾皆诗意的环境里，享受最惬意的愉悦，何乐而不为呢！

过一个不一样的圣诞节

你是不是一直觉得圣诞节就该下雪的？对于圣诞节来说，如果不下雪总是令人大失所望：圣诞卡与电影中银装素裹的景象难得一见；圣诞老人裹得严严实实，踏雪橇，骑麋鹿来送礼物的宣传画也显得不太真实。

圣诞一定就要下雪吗？圣诞节在炽热的阳光底下晒太阳有什么不好？夏天过圣诞的感觉应该很不习惯吧？它向来是个冬日庆典，很难想象无拘无束地换上泳装、踩滑浪板往沙滩庆祝会是什么场景，也很难想象圣诞老人穿短袖热裤，骑着海豚朝你奔来是何等模样……

去过一个完全不同以往的圣诞节，感觉会非常美妙！

当然，你还从家里的沉闷昏暗中逃离出来，去往瑞士、奥地利、加拿大那激动人心的雪景胜地。说到最棒的圣诞天堂，非芬兰的拉普兰莫属。在那儿还能看到胖胖的、留着白白胡须的红皮肤男人。

各异的圣诞习俗

澳大利亚的圣诞节同英国的圣诞节大同小异。而在芬兰，晚餐是在圣诞午夜开始的（鳕鱼是传统菜肴），之前还得先洗个桑拿浴。你也无须悬挂起袜子——圣诞老人会亲自降临！在法国，礼物不是塞在袜子里，而是塞到空的鞋子里。在印度，人们装点香蕉树或杧果树以代替松树。在南美，午饭在室外吃，还经常伴有游泳和海滩旅行。找找你想要的圣诞庆祝方式，就去那里吧（如果庆祝的话）。

过一个不一样的圣诞节

当你完成这件要做的事情时，
将成功之星涂上颜色并填写表格

照片 A
贴一张待在家里度过令人失望的圣诞节的照片

你所在的小镇名字

照片 B
贴一张在其他国家度过圣诞节的照片

假期目的地

你的假期的日期是？

从……

d d m m y y y y

至……

d d m m y y y y

你是去寻找……

 ☐   ☐

你在圣诞节做了些什么？

要是在家的话，你会在圣诞节做些什么？

怎样评价你的假日？

差劲　　不错　　很好　　非常好　　棒极了

天气怎样
……家里，圣诞节

度假的地方，圣诞节